프뢰벨 생명교육

프뢰벨 **생명**교육

머 리 말

프뢰벨은 인간인 어린이에게 자신의 본질을 알기를 촉구하고, 그것을 위해 보편적이고 기초적인 교육을 받아야 한다고 강조한다. 이 교육은 에테르〈Äther(독), etheric(영)〉라고 불리는 놀이(일) 속에서 어린이가 호흡하고 살면서 자신에게 필요한 정신을 강화하고 확장시켜 나가는 것을 말한다. 어린이는 이 놀이를 통해 자신을 발전시키고 표현하며 강한 정신력을 키우게 되는 것이다.

에테르에는 끊임없이 움직이는 기(氣)가 있어서 이것을 통해 새로운 생명이 움터나오는 것을 알 수 있다. 이 생명은 각자의 재능, 자질, 정신력, 의지력이라는 이름으로 불리어지고 있으며, 이것을 통칭해서 프뢰벨은 슈필가베(Spielgabe)라고 부른다.

어린이는 놀이를 하는 동안 생명력과 생명에서 나오는 기쁨의 열매를 맺게 된다. 놀이 자체는 갖가지 힘과 민활성을 연마하고 내면에서 흘러나오는 생명의 순수한 표현, 신체놀이, 까꿍놀이와 같이 청각을 연습하고, 신중함과 판단을 기르기 위한 게임놀이, 색채유리처럼 시각을 연마하는 감각놀이 등이다. 또한 놀이에는 실생활의 여러 현상을 모방하고 응용하는 생활 형식, 놀이의 자료 자체에 내재하는 법칙을 탐구하는 인식 형식 그리고 인간의 사고와 감정을 표현하는 미(美) 형식이 있다.

포스트모더니즘 시대에 살고 있는 오늘날의 어른들은 보편적이고 기초적인 교육보다는 기계론적이고 합리적인 사고방식을 어린이들에게 요구한다. 어른들은 우선 그들 나름대로의 계획을 세우고, 어린이들을 그 목적에 알맞은 도구로 만들기 위해 동분서주한다. 그러므로 어른들은 어린이를 어린이 자체로서 의미 있는 존재로 보지 않을 뿐만 아니라 어린이 스스로 성장해 가는 힘을 가진 인간으로도 보지 않는다. 또 어린이를 인간이라는 전체로서 인정하지 않고 어른의 잣대로 방향짓고, 그들의 틀에 맞는 부분만을 수용하고 그 이외의 것은 받아들이지 않고 있다. 그럼으로써 어린이의 재능과는 전혀 다른 방향으로 접목시켜 심어서, 결국은 어린이 자신의 장래와 행복과 마음의 평화까지도 빼앗아 가는 결과를 낳게 된다.

프뢰벨은 신(神)이 인간(人間)을 접목시키거나 봉오리를 땜질하는 식은 있을 수 없다고 했다. 그러므로 인간의 정신은 가장 작은 것이나 불완전한 것까지도 영원한 법칙에 따라 자기 자신 속에 근거를 갖고 개선하고 발전시켜 나가야 한다는 것이다.

어른들은 "가장 보편적이고 기초적인 교육이 어린이에게 무슨 도움이 되느냐? 오히려 직업에 도움이 되는 교육 즉 모정의 계획에 맞는 직접적인 것이 가장 절실하지 않은가?"라고 반박

할 것이다. 그러나 이것은 인간의 성장과정 속에서 가장 중요한 부분을 놓치는 것이다. 즉 보편적이고 기초적인 교육을 놓치게 될 때, 성장해서 중요한 관직에 있거나, 대규모 사업을 하거나 우아하고 세련된 사교장에서 교양있게 행동한다 하더라도 어느 한 순간 자신의 영혼과 대면하였을 때 자신의 갈라지는 내면적인 감정을 추스리기에는 매우 어렵다고 프뢰벨은 주장한다.

그러므로 유아기나 소년기가 지난 인간이라 하더라도 다시 어린이가 되어 동심으로 되돌아보면, 마음의 영원한 생명을 다시 눈뜨게 되고 삶에 활기를 불어넣게 될 것이다.

이와 같은 사고는 오늘 우리의 시대에도 요청되는 일반적인 진실임에 틀림없다. 인간이 인간으로서 새로운 단계에 도달하려면 어린이 시기에서 요구하는 독립된 자아와 본질을 깨닫고, 그것을 분명한 것으로 만들 때 인간은 신의 축복 속에서 가장 행복하고 희망에 찬 생명체가 될 것이다. 그러므로 자기의 본질을 스스로 자유로이 형성하는 생명에 넘치는 어린이는 행복하다. 또한 이런 어린이와 더불어 생활하는 어른 역시 기쁨과 생명이 넘치는 삶이 될 것이다.

이 책은 프뢰벨의 교육 내용을 지식으로 하고 작은 지혜를 모아 놓은 결과이다. 형식에 있어서는 새로운 시도를 하여 실질적인 연결고리로 삼아 프로그램을 만들었다.

이 책은 인간의 본질을 인식하기 위한 노력을 과제로 하는 이들에게 문제를 풀어가는 데 도움이 되도록 하기 위해, 제1부에서는 프뢰벨 이론으로 프뢰벨의 철학사상과 인간교육의 원리, 놀이이론 그리고 프뢰벨 교육의 영향을 받은 건축설계의 대가 프랭크 로이드 라이트로 구성하였다. 제2부에서는 실제편으로 각 주제에 따른 주요 개념 및 목적과 활동을 제시하였다.

이 책이 유아교육을 전공하는 학생과 어린이 교육을 담당하는 교사와 자녀를 키우는 부모에게도 좋은 자료가 되기를 바란다.

끝으로 원고정리를 도와 준 서강대 대학원 독문과 박지은 양에게 고마움을 느끼며, 본문의 그림·도표 등으로 복잡한 원고를 한 권의 책이 되도록 협력하여 주신 편집부 여러분과 출판을 맡아 준 국민서관 출판사에 지면을 통해 감사의 뜻을 표한다.

2001년 신사년 4월 25일 연구실에서
저자 서 석 남 씀

제1부 프뢰벨 교육의 이론

제2부 프뢰벨 교육의 실제

제 1 부

프뢰벨 교육의 이론

제1부 프뢰벨 교육의 이론

1. 서 론

프뢰벨(F. W. Fröbels)의 생명교육

20세기는 자연과학적 세계관으로 모든 자연계의 생명체를 본다. 이는 자연을 인간에게 복종시키는 비환경 친화적인 태도를 말한다. 이렇게 자연에 대한 인간의 태도에 의해 우리의 환경은 점차 그 생명을 잃어가고 있다. 따라서 우리는 이제 생명을 살리는 운동을 하지 않으면 안 된다.

프뢰벨이 말하기를 인간은 자연과 함께 조화와 융화를 이루며 살아가야 하고, 더 나아가서는 신과 함께 살아가야 한다고 한다. 인간의 육체는 자연의 일부로서, 자연과 인간을 연결시켜 주는 끈이라 할 수 있다. 프뢰벨은 생태계 안에는 영원한 법칙이 있다고 한다. 이 법칙은 신의 조화를 의미하는 것이다.

그가 말하기를 "모든 사물에는 영원한 법칙이 깃들여 있으며 만물을 움직이고 작용하고 그리고 지배하고 있다(In allem ruht, wirkt und herrscht ein ewiges Gesetz)."고 한다. 이 법칙은 끊임없이 사물을 움직이게 하면서 모든 사물에 생기를 불어넣어 준다. 즉 생명이 넘치게 하는 것이다.

이는 프뢰벨이 생태학적 세계관을 갖고 있음을 보여 주는 것이다. 프뢰벨 교육은 생명을 살리는 교육이다. 생명이란 하늘과 땅 사이에 싹이 트고, 살아 있는 명을 하늘로부터 받아 이를 전하는 것이다. 생명은 신진대사, 즉 물질교환을 하는 것으로 유기적이고 끊임없이 움직인다는 것을 지칭하는 것이다. 또한 이 생명운동은 자유와 구속을 함께 지니고 있는 살아 있는 생생한 움직임이다. 운동은 생명을 교육하는 기능을 가지고 있다. 이 움직임은 내면적인 움직임이고 이 내면적인 움직임은 무엇을 향해 나아가려는 목적이 있다. 외면적인 움직임은 살아 있는 것이 아니다. 밖으로부터의 충격에 의해 움직이는 것은 한계성을 지니고 기계적이 되고 만다. 예를 들면 자동차는 연료를 넣든 안 넣든 항상 자동차일 뿐이다.

그러나 내적인 힘에서부터 즉, 분명하지 않은 어떤 원인에 의해서 움직일 때 우리는 경이를 느끼게 되는데 이것은 앞에서 언급한 생명운동의 본질을 뜻하는 것이다. 즉, 살아 움직이고 항상 살아 숨쉬는 것은 내면으로부터 힘이 발산되기 때문에 가만히 있지 못한다는 것이다. 내면적인 운동은 정신·의지에 의해 끊임없이 목적을 추구해 나간다. 식물의 열매인 씨앗을 뿌리면 싹이 트고, 자라고, 또다시 열매를 맺는 것과 같은 운동이다. 이 운동은 자기 자신 안에 어떤 목적을 이루는 가능성을 지니고 있음을 보여 주는 것이다. 다시 말해, 내면적인 운동은 목적론적 세계관을 갖고 있다는 것이다.

프뢰벨은 이런 목적론적 세계관을 통해 자신의 놀이와 작업을 하는 어린이들에게 새로운 생명을 불러일으키고자 했다. 인간이 살아갈 수 있는 것은 인간이 인간임을 알고, 자연을 존중하고, 신을 믿는 행위, 즉 인간과 신과 자연이 하나 되는 길만이 인간이 살아가는 목적이며 최고의 기쁨이라는 것이다. 그래서 우리는 자연과학적 세계관이 아닌 생태학적 세계관으로 안목을 바꾸어 우리 어린이들을 가르쳐야 할 것이다.

2. 프뢰벨의 철학과 사상

1) 프뢰벨의 생애(1782~1852)

1782년 : 프뢰벨은 4월 21일 독일의 튀링겐 지방에 있는 슈바르츠부르크=루돌슈타트 후국의 오버바이스바흐 마을에서 목사의 막내아들로 태어났다.

1783년 : 프뢰벨 생후 9개월에 어머니가 사망하고, 아버지는 5~6개 마을 주민을 위한 목사일로 바빴기 때문에 가정을 돌볼 여유가 없었다. 막내아들인 프뢰벨은 보모에게 맡겨졌지만, 약삭빠른 보모는 그를 보살피는 일을 형들에게 떠맡겼다. 또한 그리스정교회의 엄격함을 지닌 아버지는 어린 프뢰벨이 고독한 시간을 보내도록 가르쳤다. 프뢰벨은 마이닝겐 공에게 바친 그의 자서전에서 아버지와의 관계를 말하기를 "나는 일생에 아버지와는 깊은 관계가 없는 존재였다."고 한다.(W. Muller : F. W. Fröbel- Christ u. pädagoge, 1989. 2.)

1786년 : 프뢰벨이 4세가 되던 해, 아버지가 소피마리(F.O.Sophie Marie)와 재혼했을 때, 그는 모처럼 어린이다운 기쁨에 젖을 수 있었다. 그러나 그는 얼마 지나지 않아 계모가 동생을 낳게 되자 부모의 관심에서 멀어져 외로운 시간을 보내게 된다.

1792년 : 프뢰벨은 10세가 되는 해의 가을에 큰외삼촌인 호프만에게 맡겨졌다. 큰외삼촌은 슈타트틸름(Stadtilm) 교구의 감독관이며 주임교사였다. 이때 외삼촌은 아내 없이 장모와 함께 살고 있었다. 프뢰벨은 "아버지의 집은 엄격함이 지배하고, 큰외삼촌 댁은 선의와 부드러움이 가득 차 있었다. 아버지의 집에서는 오해를, 큰외삼촌 댁에서는 신뢰를 보았다."고 한다. 이때까지 프뢰벨은 같은 또래의 어린이들과 거의 어울리지 못했는데 이곳에서는 약 40여 명의 친구를 만나게 된다. 이 작은 읍은 꽤 넓은 골짜기에 맑은 내가 흐르고 있었고, 큰외삼촌 댁에는 자유롭게 드나들 수 있는 작은 뜰이 있었다. 프뢰벨은 "나는 이곳에서 신선한 공기를 실컷 들이마실 수 있었고, 마음의 자유를 되찾아 정신적으로나 육체적으로 강하게 되었다."라고 술회한다.

1797년 : 큰외삼촌 댁에서의 프뢰벨의 생활은 희망이 가득한 행복한 생활이었다. 이런 기쁨은 그가 요한 고틀롭(Johann Gottlob)에게 종교교육을 받고, 견신례를 받을 나이가 되는 1797년 봄까지 계속되었음을 후에 카일하우(Keilhau) 부모에게 보낸 편지에서 알아볼 수 있다.

1797년 : 프뢰벨은 15세에 임업실습생이 되었고, 그는 당시 임업이나 농업 경영자 혹은 측량기사가 되고 싶어했다.

1799년 : 17세 여름에 임업실습 계약기간이 끝나서 집으로 돌아왔고, 10월에 예나 대학에 입학한다. 이곳에서 그리스바흐(Johann Jakob Griesbach)에 의해 신학적 방향을 잡게 되고, 이는 후에 그의 철학관의 기초를 세우는 동기가 된다. 또한 자연과학과 철학 그리고 신학을 하나의 방향에서 보기 시작한다.

1801년 : 19세에는 식당 주인에게 빚진 돈(식사 대금)을 갚지 못해 아버지의 유산 포기각서를 써 주고 겨우 자유의 몸이 된다. 그러나 학업은 계속하지 못했다. 집으로 돌아와 그는 친척집 농장에서 농부가 되었다.

1802년 : 20세에 아버지가 돌아가시고, 프뢰벨은 반베르크 부근의 삼림국 서기가 된다.

1803년 : 신문에 구직 광고를 내다.

1804년 : 궁정 자문관인 농장 서기가 된다.

1805년 : 큰외삼촌 호프만이 사망한 후 4월에 건축기사가 되려고 프랑크푸르트 암 마인으로 갔다. 거기서 친구이며 모범학교 교장인 그루너(페스탈로치와 찰즈만의제자)를 만나 그의 추천으로 학교의 교사가 된다. 그는 여기서 산수, 그림, 도안, 지리, 독일어를 가르쳤다. 이때부터 프뢰벨은 교육적인 문제에 관심을 갖고 열중하게 된다. 즉, 당시 교육의 성서라고 불리던 아른트(Arndt)의 《인간 도야의 단상》에서 생명과 인간의 유기적인 관계와 통일에 감격하여, 인간 속에서 천상의 것과 지상의 것을 통일하려고 애쓴다. 8월에 스위스의 이페르텐으로 페스탈로치를 방문하여 2주일 동안 체류하며 페스탈로치의 위대함을 보게 된다.

1806년 : 모범학교를 사직한 후 7월에 홀츠하우젠(Holzhausen) 가의 가정교사가 된다.

1808년 : 홀츠하우젠 가의 아이들과 함께 이페르텐을 방문한다. 이로써 페스탈로치의 제자가 된 프뢰벨은 페스탈로치의 국민교육 사상에 매력을 느끼게 되어, 직관적이고 자연주의적인 학습 방법을 접하게 된다. 프뢰벨은 이에 대해 매우 흥미를 느끼게 되고, 인간의 형성과 인간의 교육과정 및 법칙에 관한 자신의 철학적 기초를 쌓게 된다. 이때 페스탈로치보다 더 예리하게 유아기를 관찰하여 이 단계의 중요성을 깊이 깨닫게 된다.

1810년 : 프뢰벨은 2년 동안 페스탈로치의 강인한 성격과 고매한 인간애에 빠져 있던 이 페르텐의 생활에서 프랑크푸르트로 돌아온다. 그는 페스탈로치의 교육을 고향 에서 가르치고자 상세한 보고서를 루돌슈타트 후작 부인인 카롤리네에게 제출 하였으나 이곳 심사원들은 받아들이지 않는다.

1811년 : 괴팅겐 대학에 입학하여 언어(히브리 어, 아랍 어, 인도어, 페르시아 어, 그리스 어) 연 구에 전념하였으며, 결정학, 물리학, 광물학, 지구구조학을 최초의 연구과목으 로 택하였다. 이어 응용화학, 지질학을 연구했다. (Diel, 1981. 8.)

1812년 : 30세에 베를린 대학의 바이스 교수 밑에서 광물학, 지질학, 결정학, 물리학을 배 웠다. 특히 결정학에 흥미를 느낀 프뢰벨은 결정체의 성장에서 구조법칙이 있음 을 발견하게 되고, 이 법칙은 자연의 생존과 인간의 정신적, 육체적 삶 속에서도 작용하는 유효한 법칙임을 인식하게 되었다.

1813년 : 나폴레옹 군에 대항하기 위해 라이프치히에서 뤼초버 의용군에 참가하였다. 여 기에서 랑게타르와 미덴도르프를 알게 되어 후에 프뢰벨이 죽을 때까지 함께 일 을 한다. 그 해 가을 프뢰벨은 슐라이마허(Schleimacher)의 교육에 대한 강의를 듣 고 매우 우호적인 토론을 하였다. 또 칸트와 헤겔의 변증법에도 깊은 관심을 두 었다. 이것은 그의 대표적인 저서 《인간교육》에 명시되어 있다.(W. Muller, 1989. 4.)

1814년 : 8월 베를린 광물 박물관의 보조원이 되었다. 이곳에서 대학 교수직이 보장되었 지만 프뢰벨은 그 길을 택하지 않는다. 자기가 어렸을 때부터 체계적인 교육을 받지 못한 것을 생각하고, 형 크리스토프의 아들, 즉 조카의 교육을 위해서, 그 리고 자신이 오랫동안 생각해 왔던 교육법을 실천하기 위해 고향으로 돌아온 다.

1816년 : 그리스하임에서 형 크리스토프와 크리스티안의 아이들을 교육하기 위해 어린이 교육을 위한 '일반 독일 교육소'를 개설하였다. 이곳도 인가가 20여 채밖에 되지 않는 인구 100여 명의 조그만 농촌이었다.

1817년 : 학원을 카일하우로 옮기게 된다. 미덴도르프와 랑케타르도 이 학원에 참여하게 된다.

1818년 : 베를린 태생의 헨리에타 호프마이스터와 결혼하다.

1820년 : 형 크리스찬 루트비히가 가족과 함께 와서 학원 교육에 참여한다. 이 무렵부터 프뢰벨은 잇달아 논문을 발표하였다. 1820년에 카일하우에서 씌어진 《우리 독 일 민족에게》에 따르면 학원에는 네 명의 남자가 중심이 되어 두 가구가 살았다. 1820년에는 학생이 12명이었고, 1821년에는 20명, 1825년에는 벌써 50명이었다. 교과목은 종교, 읽기, 쓰기, 산수, 그림과 도안, 피아노, 독일어, 음악, 수학, 박물, 지리, 그리스 어, 라틴 어, 히브리 어, 자유로운 자기 활동과 체육이었다.

1826년 : 프뢰벨은 놀이이론과 어린이 심리학을 연구하였고, 인간교육의 이론과 실제를 주제로 한 《인간교육》을 출판한다. 이 한 권의 저서로 프뢰벨의 이름은 후세까지 남게 된다. 그러나 카일하우 학원의 재정은 위기에 빠진다.

1827년 : 마이닝겐 공에게 편지를 써서 교육사업을 도와줄 것을 호소한다.

1828년 : 카일하우 학원의 최대 위기를 맞이해서 바로프가 학원에 참여하게 된다. 이 무렵 프로이센 정부는 프뢰벨을 반대당의 일파로 보고 압력을 가한다. 1820년대에 민주주의적인 흐름이 국가적으로 볼 때 해롭다고 인식되어, 프뢰벨의 새로운 교육적인 노력들이 혐의를 받게 되어 학생수가 급격히 줄어들게 된다.

1830년 : 마이닝겐 공의 원조는 거의 실현 단계까지 왔지만 문학적으로도 이름이 있는 한 고관의 음흉한 중상에 의해 실패하자, 프뢰벨은 프랑크푸르트로 여행을 떠났다. 이 여행에서 유명한 가곡 작곡가인 슈뢰더 폰 바르텐제를 만났는데, 그가 스위스의 바르텐제에 있는 자기 성에 학원 설립을 허락하였다. 그러나 그곳에서 프뢰벨은 주민들로부터 사교도로 취급되어 학생의 입학을 방해받게 되어 이 학원은 오래가지 못했다.

1832년 : 뷔르자우로 이사하게 된다.

1833년 : 스위스 베른 정부의 원조로 뷔르자우에 학원을 열고, 정부로부터 젊은 교사의 연수와 업무 도움을 받게 된다.

1835년 : 스위스 부르크도르프 고아원의 원장직에 취임하였다. 이곳에서 부속초등학교를 설립하고 고아뿐만 아니라 일반 아동(4세~12세)을 대상으로 4학급을 설립하였다.

1836년 : 스위스 기후가 병약한 부인에게 맞지 않아 베를린으로 가게 된다.

1837년 : 다시 카일하우에 돌아왔다. 이 무렵에 학원은 바로프의 경영 수완으로 궤도에 올랐다. 바드-블랑켄부르크에 '어린이를 위한 작업 교육소'를 개설하고, 놀이 기구를 연구 고안하여 교육놀이 기구인 가베를 제작하였다. 프뢰벨은 가베가 대량으로 팔려 왕성한 교육활동을 꿈꿨지만 현실은 그의 생각대로 되지 않았다.

1838년 : '일요신문'을 발간하고, 4월 20일에는 '어린이를 위한 작업 교육소'가 루돌슈타트 정부의 승인을 받았다. 이 해 겨울부터 이듬해에 걸쳐 드레스덴 라이프치히에서 가베를 사용해 공개적으로 보육을 실시하여 널리 호평을 받았다.

1839년 : 5월에 부인 헨리에타가 사망했다. 그녀의 죽음은 프뢰벨에게 가장 뜻이 잘 맞고 신실한 친구를 잃어버린 것과 같았다.

이 시기에 독일에는 산업사회가 시작되면서 많은 여성이 산업현장으로 나가게 되었다. 그러므로 어른을 돕고 어린이의 교육을 돕기 위해 프뢰벨은 6월에 바드-블랑켄부르크(Bad-Blankenburg)에 유아교육 지도자 연수과를 개설하여 6개월 과정으로 연수하였다. 그 연수생들을 위하여 5세 이하의 마을 어린이들을 모아 실습소인 놀이와 작업 교육을 병행하였다. 이것이 세계 최초의 유치원이었다. 이곳에서 프뢰벨은 가베를 가르치기 위해 공장을 만들고 가베를 제작하여 널리 보급하였다.

1840년 : 프뢰벨은 놀이와 작업 교육소를 킨더가르텐(어린이 동산)이라고 불렀다. 6월 28일 구텐베르크 인쇄 기술 발명 400주년 기념일에 '일반 독일 유치원'이라고 이름 붙여 창립 기념식을 개최한다.

1842년 : 프뢰벨은 발달심리학적 관점에서 놀이와 작업은 초기 어린이 발달에 큰 영향을 미친다고 강조하였다.

1844년 : 《어머니의 노래와 애무의 노래(Mutter-und Koselieder)》를 간행하고, 어머니를 대상으로 어머니 교육의 중요성을 강연하였다.

1850년 : 프뢰벨 자신의 교육 철학·교육 원리·교육 방법·목적·목표를 기록하다.

1851년 : 6월 9일 제자인 36세의 레빈 루이제와 69세에 재혼한다. 8월에 프로이센 정부는 유치원 금지법을 발표했다. 일설에는 조카인 칼 프뢰벨이 유치원에 대한 서적을 공개했는데, 그중에서 사회주의적이며 무신론적인 사상을 서술하는 내용이 있어 프로이센 정부의 오해로 내려진 금지령이었다고 한다.

1852년 : 6월 21일에 70세의 나이로 마리엔 탈에서 병사하다.

1860년 : 3월 10일-프뢰벨 사망 후 8년에- 어린이 동산(킨더가르텐)의 금지령이 프로이센 정부에 의해 해제되고, 오늘날 전 세계에 유치원이 확산되었다.

2) 프뢰벨 교육의 개념과 법칙

여기서는 프뢰벨 교육에 대한 개념은 프뢰벨이 1811년 괴팅겐에 있을 때 저술한 '교육의 개념과 법칙에 관해서'라는 글을 요약하여 서술하고자 한다. 한마디로 교육에 관한 프뢰벨의 세계관은 목적론적이다. 프뢰벨이 말하기를, 교육은 신이라는 기초 위에 이루어져야 한다고 한다. 인간은 신의 피조물로 신성의 법칙을 따라야 하며, 모든 사물의 법칙과 다양성 속의 통일성은 창조자의 영혼이라고 할 수 있다. 신은 창조적이고 생산적이기에 신과의 관계 속에 있는 인간은 끊임없이 자신이 발전시켜 나가는 것이다.

한 인간이 무엇으로 발달할지는 자신의 법칙 속에 있는 스스로에 따라 좌우된다. 한 인간이 자신의 통일성에서부터 다양성을 발달시키려 한다면 그 다양성은 그 자신 속에 있어야 한다. 이러한 통일성 속에서의 다양성은 '구상' 속에서만 이루어진다고 프뢰벨은 보았다. 여기서 말하는 구상은 일반성을 지니고 있으면서도 특별하고, 우주적인 동시에 개별적이며, 통일적인 동시에 개체적이며 스스로 자신을 드러내 보이는 것이다. 즉 구상(球狀)은 스스로 무한히 발달할 수 있고, 스스로 한계를 지을 수 있으며, 또 스스로 자신을 나타낼 수 있다는 것이다.

모든 사물에는 자신의 구상을 발전시키려는 힘이 있다. 다만 자신의 법칙을 스스로 지니고 있을 때에 자력으로 통일성 안에서, 자신의 개체성 내에서, 자신의 다양성 속에서 스스로를 통하여 표현하려고 노력하거나 실제로 표현되었을 때에 발달이 가능해진다는 것이다. 이런 세 가지 표현이 각 개인의 개성으로 나타나고, 이 개성은 구상적 자연성으로부터 분리되지 않은 하나 속에서 일치한다. 이 개성은 유일하고 특별한 결정체라는 것이다.

프뢰벨은 구상적 법칙이 진실되고 순수한 인간교육의 기본법칙이라고 생각했다. 순수하고도 만족스러운 인간교육은 인간이 영혼과 정서의 통일성 속에서, 그리고 스스로에서부터 자유롭게 나와 전인적으로 발달되고 형성되는 것을 말한다. 이것은 완전한 자기인식을 위하여 자신의 영혼과 정서의 통일성이라는 자발적이고 전인적인 표현을 위한 능력을 요구하는 것이다. 즉, 생명력을 지닌 어린이는 이 능력으로 생존하고 활동하고, 감각과 느낌을 일깨우게 되는 것이다. 그리고 자신의 행동과 행위가 무엇에 의해 행해졌으며, 무엇을 위해 행해졌는가를 일깨우고, 접근시키고, 강화시키고, 교육하는 것으로 볼 수 있는 것이다. 이러한 것은 사고하는 행위이며, 이것을 사고하고 행동하도록 만드는 것이 생산적인 교육의 출발점이다.

프뢰벨은 인간의 모든 인식은 비교에 의해서 일어나고, 또한 인식은 하나의 감각이라고 한다. 즉 완전한 것(하나가 된 것, 밝은 것, 영원한 것 등)과 불완전한 것(분리된 것, 개별, 시간, 죽어가는 것 등)과의 비교에 의해서 인식이 밝아진다는 것이다. 이 두 가지의 대응은 투쟁(Kämpf)을 의미한다. 삶은 하나의 투쟁이라는 것이다. 이 과정에 의해서 인간은 의식과 지식, 인식이 생긴다. 이에 대한 인식은 인간에게 있어서 희망이다. 할 수 있음(Können), 앎(Wissen), 표현(Dastelle), 인식(Erkenner)은 서로에게 조건이 된다.

인간의 감각기관은 주변에 있는 자연의 다양한 상태와 일치한다. 이 감각기관의 상태에 따라 인간은 주변의 환경을 이루고 있는 대상들의 법칙을 정확하게 인식한다. 이러한 인식은 인간이 표현할 수 있는 것이어야 가능하다. 인간이 감지하는 것은 진실을 알게 될 때에 이것들이 서로에게 작용되어 창조적이 되는 것이다.

이성은 인간의 창조적 의지를 결정한다. 다시 말해 인간이 창조자를 이해하기 위해서는 인간은 반드시 창조능력을 지속적으로 지녀야 하며, 스스로 창조자가 되어야 한다는 것이다. 즉 신이 자연을 만든 것처럼 인간은 자신의 예술작품을 만들어야 한다. 한 예술가의 예술작품들은 그 작품에서 그리고 예술가를 위하여 가치가 있어야 한다. 이는 마치 자연의 작품들이 그 스스로와 창조자의 뜻을 지니고 있어야 하는 것과 같다.

인간이 전체 중에서 작은 일부분임을 인식할 때 인간의 의식은 더욱 분명해지고 창조능력이 더욱 향상되며, 창조자를 더욱더 자세히 인식할 수 있다.

인간교육은 통일된 힘으로 뭉칠 수 있을 때에 고양된다. 그와 반대로 독단적이고 이기적일 때는 스스로 자신을 포기하고 전체를 와해시키며 자신에 의해 아무것도 아닌 것으로 파괴된다. 즉, 모든 사물의 절대적인 죽음을 야기한다. 하나로 통일되면 인간은 명백성 · 평등성 · 전달 · 이해 · 평화 · 기쁨 · 거룩함을 지니게 된다.

전체에서부터 개체를 포기하는 것으로 개체의 분리는 더욱더 힘이 있고, 일반적으로 형성된다. 그리고 자신의 의식이 높아지고, 전체를 분명히 하는 경우가 된다. 인간은 절대적 전체성, 절대적 통일성에서 개체로 분리될 수 있으며, 절대적 전체성과 통일성은 신과 자연이라 한다.

교육은 반드시 인간을 자연과 신에게로 인도해야 하고, 신과 자연을 다시 인간과 함께 내면적으로 하나가 되도록 해야 한다. 그러므로 교육은 인간을 인간에게 인도해야 하고, 인간을 인간과 함께 하나로 맺어, 인간 안에 살아 있는 결실의 씨앗인 신과 함께 서로 상호관계에 놓여 있어야 하고, 이 관계가 회복되게 해야 한다. 진리는 억압받지 않는 평등한 관계에서만 존재한다. 자신의 뜻이 포괄적이고, 거대하며, 다양하고 응용적일수록 진리에 접근하게 된다. 따라서 교육은 인간을 구원하고 모든 투쟁과 전쟁에서 자신과 함께 하는 외부의 세계에서 자신을 승리로 이끌게 되는 것이다.

인간은 자신의 모체인 자궁(우테루스 : uterus)에서부터 포대기에 싸여 지내는 어린 시절을 거쳐 죽어서 무덤 속에 들어갈 때까지 항상 스스로 발달하는 존재이다.

인간이 만족할 수 있는 교육은 어린이 안에서 소년과 청소년을, 소년 안에서 청소년과 어른을, 청소년 안에서는 이미 어른과 죽음을 그리고 이에 대한 인식과 그 작용 영역을 목적으로 해야 한다. 인간이 만족할 수 있는 교육은 또한 이런 것들을 볼 수 있어야 하고 주의해야 함을 의미한다.

그러므로 인간에게 만족스런 교육은 반드시 자연과 영혼의 법칙이 요구하는 자연적이고도 종교적인 법칙에 따라 살도록 노력해야 하는 것이다.

3) 프뢰벨 교육의 원리 · 방법 · 목표

(1) 프뢰벨 교육의 원리

프뢰벨은 그가 죽기 2년 전인 1850년에 자신의 철학 · 교육 원리 · 교육 방법 · 목표와 목적을 당 시대의 시대적 배경을 중심으로 자신이 평생 고민해 온 사실에 기초해서 정리했다. 1850년은 소위 농민전쟁(1848년)이라는 혁명이 전 유럽을 휩쓴 직후로서 새로운 사회개혁이 시작된 시기이기도 했다. 프뢰벨은 이 혁명시대에 시대적인 다양한 사실과 다원적인 현상을 상호 인정해야 한다고 했고, 이에 반해 인간이 어떤 직업, 어떤 위치 그리고 어떤 영향력을 지니고 있느냐 하는 것은 그렇게 중요하지 않다고 했다.

프뢰벨은 시대적인 다양성과 갈등 상태를 극복하기 위해 시대적 특성에 초점을 맞추어 그 원인과 배경, 내적인 정신과 목표의 관점에서 전체의 흐름을 판단했다. 이런 관점에서 볼 때 발달과 교육의 완성 및 교육의 지속을 향해 노력하는 것은 인간의 본능(Trieb)이라고 한다. 한마디로 교육과 교육을 향한 인간의 노력은 인간을 모두 일반적이고 철저하게 움직이게 하는 것이요, 시대의 특징과 시대의 종합적 의사를 표시하는 것이며 시대에 영혼을 불어넣는 것으로 그러한 노력에 목표를 설정해야 한다는 것이다.

어려운 시기를 이기는 것은 시대적 삶의 가치를 정립하는 것이고 이것을 마지막으로 할 수 있는 것은 교육뿐이라고 했다. 이러한 것은 중단될 수 없는 현상으로 교육은 모든 삶의 원형이고 시대를 구분해 주는 것이며, 주기적인 현상이라고 했다. 교육은 우리의 일상이고 인간세계 전체뿐 아니라 한 개인에게도 일어나는 현상이다. 이렇게 거대하고 날카로운 시대적 단면 속에서, 그리고 생활의 발달 주기 속에서 우리들은 오늘을 살고 있다고 프뢰벨은 말하고 있다.

잘못된 주의력을 지니고 있고 시대적 사명감이 없다면, 인간을 중심으로 존재하는 이웃들, 즉 공기 · 빛 · 물 등 최소한으로 고려되어야 할 중요한 것들에 있어 그 존재 자체까지도 침해를 당하는 일들이 생기게 된다는 것이다. 새로운 시대를 맞이하고 새로운 가치관을 가지고 살아야 한다고 습관처럼 말하고 있다. 하지만 이러한 현상은 마치 자연법칙에 의한 발달이 늦어져 자연스럽고도 상습적인 아픔의 현상이 지속되는 것과 같다고 말한다.

소우주는 대우주의 축소판으로, 소우주에 해당되는 인간의 생활과 역사는 대우주인 천체와 우주적인 원리와 일치한다. 우리는 소우주에 해당하는 인간의 생활을 결코 가볍게 보아서는 안 될 것이다. 이것이 이 시대적인 시간 속의 특징으로 이는 교육적인 노력 속에 일치를 시도해야 하는 것이다.

프뢰벨은 인간의 삶은 일생 동안 행해지는 교육의 연속이라고 생각한다. 교육만이 우리 삶을 위험으로부터 보호하는 유일한 길이라고 한다. 교육을 해야만 하는 중요한 이유 중 한 가지는 우선 진실에 대한 왜곡을 바로잡을 수 있기 때문이다. 그러므로 인간을 위한 것은 명쾌한 의식 속에서, 명쾌한 의식을 통해서만 이루어지는 것이 진실이기 때문에 이러한 진실에 의해서만 새로운 것이 나올 수 있는 것이다. 이것은 인간이 개별적인 인간일 뿐만 아니라 전체로서도 사회의 생동적인 구성원으로서 인정될 수 있기 때문이다.

그리고 두 번째 이유는, 한 시대를 표현하는 것은 몇 개의 개별 속에서가 아니라 하나 속에 있는 각기 자유로운 다수에 의해서 나타난다는 점이다. 즉 한 개인이 일상생활 속에서 교육적으로 살고, 교육을 받음으로써 자신이 다른 이들과 동일하다고 느끼고, 솔직하게 원하게 됨으로써 개체로부터 점차 의식적인 가치를 갖게 되기 때문이라고 강조하고 있다. 인간에게는 개체로서든 전체 인간으로서든 교육적인 노력은 계속되어 왔으나 일반적으로 의식과 일반성은 결여되어 있었다. 사실 일반성과 의식은 내적으로 하나이며, 인간성의 새로운 발달은 주기적인 출현과 교육적 특징으로 표시된다. 즉 일반성과 의식은 한 인간이 개별적으로 자신을 되찾는 일과 내적 의사를 정확하게 표현하는 일이 요구된다.

여성은 인간적인 본능으로 교육적 행위가 요구됨을 분명히 의식해야 한다. 또 전체 안에서 자신의 결정과 품위를 인정받고 동등한 구성원으로서 인간의 절반으로서 남성과 같이 자신의 정서와 영혼을 생활 속에서 인정받아야 한다. 그리고 어린이는 한 인격체로서의 가치를 인정받아야 한다.

가정은 구성원들이 공동으로 사는 곳이므로, 서로를 인정하고 변함없이 끊임없는 교환관계를 추구해야 한다. 가정의 역할은 공동작용과 공동규범을 분명히 어린이에게 인식시키고 사회와 국가, 공동적, 정치적 관계까지도 인식시켜야 한다. 그러므로 학교와 가정은 밀접히 연관되어야 한다. 또, 폭력과 이념, 정치 형태의 집단, 권력 등은 분명해져야 한다. 그리고 무엇보다 교육의 특징은 자연과 인간성, 그리고 신과 더불어 모든 면에서 삶이 조화를 이루도록 해야 한다는 것이다.

이것을 이루기 위해서는 다음과 같은 노력이 요구된다.

첫째, 인간은 자신을 위하여 자신을 정립하고 자신을 창조하기 위해 매진해야 한다. 이로써 인간은 인간 본질의 특성인 사고와 감각과 행동이 발달된다. 그리고 인간이 자신을 창조하기 위해 매진할 때 인간의 영혼과 성품은 갈고 닦아지며, 자신의 노력으로 연마된 인간이 될 수 있는 것이다.

둘째, 인간이 자신을 정립하기 위해서는 적극적인 인간의 참여가 요구되므로 인간에 대한 올바른 인식과 진실된 인정이 따라야 한다. 인간 역시 스스로 자신들의 품위를 인식해야 함은 물론이고, 인간의 의미를 깨닫고, 이에 따른 의무를 완수하기 위해 부단한 노력을 기울여야 한다.

셋째, 남성과 여성은 모두 인간으로서의 본분이 신의 본질과 영혼으로부터 시작되어야 함을 알고, 후손을 얻기 위해 본능적이고 능동적인 행동을 해야 한다.

넷째, 어린이는 한 개체일 뿐만 아니라 인간 전체를 위한 씨앗으로서 마땅히 보호되어 야 한다.

다섯째, 가정생활은 순수하고 진실되게 결속된 공동체의 삶으로서 남녀는 같은 한 인간 으로서 동등한 권리를 가져야 한다.

여섯째, 국가와 사회에서의 생활도 역시 공동체의 삶이므로 협동심이 바탕이 되어야 한다.

일곱째, 내면과 외면 · 사고와 행동 · 이상과 현실 사이는 서로 명확한 관계를 이루어야 한다.

여덟째, 정치적인 갈등은 인간의 정신과 생활을 위태롭게 하는 요소가 된다. 폭력과 형 식은 돈의 가치를 떨어뜨리고, 권력으로만 치닫게 한다. 이것을 치료할 수 있는 것은 교육뿐이라고 프뢰벨은 강조하고 있다. 그러나 일반적으로 대다수의 시민 정신은 진실한 사고와 아름다운 사랑, 순수한 지조를 지키게 하고 있다.

프뢰벨은 권력보다는 순수한 교육의 필요성을 강조했다. 교육을 통해서 인간은 정신적 으로 고양되어 행동과 표현으로 스스로를 드러내게 된다. 이것은 인간에게 영혼을 불어넣 어 그 가치를 더하는 예술적 창작 행위로서, 이것은 자신의 영혼이자 사상이다. 생각하는 자의 사상은 내면에 머무는 외면과 같은 것으로 이것은 계속해서 새로워지게 된다. 그러므 로 자연은 인간과 인간 삶에 무엇이 필요한지를 알게 하고, 인간은 자신의 본질을 향해 자 기의 위치와 직업, 풍습, 인간다움의 순수한 존재를 깨닫게 된다. 이러한 위치 · 직업 · 풍 습은 인간을 신의 피조물로서, 그리고 신성의 본질로서 자신이 머무는 시대의 사명을 중요 하게 수행하도록 한다.

마지막으로 자연 · 인간다움 그리고 이것들과 함께 신과의 통합을 향한 노력은 시대의 다양한 종교에 이르도록 도움을 준다. 통일성과 순수한 일치는 점차적으로 접근하여 마침 내 도달하게 되는 진실된 신과의 융합이 그 목표가 될 수 있다. 순수한 신과 통합된 행동에 의해서만 인간의 직업은 결정된다. 인간의 본질적 생명력은 자신의 선택 속에서, 자기의 결정 속에서 그리고 평화 속에서 삶의 순수한 평화로움과 순수한 기쁨을 맛보게 된다. 이것 이 모든 삶에서 이루어져야 할 목표인 것이다. (W. Lange, 1849~1850)

(2) 프뢰벨 교육의 방법

프뢰벨은 앞에서 언급한 이러한 요구가 어떻게 표면화될 수 있고, 어떻게 삶의 임무가 될 수 있는지 다음과 같은 방법을 제시한다.

첫째, 마치 정원사나 농부가 그들의 식물을 자연이 주는 물 · 햇빛 등과 같은 자연이 주는 순리에 따라 잘 기르는 것과 같이 한 인간으로서의 어린이도 자연의 순리에 따라 주어지는 본질과 내면적인 법칙에 따라 잘 자라도록 우리는 도와주어야 한다. 그리고 어린이는 모든 삶의 원천과 함께 자연과의 융화 속에서 비로소 발달되는 것이다. 이러한 모든 노력들은 교육을 통해서 이루어지는 것이다.

인간 발달에 있어 기본법칙이 요구되는 것은 어린이에 대한 이해와 이 어린이를 어떻게 다룰 것인가가 그의 삶의 모든 관계와 더불어 추진되어야 한다.

즉 자기중심적 경험과 어린이의 본성에 대한 주의는 모든 발달과 양상에 주의를 기울이는 것이다.

둘째, 인간 발달은 신체와 정신들이 통합되어 전체적으로 발달되지만, 각각의 부분들은, 즉 신체와 정신은 상황에 따라 다르게 나타난다. 다시 말해, 인간 발달은 전체-신체와 정신-적으로 같이 이루어지지만 어린이가 하는 일에 따라서 정신이 신체보다 더 부각될 때도 있고, 또는 신체가 정신보다 더 부각될 때가 있다.

예를 들면 어린이가 달리기를 할 때는 신체가 더 부각되어 사용되는 것이고, 어린이가 공부를 할 때는 정신이 더 부각되어 사용되고 있다고 볼 수 있다.

셋째, 인간 발달의 법칙은 인간과 어린이들에 대한 이해와 타인에 대한 이해, 대상에 대한 이해에서 시작된다.

마지막으로 '인간 발달의 형성 법칙은 내면적인 발달과 이 내면적인 발달 자체에서 나오는 충동에서 나오는가? 외적인 형태는 어떻게 외부로부터 작용하는 하나의 자극에 의해 좌우되는가? 그리고 이 두 가지 조건이 상대적으로 동등한가?' 라는 의문을 품어 볼 때 이 두 가지 조건은 내적으로 하나가 되는 삶과 더불어 교육되고, 교육받은 인간은 점차 성숙한 인간으로 변해 감으로써 인간은 참된 인간이 되어 간다고 프뢰벨은 주장하였다.

(3) 프뢰벨 교육의 목표

어린이들의 느낌과 통찰력 있는 행동 등은 내면적으로 통합되어 동일한 것으로 된다. 그럼으로써 감각적이고 지각적이며, 윤리적인 자신을 위해서 인간 본질이 형성되는 것이다. 어린이의 영혼과 신체발달을 위해서는 적절한 영양이 주어져야 한다. 즉 어린이들은 조화의 세계, 공명의 세계, 리듬의 세계, 멜로디와 역동의 세계로 인도됨으로써 비로소 영혼과 신체의 발달이 이루어질 수 있는 것이다.

예를 들면 이런 세계는 어머니가 그네를 태우거나, 다독거리는 리듬을 이용해서 어린이들을 잠재울 때, 어린이는 어머니의 몸놀림과 목소리에 만족하고 평화로움 안에서 기쁨을 느끼게 되는 것과 같다. 이것은 맥박이나 심장의 고동에 익숙하게 되어 그 느낌에 순응한다는 것을 보여 준다.

어머니들이 자녀들을 방에 누이고 조용하고 애정에 넘친 노래를 부르면 어린이들이 잠들게 되는 것도 마찬가지라고 할 수 있다. 이런 행동은 어린이가 이러한 것에 반응하고, 신뢰성을 가지는 데 도움을 주는 것이며, 후에 어린이들의 사소한 표현에서도 이런 리듬이 내적으로 연결되어 있다는 것이 보여진다. 이런 리듬과 박자에 맞는 율동과 화음에 맞는 노래는 어린이를 모든 면에서 만족하게 하고 건강한 인간 형성을 하도록 도와 준다.

프뢰벨은 이렇게 다면적인 교육을 통해 정서가 순화되고 다양성을 느낄 수 있고, 신체와 정신이 골고루 발달할 수 있는 밑거름이 될 수 있다고 누차 강조한다.

4) 일의 본질

프뢰벨은 일의 본질에 대한 기본적인 생각을 '내적인 것을 밖으로 나타낸다' 는 형이상학적인 생각에서부터 시작한다. 이는 인간은 스스로를 진실되게 인식하고 자기 자신을 밖으로 표현해야 한다는 것이다. 즉, 인간은 외면적으로 행동함으로써 그의 내면적인 생각을 표현할 수 있다는 것이다.

프뢰벨은 일을 어떤 목적을 달성하기 위한 수단으로 보지 않고, 일 그 자체에 목적을 두고 있다. 그는 어린이에게 있어서 일은 놀이라고 생각했다.

예를 들자면 어린이는 나무 조각 쌓기, 모양 만들기와 같은 놀이를 통해서 창조활동이 활발히 전개되고, 자신들의 행위나 작품을 통해 생명의 표현을 마음껏 할 수 있다고 했다. 놀이를 하는 동안 어린이의 삶은 생기가 나고, 한 걸음 더 나아가서는 삶 전체가 승화되어 이상의 세계에 도달하게 되는 것이다. 프뢰벨은 어린이가 놀이에 흠뻑 빠져들 수 있게 하기 위해 교구를 제작하고 이를 '가베(Gabe)' 라고 불렀다. 놀이의 중요성은 프뢰벨이 강조하고 있는 인간조화의 원리를 위해서 교육의 원리 속에서 강조되어 있다.

5) 발달 순응적 교육 방법과 명령 순응적 교육 방법

프뢰벨의 교육 방법은 발달 순응적 교육과 명령 순응적 교육 방법이라고 할 수 있다. 이 두 방법은 상황에 따라 개별적으로 하나씩 나타나는 것이 아니라, 모든 순간에 두 교육 방법이 하나가 되어 나타난다.

발달 순응적 교육은 자연의 법칙에 따르는 교육 방법이다. 이것은 유기적 발달 사상에 근거하여 비록 무의식적이기는 하나 인간 내부의 내적 필연성에 따라 발달하는 것이다.

프뢰벨의 저서 《인간교육》에서는 "어린이를 단순한 밀랍이나 점토덩어리로 취급하는 것은 어린이의 본성을 꺾으면서 가르치는 것이며, 어린이가 전인적인 조화를 갖고 발달하는 데에 해가 되는 요소다."라고 말한다.

어린이 발달에 끼치는 자연 법칙과 인간 본성의 개화라는 입장에서 볼 때 모든 예언적,

명령적, 간섭적인 교육은 어린이의 성장을 방해하는 교육이다. 즉 발달 순응적 교육은 단순한 수동적인 교육을 의미하는 것이 아니라 능동적인 교육을 말하는 것이다. 다시 말하자면 발달 순응적인 교육은 끊임없는 주의 아래에 어린이를 능동적으로 교육하는 것이다. 만일 유기적 발전 대상으로만 인간을 보게 된다면 그 인간에게는 방임만이 자랄 뿐이다.

왜냐하면 모든 선한 것과 아름다운 것들이 스스로 전개되어 자발적인 성장을 하기 때문이다. 이렇게 되면 자유로운 목표 설정은 없어지고, 단지 발달 순응적 교육만이 있게 된다. 하지만 인간이 자기 목표를 설정할 수 있는 존재로 볼 때는 발달 순응적 교육만으로는 충분하지 못하며 명령적 교육을 필요로 하게 된다.

프뢰벨은 어린이는 외면상으로는 선량해 보이지만, 내면의 마음이 선량하지 않은 경우가 있고, 반대로 외견으로는 포악해 보여도 내면의 마음은 선한 면이 있기 때문에 명령적·간섭적 교육이 필요하다고 말하고 있다.

이 방법들에 근거하면 어린이의 참된 자유를 방향 지으려면 두 가지 경우에 한해서 사용해야 한다고 보았다. 그것을 나열하면 다음과 같다.

첫째는 인간 오성에 의해 통찰된 명료하고 생생한 사상을 가르칠 경우이고, 다른 하나는 이미 오랫동안 전해 오는 모범적인 사실을 가르치는 경우이다. 인간학적으로 볼 때 교육의 관점이 기본적으로 달라졌어야 했지만 프뢰벨은 이 두 방법이 공존해야 한다고 주장하였다.

6) 인간 발달론

인간은 개개인마다 나름대로의 개성을 지니고 있다고 프뢰벨은 보았다. 즉 모든 인간은 한 개체로서 전체 인류를 대변하고, 또한 전체적으로는 신성을 반영한다고 한다. 이렇게 개체로서의 인간이 형성되기 위해서는 모든 힘의 조화와 고른 형성이 인간에게 요구된다.

인간의 참된 개성이 발전하기 위해서는 이 개성은 형이상학적인 지위를 가져야 한다. 왜냐하면 각각의 개체가 그 가능성의 전부를 구현할 수 있는 것이 아니라 내적 다양성을 무한히 많은 개성 속에 분산시킬 때 그 가능성이 실현되기 때문이다. 사회의 일원으로서 한 인간이 갖는 고유한 개성은 인류 안에서 구현되어, 인류 전체를 위한 과제 수행을 위해 밑거름이 되어야 한다. 따라서 인간의 궁극적인 과제는 인간이 자신을 표현하는 것이다. 즉 자신의 깊은 내면에 있는 개인적 본질을 하나하나 표현하는 것이다.

프뢰벨은 유기체적 발달 역시 개성 못지않게 중시하였다. 개성이 인간 발달의 공간적인 차원에서 다루어졌다면, 유기적인 발달은 내용을 시간적인 연속에 적용한 것이다. 유기적 발달은 각 단계에 고유한 가치를 부여하는 것이다. 즉 어린이는 어린이로서, 소년은 소년으로서, 청년은 청년으로서 그 연령에 맞는 능력만을 요구하는 것이다. 어린이에게 어른의 사고를 요구하지 않고, 어린이가 생각할 수 있는 사고의 양만큼을 요구해야 한다. 다만 우

리가 해야 할 일은 각자의 연령 단계에서 어린이의 신체 발달과 맞추어서 그의 정신적 능력
이 지속적으로 발달될 수 있도록 도움을 주는 것이다.

각각의 성장 단계에서 나타나는 특징에 따라 인간 발달 단계를 영아기 · 유아기 · 소년
기 · 청년기 · 장년기 · 노년기로 구분하고 있다. 이러한 단계를 프뢰벨은 나선형으로 표현
하고 있다.

3. 인간교육의 원리

1) 구의 법칙

프뢰벨 교육이론의 기본 사상은 '구의 법칙' 이다.
프뢰벨은 구의 법칙을 다음과 같이 기술하고 있다.

> 모든 물질은 한 점에서 시작하여 모든 방향에 일률적으로 작용한다. 인간교육에서 물질은 질
> 료(실체의 바탕을 이루는 재료)에 내재하고 있는 힘의 근원으로 구의 형태가 되려고 하는 경향이
> 다. 한 점에서 나와서 한 가지로 모든 방향으로 향하여 자기를 표현하려는 힘이 근원적 경향이
> 다.(Fröbel, ME, 68장)
> 힘이 어떤 방해도 받지 않고 사방을 향하여 자기를 표현한다면 그 공간적 표현이나 물체적인
> 산물은 구(공)이다. 구의 형태는 자연의 전체 모습을 포함하고 있다. 즉, 태양, 달과 같은 큰 천
> 체 · 물과 같은 액체 · 공기와 같은 기체 등의 모두 개별적인 모습은 구의 형태를 이루고 있다.
> 구(공)는 다른 자연 형태의 어떤 것과도 닮지 않았지만 그 본질의 조건과 법칙으로 볼 때 모든
> 자연 형태를 자기 속에 포함하고 있는 것이다. 구는 형태가 없으면서도 가장 완전한 형태를 갖
> 고 있는 것이다. 즉, 어떤 점도 어떤 선도 어떤 평면도 어떠한 입체도 구에는 나타나지 않지만
> 모든 자연 사물의 형태는 구형에 기초를 둔다. 구형의 법칙 속에 그 최초의 근거를 갖고 있는
> 것이다.(ME, 69장)

프뢰벨은 1811년 괴팅겐에서 전 우주의 형성법칙을 쿠겔(Kugel)이라는 독일어로 전 우주
의 형성 원리를 설명하였다.

프뢰벨의 구의 법칙의 특징은 영원한 것은 하나이며, 영원한 것이 밖으로 나타나는 것이
다. 또 구는 힘의 출현으로 양극이 생기고, 이 양극의 대립은 출발점에서부터 소모된 힘의
효과가 똑같으므로 어느 쪽이 먼저이고 어느 쪽이 나중이라는 것이 없다. 즉, 무차이성을
지니는 것이다. 그러므로 이 양극의 만남은 출발점을 중심으로 원주 상에서만 가능하다.
프뢰벨이 통일의 상태인 구면을 직접 스케치한 것을 보면, 구면은 구의 중심축에서 +, − 방

향으로 무한히 방사됨과 동시에 그들 모두가 공의 중심점 *x*에서 동등하게 지양되어 있다는 사실을 그림에서 볼 수 있다.

이 구의 법칙은 각 개인의 개성이 전개될 때 나타나는 하나의 통일된 근거를 반영하고, 또 개성이 자신의 특수성에서 공과 같은 다면성으로 전개되는 점을 보여 준다. 프뢰벨은 생명의 보편적인 존재 법칙을 의식과 자유로만 채워야 하는 것을 인간의 과제로 보았다. 인간의 과제는 구 안에 있기 때문에 '구의 법칙'은 진실되고 만족스러운 인간교육의 기본 법칙이 된다고 한다.(ME, 72장)

2) 결정체의 이론

프뢰벨은 결정체의 발달 과정을 통해서 인간의 정신과 심성의 발달 사이에서 일치를 발견했다.(ME, 71장)

결정체와 마찬가지로 인간은 내면적으로는 조화를 이루고 있지만, 외면적으로는 오히려 일면성 · 개별성 · 불완전성으로 나타난다. 이런 개별적인 불완전성은 자기교육과 타자교육을 통해서 비로소 조화를 이루어 완전한 것으로 고양될 수 있다.

결정체의 세계는 분명한 형태로 생명의 법칙을 일깨워 준다. 자기를 형태화하고 표면화하는 힘은 모두 하나의 중심에서 나와 앞뒤로 향하면서 자기를 통하여 힘의 한계를 설정하면서 모든 방향으로, 또 구의 형태로 작용한다.

그 힘이 아무 방해도 받지 않고 외부로 나타나는 경우는 세 가지 방법이 있다.

첫째, 중심점 *x*에서 a라는 힘이 외부로 작용할 때 a라는 힘의 작용과 동시에 b라는 힘도
  함께 작용한다.

둘째, 모든 힘은 중심에서 이중의 측면을 향하여 세 개씩 어떠한 측면과 방향에서도 동일
  한 경향이나 경사를 유지한다.

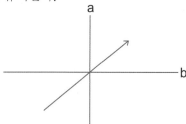

셋째, 그것들은 상호의 위아래에서 서로 직각으로 교차하고 있다.

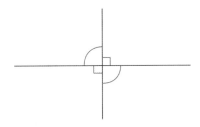

이는 각 사물을 통일성, 개별성, 다양성으로 표현하고 내적인 것을 외적으로, 외적인 것은 내적으로 조화롭게 표현하려고 하는 자연 법칙에 따르는 보편적인 형상인 것이다. 인간역시 이 법칙을 완전히 따르고 있다는 점과 인간의 생명·인간의 운명까지도 여기에 근거를 두고 있다고 프뢰벨은 말한다. 이런 고찰을 통해서 인간은 자연과 인간의 특성을 잘 인식하고 자연과 인간의 본질을 서로 잘 접목하도록 인간을 교육시켜야 한다.

위에서 본 구의 법칙과 결정체 이론의 관계를 프뢰벨이 자연현상을 보고 깨달은 점을 교육이론으로 전개했다는 것은 매우 중요한 의미를 갖는다.

슈프랑거가 말하기를(E.Spranger, Aus F. Fröbels Gedankenwelt, Quelle & Meyer, 1964, S.47) '프뢰벨은 구의 법칙의 최종적인 준거점을 결정학에 두어, 결정학 가운데에서 그 철학 사상을 일괄하기 위하여 결정학을 연구하였다.'고 한다. 그래서 슈프랑거는 양자의 일관성을 주장하고 있다. 또 바이제는 "프뢰벨의 자연현상의 연구는 〈구의 법칙〉으로서 이는 전체적인 자연을 파악할 수 있게 하고, 결정체 이론으로서는 무기자연을 파악할 수 있게 했다."고 한다.

따라서 프뢰벨이 자연현상을 통하여 교육이론을 전개했다는 사실은 프뢰벨이 중시하는 하늘의 현상인 '구의 법칙'과 땅의 현상인 '결정체 이론'의 결합의 결과라고 볼 수 있다. '구의 법칙'과 '결정체 이론'의 결합은 프뢰벨의 교육이론이 오늘날까지 전해질 수 있도록 밑받침이 된 것이다.

3) 조화(Einheit)의 원리

프뢰벨이 교육의 본질로 설정하고 있는 조화사상은 신성에 그 근거를 두고 있다. 그의 교육 사상은 신과 인간, 그리고 자연을 하나로 통합하려고 노력하지만, 그의 사상의 중심에는 신성이 자리잡고 있음을 부인할 수 없다. 그는 《인간교육》에서 우주를 지배하는 영원한 법칙은 신(神)이라고 말하고 있다. 이 영원한 법칙은 '만물에는 영원한 법칙이 깃들어 있고, 작용하고, 지배하고 있다.'는 구의 법칙에 근거하고 있는 것이다.

여기서의 영원한 법칙이란 모든 것을 꿰뚫어 통하는 조화로운 생명력과의 관련성을 의미한다. 조화사상도 그의 '구의 법칙'에서 잘 나타나고 있듯이 근원적인 구의 각 점은 새로운 구의 출발점이 되어 '부분이면서 전체'가 된다.

구 자체가 전체의 부분으로서, 또 각 점은 그 자체로 다시 또 전체가 되는 것이다. 구의 모습에서 볼 수 있듯이 그의 놀이체계에서 만물을 '부분이면서 전체'로 취급하고 있는 프뢰벨은 이를 조화라는 사상으로 발전시켰다. 자연계는 생명의 커다란 유기체이고, 개개의 자연현상도 내적으로 결합된 하나의 유기체이다. 이 유기체에는 하나의 영원한 법칙이 있다. 이것을 곧 조화라고 한다면 이 조화는 신이라고 할 수밖에 없다. 따라서 모든 우주는 신으로부터 생겨났다고 할 수 있다.

4) 프뢰벨의 교사론

프뢰벨의 저서 《인간교육》에서 교육은 가장 내면적인 것에 대한 고찰에 근거를 두어야 한다. 그리고 교육의 목적은 내면적인 것과 외면적인 것을 연결하는 방법을 가르쳐 주는 데 두었다고 한다. 그리고 프뢰벨은 다음과 같은 교사의 역할을 요구하고 있다.(서석남 역, ME, 1995, 14장)

교육자인 교사의 역할은 개별적이고 구체적인 것은 일반적인 것으로, 일반적인 것은 구체적이고 개별적인 것으로 만들어 그 둘 사이의 관계를 밝혀 내야 한다.

다시 한 번 교사의 역할을 살펴보면,

첫째, 교사는 외면적인 것을 내면적인 것으로, 내면적인 것을 외면적인 것으로 만들어 그 둘 사이의 관계가 조화로움을 유지하도록 가르쳐 주어야 한다.

둘째, 교사는 유한한 것에는 무한한 것을 비추고, 무한한 것에는 유한한 것을 비추어 삶에서 둘을 조화시켜 나갈 수 있도록 가르쳐야 한다.

셋째, 교사는 인간적인 본질 속에서 신적인 본질을 파악하고, 신에게서는 인간의 본성을 찾아 내어 인간의 내면 속에서 인간의 본질과 신적 본질이 서로 조화를 이루며 나타나도록 가르쳐 주어야 한다.

프뢰벨은 교사에게 '인간의 생명으로 표현되는 근원적인 신의 본질을 올바르게 파악하고 인간 개개인을 조화로운 삶을 사는 인간으로 인도하기를 바란다.'고 당부하고 있다. 그리고 교사는 무엇보다도 총명한 지식과 어린이를 사랑하는 마음을 지니고 어린이가 자신들이 발달해 가는 모든 방향을 이해할 수 있도록 도와주어야 한다. 그러므로 프뢰벨은 교사가 자질을 갖추는 데 도움을 주기 위해서 교사 양성과정에 적절한 과목을 설정하였다. 여기서 적절한 과목이란 인간과 어린이의 발달 연구법·어린이를 다루는 법·놀이 교구 사용법 등을 말한다. 프뢰벨은 자신이 어린이들과 함께 삶을 나누는 것처럼 교사들 역시 어린이들과 삶을 나누기를 원했다. 교사가 어린이와 함께 하면 교사와 어린이 모두에게 유익한 것이 있다고 믿었다.

첫째, 어린이가 교사와 함께 배우고 놀면 교사와 어린이 사이에는 순수한 결합이 이루어
진다.

둘째, 교사 역시 어린이들로부터 배우는 기회를 얻게 된다. 정원사가 식물을 정성스럽게
가꾸듯이 교사는 어린이의 영혼과 흥미를 인내심 있게 관찰하고, 적절한 환경(양분
과 햇빛, 공기)을 제공하여야 한다. 그리고 무지하고 왜곡된 것에 빠져 있는 사람들
이나 아이의 연령에 적합하지 않은 처방으로 어린이들을 자극하는 사람들로부터
어린이들을 보호해야 한다.

교사는 놀이를 통해서 어린이를 지도할 수 있는 안내자이다. 교사는 자신의 재능과 경험
들이 조화로운 결합을 이루도록 노력해야 한다. 왜냐하면 교사는 조화롭고 아름다운 삶을
추구하는 이로서 어린이들에게 모범을 보여 주어야 하기 때문이다. 프뢰벨은 그가 교사들
에게 요구하는 것들을 그의 교육활동을 통해서 좋은 모범을 보여 주고 있다.

위에서 언급한 바와 같이 교사는 교사로서의 모범적인 자질과 태도를 지닌 자여야 한다.
또한 교사는 어린이의 보호자, 지식 제공자, 관찰자, 어린이를 자극하는 자, 그리고 교량 역
할을 하는 연결자로서 유아교육에 있어 오늘날까지 중요한 자리를 차지한다.

4. 놀이이론

1) 놀이이론

프뢰퍼는 놀이가 어린이의 자기 활동을 위해서, 또는 어린이의 내적 힘의 표현을 위해 완
벽한 수단이라고 놀이에 교육적 가치를 부여했다. 프뢰벨이 말한 놀이는 교육학에 있어 프
뢰벨의 가장 위대한 공헌이라고 그의 논문 〈프뢰벨의 교육적 노력〉에서 언급한다.

프뢰벨의 《인간교육》 31장을 살펴보면 다음과 같다.

놀이란 어린이 발달과 인간발달에서 최고의 단계이다.

놀이란 어린이가 자기의 내적 세계를 스스로 표현하는 것이고, 또한 자기의 내적 본질의 필요
와 요구에 의해서 내면의 세계를 외계에 표현하는 것이다. 놀이는 어린 시절의 가장 순수한 정
신적 산물이며 인간생활 전체의 모방이다. 그러므로 놀이는 기쁨과 자유와 만족, 자기 내면과
외면의 평안, 그리고 세계와의 조화를 만들어 낸다. 모든 선의 원천은 놀이 속에 있고, 놀이로
부터 나온다.

프뢰벨이 말하는 놀이에는 두 가지 기능이 있다.

첫째는, 어린이는 놀이를 통해서 자신의 내면적이고 정서적인 욕구를 충족시켜 간다. 둘째는, 교사가 새로운 놀이 정보를 제공해 줄 수 있다. 그러므로 어린이가 놀이를 할 때에는 어른과 함께 놀이를 해야 한다. 그럴 때에 비로소 어린이가 혼자서 놀이를 할 때보다 교사와 함께 한 놀이에서 교육적인 효과를 더 많이 얻을 수 있는 것이다. 왜냐하면 어른은 이미 발달된 언어 능력을 지니고 있으므로 이는 어린이가 놀이를 완전히 이해하기 위해서 필수적인 요소라고 할 수 있다.

에리카 호프만 역시 프뢰벨의 이러한 이론에 동의했다.

그리고 그는 다음과 같이 언급하고 있다.

어른은 아이들과 함께 놀이를 해야한다. 그럴 때에 비로소 놀이가 교육적으로 될 수 있다.

이와 같이 프뢰벨은 어른과 어린이가 함께 놀이를 할 때 교육의 가장 깊은 의미인 삶의 조화를 어린이가 깨닫게 된다고 한다. 삶의 조화는 어린이가 원초적인 인간관계, 특히 가정에서의 인간관계를 체험하고, 이어서 놀이를 통해서 체험한다.

놀이는 어린이의 독특한 삶의 형태이다. 따라서 독특한 교육의 형태이기도 하다. 왜냐하면 놀이는 자유로운 표현을 통해서 이루어지지만, 여기에는 내적인 법칙성이 있기 때문이다. 놀이는 삶을 아름답게 만드는 행위이기도 하다. 그러므로 어린이들이 자유롭게 놀이를 할 수 있도록 여건을 만들어 주는 것이 취학전의 어린이뿐만 아니라 이 시기를 거친 아이들에게도 교육적 측면에서 중요한 과제가 된다.

프뢰벨이 삶의 조화(Einheit)의 의미를 놀이에서 찾는 것은 이중적인 의미를 띠고 있다. 놀이는 자연적인 충동이나 힘의 단순한 표현이 아니며, 또한 그것의 본질적인 표현은 더욱 아니다. 오히려 놀이는 정신적 삶의 초기 형태인 것이다. 어린이들의 놀이는 그들의 교육이나 어른들의 정신적 실존에서와 마찬가지로 온갖 의미로 연결된 삶의 진정한 만남이다. 또 다른 의미로 어린이들은 놀이를 통해서 만들어지고 표현된다. 어린이의 정신세계는 어른들의 정신세계와는 구별되는 고유한 세계이다. 그렇지만 이 두 세계는 서로 다른 것이 아니라 근본적으로 오히려 통일되어 있다. 왜냐하면 어린이들은 놀이 속에서 어른들의 경험과 법칙들을 예감하기 때문이다.

그럼 이 어린이들의 놀이란 도대체 무엇인가? 그것은 인간이 살아가는 거대한 삶 자체가 놀이라는 것이다. 단지 어린이들의 놀이는 거대한 삶의 일부분으로서 작은 시작 단계일 뿐이다. 이 때문에 어린이들이 하는 놀이가 아무리 작고 사소하게 보이더라도 거기에는 항상 깊은 삶의 진지함이 내재해 있는 것이다. 어린이들이 자라서 사회에서 유능한 일원이 되는 것은 매우 중요한 일이다. 따라서 이 아이들이 놀이에서도 유능한 일원이 되게 하는 것은 매우 중요하다.

다른 한편으로는 어린이들의 놀이 세계는 조화로운 성인의 삶 저변에서 지양되어 있다. 또한 어린이는 놀이를 통해 감지한 예감 속에서 자신의 참된 모습을 발견하게 된다. 그러므로 올바른 놀이는 어린이들이 놀이 속에서 자신의 삶과 일반적인 삶을 분명하게 인식할 수 있도록 인도해 준다. 프뢰벨은 어린이들의 놀이의 반영성과 상징성이야말로 놀이를 형이상학적인 측면에서 볼 수 있도록 해 주는 것이라고 믿었다.

프뢰벨은 삶의 조화는 매개체를 통해 이루어지거나 혹은 매개과정 자체에서 이루어진다고 했다. 매개체는 대상적이고, 객관적이고, 직관적이어야 한다고 했다. 인간의 정신은 내적인 것으로 자연과 삶의 법칙들을 객관적으로 경험할 수 있고, 감각적으로 파악할 수 있는 것을 통해서만 인간의 마음을 인식한다.

즉, 우리는 마음속에 내재되어 있지만 눈으로는 볼 수 없는 생각의 요소들을 눈에 보이는 매체를 통해서 눈으로 볼 수 있는 형태를 만들어 제시할 때 비로소 그 가시적인 매체로 형태를 만든 인간의 마음을 읽을 수 있는 것이다. 이런 의미에서 어린이에게 눈에 보이는 매개체로서의 역할을 할 수 있는 것이 바로 놀이 대상들이다.

즉, 프뢰벨이 어린이의 마음을 눈에 보여지는 형태로 만들기 위해서 고안한 것이 가베(Gabe)인 것이다. 어린이는 가베를 통해서 이미 어린이가 경험했던 일이나 그의 생각들을 눈에 보이는 형태로 구성할 수 있는 것이다.

프뢰벨은 삶의 조화와 매개가 이중적이면서도 근본적으로는 동일한 운동을 한다고 보았다. 프뢰벨은 이 운동을 '내적인 것을 외적으로, 외적인 것을 내적으로 만드는 운동'이라고 불렀다. 이 이중적인 운동은 놀이를 하는 가운데 나타나며 세계를 파악하게 된다. 그러나 놀이를 통한 표현은 아이가 '세계'의 의미를 이미 예감하고 있을 때에만 생긴다. 그리고 이 세계에는 어린이가 아직 파악하지 못한 자신의 본질도 포함되어 있으며, 어린이는 놀이를 통해서 비로소 하나씩 파악해 나가는 것이다.

이렇게 세계는 놀이 속에서 놀이 대상을 통하여 드러나는 것이다. 어린이는 놀이 속에서 놀잇감 사이의 내적인 상호관계를 발견하게 되는데, 이것이 놀이의 교육적인 가치를 높여 주는 것이다.

이러한 상호관계를 예를 통해서 보면 다음과 같다.

어린이가 작은 공을 가지고 활기차게 움직이고 굴러가게 하면서 놀 때, 이 공을 가지고 노는 어린이 역시 흥분하면서 몸을 움직이는 것을 본다. 공을 가지고 놀 때의 어린이의 이런 행동은 그의 마음속에도 공처럼 나아가고 달아나고자 하는 욕망이 표현된 것이다. 그러므로 공놀이를 통해서 어린이는 자신의 내면세계가 공이라는 매체를 통해서 표현된 것이라고 볼 수 있다. 또한 공이라는 매체는 어린이가 환경을 파악하고 인식할 수 있는 수단이 된 것이다. 공놀이뿐만 아니라 모든 놀이는 인간의 삶이 놀잇감을 통하여 표현되는데, 이 놀이와 관련하여 프뢰벨은 이렇게 말한다. 어린이는 이렇게 자신의 모습을 통하여 자신의 삶, 가장 내면적인 부분과 자신도 아직 파악하지 못한 무의식적인 삶을 표현하는 것이며 자기 주변의 삶 전체를 … 자신의 내부에 수용하고 또한 반영하는 것이다.

프뢰벨의 놀이이론을 이해하기 위해서는 이런 정신적 삶과 그가 말한 교육 내용을 주의 깊게 봐야 한다. 또한 어린이들의 근본 규정인 자기활동이라는 개념 또한 놀이이론의 핵심 내용으로 프뢰벨은 보고 있다.

2) 자기활동의 원리

자기활동의 원리는 프뢰벨 교육원리의 가장 근본적이고 기초적인 원리이다. 프뢰벨은 인간의 본성을 신성한 것으로 보고, 이 신적 선물을 표현하는 것이 인간의 사명이라고 했다. 그러므로 교육은 이 신성을 표현하기 위한 기술로 보았다.

프뢰벨은 신성의 본질은 우주만물을 지배하는 주인으로 보고, 이 본질은 창조하고 활동한다고 보았다. 그러므로 신성을 자기본성으로 한 인간은 태어나면서부터 활동 충동·표현 충동·창조 충동을 갖고 태어났다. 이런 의미에서 어린이는 본래부터 자기활동적인 것이다. 그러므로 프뢰벨은 어린이의 자기활동을 중요시하여 무의식적이고 본능적인 활동과 창조활동을 어떻게 하면 강화시켜 나갈 수 있을지 끊임없이 연구했다. 교육에 있어서 프뢰벨은 다른 어떤 사상가보다도 더 어린이의 자기활동을 창조적인 것으로 보고, 이것을 육성시켜 나가려고 했다. 프뢰벨은 인간은 신의 형상으로 창조되었고, 더욱이 어린이는 신의 성품을 닮았다고 생각했기 때문이다.

어린이의 자기활동은 자유로운 놀이 공간 속에서 놀이에 의해 긴장과 완화가 이루어질 때 자기 만족도가 커지는 것이다. 자기활동을 중요시하는 교육은 어린이의 흥미와 생활을 중심으로 놀이를 중요시하는 교육인 것이다. 왜냐하면 어린이에게 흥미의 대상은 놀이이며, 어린이의 생활 역시 인간의 삶에서부터 나온 놀이라고 할 수 있기 때문이다. 즉 어린이는 놀이를 통해 삶을 나타내고, 삶을 창조하고, 삶을 유지하는 것이다.

다시 말해서 어린이를 그저 있는 그대로 자연에 버려 두면 자기활동은 원만하게 이루어지지 않는다. 그러므로 놀이를 통해서 태만은 극복되고 활동력은 고무되어 정신과 신체가 바르게 육성된다. 그러므로 어린이의 자기활동은 어디까지나 자연적·사회적·문화적인 환경을 바탕에 의도적으로 고안된 교구(슈필가베)가 더해질 때 어린이의 자기활동은 비로소 가능해지는 것이다.

헤르만 놀은 프뢰벨이 말하는 자기활동이란 몬테소리나 노동학교에서 말하는 형식적인 체력단련처럼 단순히 기능적인 것이 아니라, 어떤 의미를 파악하고자 하는 행동을 지향하는 것이며, 한 순간에 만족하지 않고 영원 속에서 안식을 구하는 것이라고 말했다.

3) 놀이의 상징성

어린이의 놀이는 상징적인 성질을 갖고 있다. 놀이를 할 때 쓰는 나무 조각은 모든 형태의 대상이 될 수 있어 나무 조각을 가지고 놀면서 어린이는 자연의 일부를 모방한다. 비록 나무 조각은 자연에 존재하는 것과 별개의 것으로 보이지만 궁극적으로 이것은 서로 통하는 부분들이 있는 것이다.

모방이라는 놀이를 통해서 어린이는 새로운 놀이를 창안해 내려는 것이다. 이런 창조적 능력은 상징성을 지니게 되어 지적인 수준까지 도달하게 되는 것이다. 이렇게 볼 때 놀이의 상징적 의미는 아주 중요하다. 놀이를 통해 어린이는 기초지식과 생명력, 지각력 그리고 회화능력까지 얻게 되어 타인과의 접촉도 가능해지는 것이다.

프뢰벨은 《인간교육》에서는 놀이의 상징적 의미를 쓰고 있지 않지만, 그가 쓴 논문 〈썰매타기와 스케이트타기〉에서는 상징적 의미를 잘 전개시키고 있다. 어린이가 얼음 위에서 직선 방향으로 움직일 때 그 직선의 움직임은 아무것도 아닌 것처럼 보이지만 이는 어린이가 벌써 놀이를 통해서 직선의 개념을 무의식중에 감지한 것이다.

프뢰벨은 유아와 소년의 자유로운 활동은 매우 중요하며, 그중에서도 특히 놀이의 세계는 매우 의미가 깊고 상징적 의미를 지닌다고 말한다.

4) 프뢰벨의 상징의 원리

프뢰벨은 자주 놀이의 뜻과 상징적 의미를 끊임없이 증명하고 있다. 슈프랑거는 '프뢰벨의 놀이는 형이상학적 의미가 있고, 그 방법은 살아 움직이는 우주의 수학'이라고 했다.

상징은 어린이가 모든 자연현상을 이해하는 열쇠가 된다고 프뢰벨은 말하고, 정신적인 내용들을 받아들이는 형식으로 상징을 해석하고 있다. 따라서 상징의 의미를 해석하는 것은 곧 프뢰벨의 교육학의 본질을 해석하는 것이다. 상징은 독일어로 진빌트(Sinnbild), 또는 게겐빌트(Gegenbild)라고 한다.

이 낱말들의 뜻은 상징적인 것을 매개로 하여 정신과 물질을 뚜렷이 볼 수 있다는 것이다. 진빌트와 게겐빌트는 독일의 낭만주의 세계관에 그 근거를 두고 있으며, 그 의미는 원래의 모습 또는 원초적인 상태로 되돌아가자는 의미를 지닌다.

상징은 어떤 감각적 대상물과 그 배경에 있는 정신적인 내용 사이에 어느 정도 유사성이 존재하고 있는 것이다. 정적인 것은 감각적인 것 속에 거울과 같이 비치고 있어 이것을 직관하게 되는 것이다. 프뢰벨은 상징을 외부 자연계의 현상에만 국한된 것이 아니라 인간의 정신적 소산물에도 해당되는 것이라고 정의하고 있다.

모든 것은 외부에서부터 내부가 인식되면서 상징적인 의미를 갖는다. 프뢰벨은 상징적 의미를 통해서 자연은 비로소 그 깊이가 파악되는 것이고, 상징을 부인하면 외적인 형상만을 보게 된다고 한다.

프뢰벨이 어린이의 행동을 관찰하면서 분명히 알 수 있었던 것은, 어린이는 외부에 있는 모든 사물에서 그 사물마다의 상징성을 이미 예감하고 있다는 사실을 발견할 수 있었다는 것이다. 이것은 어린이가 어떤 행동을, 예를 들자면 선을 긋는 행동을 한다고 할 때 이 행동은 어린이가 마치 아무 생각 없이 하는 행동으로 보이지만 어린이는 이미 사물의 단순한 외면을 이해하고 그 사물의 본질을 이해했기 때문에 그런 행동을 할 수 있는 것이다. 그리고 모든 존재는 궁극적으로 신과 연결되어 있다고 프뢰벨은 인식했다. 프뢰벨의 이런 인식은 프뢰벨이 어린이의 최초의 활동에까지 종교적 의미를 부여한다고 볼 수 있다.

프뢰벨은 "예감이 없으면 직관이라는 것도 전혀 있을 수 없다. 예감이 없는 직관은 빈 껍데기에 불과하다."고 말하고 있다. 그래서 어린이는 교육을 통해서 어린이의 원초적인 예감을 차츰 분명한 대상으로 명백하게 표현할 수 있는 것이다.

그렇다면 그러한 예감은 교육학에서 어떻게 다루어져야 할까? 예감은 어린이가 바로 자연 전체를 볼 수 없으므로 수학적인 법칙성을 지닌 가베를 통해서 예감이 점점 분명한 대상으로 뚜렷해지는 것이다. 프뢰벨은 식물의 세계도 단순한 법칙에 따라 성장한다는 사실을 발견하고 식물의 성장은 인간의 발달을 상징적으로 나타내고 있다고 생각했다. 그러므로 어린이는 정원사의 보호 아래 성장하는 식물과 같다고 보았다.

따라서 프뢰벨의 세계관은 현상세계 전체가 상징적이며, 원칙적으로는 개개의 부분도 모두 전체로 반영되기 때문에 전체의 상징이라고 한다. 이러한 상징의 가치는 그의 말년의 저서인 《어머니의 노래와 애무의 노래》에서 가장 잘 말해 주고 있다.

5. 프뢰벨 교육의 슈필가베

1) 슈필가베 용어에 대한 이해

프뢰벨 교육의 놀이가베(E. Diel, 1981.9.21.)라는 표현은 새롭게 이해되어 새로운 의미를 찾아야 한다. 프뢰벨은 어린이의 능력은 고정되어 있는 것이 아니라 교육에 의해서 끊임없이 길러진다고 보았다. 프뢰벨은 어린이에게서 가장 근본적인 계시를 발견하는데 그것은 어린이 스스로 내적인 힘을 밖으로 끌어내려는 생명의 충동이 있다는 것이다.

즉 자연에는 무의식중에 어린이를 인도하는 우주법칙이 있기 때문에, 교육도 그 법칙에 따르지 않으면 안 된다는 것이다. 프뢰벨은 이 생명의 충동이 구체적으로 가베놀이와 작업이라는 형태를 통해서 표현된다고 믿었다.

프뢰벨은 가베를 통해서 어린이의 능력을 계속 끌어내어 그들이 가진 천부적인 능력을 최대한 활용할 수 있도록 해 줘야 한다고 말한다. 이런 활동을 프뢰벨은 갓 태어난 아기 때부터 시작해야 한다고 했다. 따라서 프뢰벨은 이러한 활동을 하기 위해서 슈필가베(Spielgabe)라는 독일어 용어를 쓰고 있다. 슈필가베는 어린이에게 내재해 있는 본능·재능·능력·소질·의지·정신력 등이 놀이를 통해서 밖으로 표출된다는 것을 의미한다.

가베(Gabe)라는 단어는 사전에 두 가지 의미가 있다. 첫 번째 의미는 게벤(Geben)이라는 선물이라는 뜻이고, 두 번째 의미는 독일어로 베가붕(Begabung)이라는 낱말로 이는 한국어로 천분·재능·천성이라는 의미이다.

독일어 가베(Gabe)는 그리스 어인 오르메(Horme)에서 파생된 단어이다. 오르메는 절박하다·원동력·본능·천부적인 능력·소질·의지라는 의미가 있다. 이는 내면적인 강력한 정신과 생명의 충동이라고 할 수 있는 힘이다. 이것은 어른의 의지에 해당하는 말이지만 어린이에 있어서는 어른의 의지에 해당하는 힘보다 훨씬 더 강력한 힘을 발생시킬 수 있는 생명력을 지니고 있는 것이다.

그러므로 강력한 생명력을 지닌 가베(Gabe)라는 낱말은 이미 사용되고 있는 은물, 즉 은혜로운 선물이라는 뜻보다는 어린이가 잠재해 있는 능력과 재능을 놀이를 통해 힘차게 끌어내는 과정이므로 '놀이재능'이라고 부르는 것이 바람직하겠다. 우리가 일반적으로 사용하고 있는 '은물'이라는 단어는 선교사들의 필요에 의해 번역된 것이라고 본다. 한국의 크리스찬 문학에서 출판한《인지교육(人之敎育)》에서도 그 흔적을 찾아볼 수 있다.

생명의 힘은 인간이 발전하기 위해서 작용하는 신의 조화와 같은 힘이다. 즉 모든 진화를 촉진하는 신비적인 힘인 것이다. 인간은 신이 아니라 사람이기에 때로는 자신이 세운 목표에서 멀어지거나 중도에 멈출 수도 있다. 인간이 이것을 극복할 수 있는 힘의 원천이 바로 생명의 힘인 것이다. 결국 인간이 목적을 향해 진행해 가는 것을 조절하는 에너지가 생명의 힘이기 때문에 그러한 에너지가 넘쳐 있는 자는 사는 기쁨이 있고, 밖으로 보기에도 활기가 넘쳐 보이는 것이다.

《인간교육》에서 프뢰벨은 생명의 힘은 '영원한 것이 밖으로 나타나는 것'이라고 정의한다. 자기활동의 원리에 입각하여 어린이가 자발적으로 모든 활동을 할 수 있게 되고 정상적으로 자라서 활동이 방해받지 않으면, 생명의 힘은 어린이의 내면에 살아가는 기쁨이 되어 나타나는 것이다.

프뢰벨은 정상적인 어린이는 놀이와 작업에 열중하고, 이 놀이와 작업을 통해 행복을 느끼고 기뻐하는 모습으로 생명의 힘이 나타난다고 했다.(인간교육, 서석남 역, 이서원, 1995년, S.63, S.123)

그러므로, 가베는 어린이에게 강력한 생명의 힘을 끌어낼 수 있는 계기를 부여한다.

2) 슈필가베의 구성

프뢰벨은 놀이의 완벽한 체계화를 염두에 두고 있었는데, 이것은 이론뿐만 아니라 실제적인 놀이의 육성을 위한 지침으로 되어야 한다고 생각했다. 프뢰벨을 올바르게 이해한다면 그의 이러한 생각이 결코 공상적이라고만 할 수 없다.

프뢰벨은 가베와 작업의 순서를 아주 상세히 기록했는데 그는 사람들에게 이 순서를 준수할 것을 요구하고 있다. 프뢰벨은 어린이들의 놀이발전에는 일정한 순서가 있는데, 이러한 순서는 곧 어린이들의 세계상의 발전 순서를 반영한다고 했다. 그리고 각 단계에는 그에 적합한 놀이 교구와 놀이 가능성들이 풍부하게 있다. 각 단계의 놀이들의 그 완전한 의미를 이해할 때 그 교육적 가치는 현실적으로 실현된다.

그러나 디스터벡은 이 가베를 '기본놀이'라고 표현하고 각각의 놀이에 다른 놀이들이 대체될 수도 있다고 하였다. 그러나 변형된 놀이 형태라도 이 놀이는 기본놀이의 본질을 벗어나서는 안 된다고 한다. 왜냐하면 프뢰벨이 발견한 진리인 놀이단계의 순서들은 가능성들을 범주적 직관으로 끌어올려야 하기 때문이다.

프뢰벨은 어린이들이 장난감을 가지고 놀 때 어떤 장난감이라도 가장 초기단계의 장난감의 형태를 잘 알아야 비로소 다른 장난감도 이해하게 되고 그것을 올바르게 사용하게 되며, 거기에서 더 발전해서 새로운 조작법까지도 만들어 낼 수 있다고 했다. 이와 마찬가지로 프뢰벨이 고안해 낸 교구도 같은 원리라고 말한다.

지금부터는 프뢰벨의 놀이체계의 기본 특성을 서술하고, 프뢰벨의 이론이 실제적으로 어떻게 만들어지고 적용되는지를 살펴보도록 하겠다.

슈필가베의 체계 중 제1가베는 한 상자 안에 6가지 색깔의 공이 12개 들어 있다. 이 공의 크기는 어린이가 가지고 놀기에 적합한 크기로 되어 있다. 여기서 공은 스스로 안에 깃들여 있는 모든 것들의 상징인 것이다.

제2가베는 구·정육면체·원기둥이 상자 안에 들어 있다. 구·정육면체·원기둥이 조화를 이룰 때 제2가베는 비로소 완전한 형태를 띠게 되는 것이다. 구는 제1가베에서 소개된 공의 크기와 같고, 이 구에서 프뢰벨은 구에 내재하고 있는 원초적인 형태를 본다. 구와 정육면체는 기본적으로 대립관계에 있지만 구의 지름에는 정육면체의 변의 길이가 동시에 포함되어 있다. 여기에는 숨겨진 규칙이 그 밑바탕에 깔려 있는 것이다.

정육면체를 모서리의 고리, 변의 고리, 각의 고리에 줄을 매달아 빙빙 돌리는 회전놀이를 할 때 고리마다 다른 모양이 보여진다. 이런 모습은 원기둥과 구에 있어서도 마찬가지다. 프뢰벨은 이 놀이에서 위·아래·앞·뒤·옆이라는 공간 개념을 알려 주려고 했다. 그리고 이러한 활동을 통해서 언어 습득도 함께 이루어지도록 했다.

제3가베는 상자 안에 하나의 큰 정육면체가 각 방향으로 나누어진 8개의 정육면체로 이루어져 있다. 이 제3가베는 건축놀이를 하기 위해서 고안되었다. 정육면체를 가지고 노는 과정에서 어린이는 면·선·점의 개념을 구체적으로 이해하게 된다.

프뢰벨은 제3가베를 특히 좋아했다. 8개의 정육면체를 가지고 어린이가 건축놀이를 할 때 이 8개의 정육면체는 새로운 건축 형태를 발견하도록 자극을 준다. 그래서 프뢰벨은 이 8개의 정육면체에 큰 가치를 두었다.

단순한 재료를 어린이에게 주었을 때 어린이가 집중하는 과정에서 새로운 형태의 가능성을 볼 수 있고, 건축의 완성을 볼 수 있기 때문에 프뢰벨은 유독 제3가베를 좋아했는지 모르겠다. 어린이는 단순한 책상이나 의자, 교회, 집과 같이 주위에서 본 환경이나 이미 접해서 알고 있는 사물을 만들어 볼 수 있다.

제3가베를 이루고 있는 8개의 정육면체로 다양한 문양을 만들 수 있는데 그 예들을 나열해 보면 다음과 같다.

A	1	2	3	4	5	6	7	8	9	10	
B	1	2	3	4	5	6	7	8	9	10	
C_1 C_2 C_3	1	2	3	4	5	6	7	8	9	10	
					M						
	10	9	8	7	6	5	4	3	2	1	C_1 C_2 C_3
	10	9	8	7	6	5	4	3	2	1	B
	10	9	8	7	6	5	4	3	2	1	A

위의 문양에서 보면, 새로운 문양은 하나의 기본 문양에서 계속 발전하여 다른 것으로 생겨난다는 것을 분명히 보여 준다.

8개의 정육면체는 2개의 반 안에 각각 4개의 정육면체가 되어 있다. 정육면체를 한 개의 대각선으로 나눔으로 2분의 1이 생기고, 2개의 대각선으로 나눔으로 4분의 1이 생긴다. 이 부분들은 다시 하나로 연결할 수 있다. 이때 어린이들은 기초적인 인식을 알게 된다.

제4가베는 8개의 직육면체로 이루어져 있다. 이는 큰 정육면체를 높이는 한 번, 세로는 세 번 자른 것이 8개의 직육면체를 만드는 것이다. 제5가베, 제6가베도 제4가베와 마찬가지로 제3가베를 확장한 형태라고 볼 수 있다.

제3가베를 거쳐 제4가베와 제5가베를 어린이가 가지고 놀게 하는 것은 정육면체를 여러 시각에서 이해하게 하는 것이다. 제3가베에서부터 경험한 요소들이 하나 하나씩 모두 경험 요소들이 되어 어린이는 제5가베와 제6가베에서도 점점 복잡해지는 정육면체의 분할을 차츰 이해하게 되는 것이다. 즉 제3가베와 제4가베에서 복잡한 경험을 한 어린이는 더 복잡하고 실제에 가까운 것을 원하게 되는 것이다. 이런 어린이의 욕구를 충족시키기 위해서 프뢰벨이 고안해 낸 것이 제3가베보다는 복잡한 구성을 지닌 제4가베, 제5가베, 제6가베라고 할 수 있겠다.

3) 놀이체계의 기본 특성

(1) 가베

프뢰벨의 놀이체계는 항상 닫혀진 체계를 이룬다. 즉, 구의 형태를 지닌다고 볼 수 있다. 프뢰벨 놀이는 이것을 잘라 경계를 만들어 놓은 놀이로서 최고의 가치가 있는 것은 평면자료이다. 이 평면은 분명히 기하학적 형태이다. 면·변·직각을 가진 삼각형과 직사각형을 대각선으로 나눔으로써 다양한 형태의 도형들을 만들어 낼 수 있다. 이것은 프뢰벨 자료들의 기본 형태에서 가능한 것이다.

프뢰벨의 원래의 모든 자료들은 색깔이 없고, 자연 그대로의 목재색이었다. 색깔의 차이라고는 단지 밝고, 어두운 명암의 차이로 나무의 종류를 다양하게 구분했다. 처음엔 대색을 검은색과 장미색으로 구분했었다. 그러나 오늘날에 주어진 색은 어린이에게 흥미를 유발시킬 수 있도록 아름답고 화려한 색을 지닌 크고 작은 평면들을 제공하고 있다.

프뢰벨의 미(美) 형식을 기본 아이디어로 하여 크리스티네 울은 막대와 고리를 이용하여 더욱더 실생활을 아름답게 하는 문양들을 만들어 프뢰벨의 생각을 발전시켰다.

예를 들면 오른쪽 문양과 같다. 어린이들은 이 문양의 형태를 자신의 경험을 토대로 나름대로의 이름을 붙인다. 그리고 모든 형태를 비교하고, 그 특징들이 다시 어린이들에게 각인된다. 형태의 질서와 결정을 통해 수학적 감각이 무의식적으로 유발되고, 보다 구체적인 사고를 할 수 있게 된다. 이때 생활 형식과 미 형식, 인식 형식에 관한 입장이 계속 요구된다.

이 세 가지 형식은 독립된 형태라기보다는 서로 조화를 이루어 인간의 인격에 내포되어 있다. 이 세 형식이 조화를 잘 이룰 때 인간은 비로소 전인적인 인간이 되는 것이다. 이것을 도식화하면 다음과 같다.

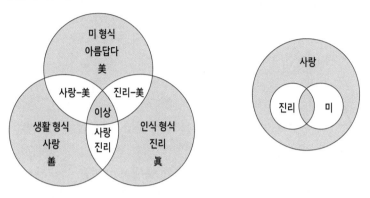

모든 사물의 공통된 활동 기초

어린이들이 자연 그대로의 모양, 즉 자연 그대로의 색을 지닌 나무 토막에 계속 관심을 가지고 인내심 있게 교구를 가지고 놀 때 교사는 다양한 평면자료를 제공하여 어린이의 놀이를 촉진시켜야 한다.

제4가베는 제3가베보다 어린이에게 더 많은 형태의 가능성을 준다. 제3가베와 제4가베는 궁극적으로 형태는 비록 다양하지만 공간 내용은 똑같은 것이다. 3개의 다양한 등변과 3개의 차이가 있는 평면 쌍들로 이루어진 평면은 더 많은 조화의 가능성을 제공하고 있다. 평면으로 된 직육면체는 벽돌로 만들어져 건축상자의 기초가 되고 있다. 이제 한발 더 발전한 어린이는 더 다양한 건축놀이를 위해서 다양한 재료를 필요로 한다. 그래서 제5가베와 제6가베가 만들어지게 되었다.

제5가베는 21개의 정육면체와 정육면체를 대각선으로 자른 6개의 큰 삼각기둥과 12개의 작은 삼각기둥으로 되어 있다.

제6가베는 12개의 직육면체와 6개의 기둥과 12개의 사각형 받침대가 있다. 제5가베와 제6가베의 건축기초의 개요는 반 또는 전체로 나누어지고, 이것이 발전하여 다양한 방법으로 나눌 수 있는 것을 어린이들은 경험할 수 있다. 그래서 어린이들에게 더 많은 가능성을 열어 준다.

가베의 구성은 어린이의 발달과 일치되고, 건축 방법은 어린이들이 그들의 환경을 체계적으로 분석하기 위해서는 필요한 방법이다. 단순한 물건을 가지고, 분해하고 다시 합치는 놀이를 통해 창조적인 힘이 길러진다.

프뢰벨은 상자로 형태의 가능성이 다양하다는 것을 그 스스로 증명했다. 프뢰벨은 그 가능성을 100가지의 생활 형식과 미 형식, 그리고 22가지 인식 형식으로 표시하고 있다.

가베는 새로운 인식과정을 가능하게 하는 매력적인 놀이이다. 가베 놀이 이후에 소개되는 엮는 자료와 짜는 자료로 이루어진 작업놀이는 선을 가지고 놀 수 있는 기회를 준다.

또, 여기서 부분 부분으로 나누어진 선은 점으로 인식된다. 프뢰벨은 또 돌과 씨앗, 열매, 모래와 같은 자연 재료도 점으로 설정했다. 오늘의 우리 어린이들은 점의 개념을 구슬이나 조약돌을 가지고 놀면서 인식하기도 한다.

(2) 작업

프뢰벨은 11작업의 구멍뚫기를 통해서 점을 알게 하고, 12작업의 바느질을 통해 선을 이해시킨다. 그리고 13작업의 그리기와 14작업의 엮기와 종이짜기를 통해서 선을 이해시키고, 15작업의 종이접기와 16작업의 종이자르기를 통해서는 면을 이해시킨다. 그리고 17작업의 콩 세공, 18작업의 판지공작(마분지), 19작업의 모래놀이, 20작업의 점토로 만들기를 통해서는 3차원의 세계인 입체를 인식시킨다.

작업에서 프뢰벨은 종이를 접고 자르기 위해서 사각종이를 이용했다. 그의 접고 자르는 기술은 가정에서 어머니가 아이와 함께 작업함으로써 환경을 좀더 아름답게 꾸미는 일과 자연스럽게 연결된다. 종이를 접고 짜고 자르는 것은 프뢰벨이 종이를 이용하여 작업하는 기본 형태인 것이다. 여기에는 종이를 직선 또는 대각선으로 접기가 주류를 이룬다. 이 두 선이 조화를 이루어 아름다움을 창출해 낼 때 프뢰벨은 "과연 어느 것이 이 종이 한 장만큼의 가치가 있겠는가!"라는 감탄사를 연발했다고 한다.

진정 종이 한 장으로 무한한 변화를 가져올 수 있다는 것을 어린이가 깨닫는다면 그 역시 무한한 가능성을 꿈꾸어 볼 수 있을 것이다. 다행히 오늘날에는 종이로 하는 작업이 예전보다 가치를 더 인정받고 있다.

프뢰벨은 3개의 기본 형태들을 어린이들이 시간이 걸리겠지만 어느 정도 시간이 경과하면 점점 더 쉽게 인지할 수 있게 된다며 10개의 접기 과정을 계속 발전시켰다. 이 도안에서는 멋있고 환상적인 작품이 어떻게 작은 것으로 표현되는지를 보여 주고 있다.

오늘날에는 어른들이 오히려 어린이에게 완성된 장난감을 제공함으로써 어린이의 창의력을 오히려 저하시키고 있다. 프뢰벨은 어린이들에게 흥미를 유발시켜 어린이 스스로 작품을 만들어 보고 기쁨을 표현하는 것은 매우 중요하다고 했다. 한 인간이 그의 손을 올바르게 이해한다면 그는 스스로의 마음에서 평화를 끌어낼 수 있을 것이다.

이러한 작업으로 어린이들은 자신의 밖으로 드러내는 능력을 배움으로써 인격을 형성해 나간다. 어른 역시 어린이와 함께 이러한 작업을 하면서 생활에 활력을 가져올 수 있다.

(3) 놀이가베와 작업의 체계

이 놀이가베와 작업을 표로 만들면 다음과 같다.

모 양	차 원	세 계	슈필가베	작 업
◯	입체	3차원의 세계	제1가베 ⌇ 제6가베	17. 콩세공 18. 판자공작 19. 모래놀이 20. 점토만들기
▱	면	2차원의 세계	제7가베	13. 그리기 14. 종이짜기 15. 종이접기 16. 종이자르기
───	선	1차원의 세계	제8가베 제9가베	12. 바느질하기
●	점	이상의 세계 (이념의 세계)	제10가베	11. 구멍뚫기

4) 프뢰벨의 슈필가베에 영향을 받은 건축가 라이트

세기의 거장, 건축가 프랭크 로이드 라이트(F. L. Wright)는 어려서부터 프뢰벨의 가베놀이를 통해 생명의 합일을 추구한 자신의 공간 사상을 가지고 일생 동안 800여 작품을 건축하였다. 이 라이트의 건축사상은 프뢰벨 사상에 근거를 둔 것이다.

라이트는 평생 동안 프뢰벨 슈필가베를 그의 책상 위에 놓아 두었다. 가베를 단순한 조형연습을 하기 위한 나무 조각이 아니라 사물 형상의 내면 또는 본질에 대한 심원한 감각을 훈련시키는 건축 도구로서 이용했다.

그는 어려서부터 자연에 묻혀 살아가려고 하는 프뢰벨의 생활 태도를 동경했다. 그리고 그는 근본적으로 셸링의 자연철학과 유치원 교육의 놀잇감인 가베 속에 침투된 사상을 함께 접해 왔다. 라이트가 건축에 큰 매력을 느끼기 시작한 것은 프뢰벨 교육에 심취해 있던 어머니의 영향이 컸다. 라이트가 건축가로 대성할 수 있었던 계기는 무엇보다도 교육을 받는 시기에 그의 어머니가 그를 위해 프뢰벨식 놀이방을 집에다 만든 것이 큰 영향을 미쳤다. 그가 배운 가베 놀이와 작업은 유치원의 창시자인 프뢰벨이 창안한 교육용 놀잇감을 일컫는 것이다. 이는 제1가베에서 제10가베까지 그리고 11작업에서부터 20작업까지를 말하는 것이다.

라이트는 프뢰벨 슈필가베에서 성질을 가진 공간 구성 방법을 익혔다. 프뢰벨의 제2가베는 구·정육면체·원기둥으로 구성되어 있는데, 여기에서 3요소의 건축학적 결합의 가능성을 인지했다.

어린 시절 라이트는 정육면체를 분해해서 건축모양을 만들거나 인식놀이를 함으로써 그의 활발한 자기활동을 이끌었고, 면에서는 각종 색판을 가지고 놀면서 색깔·모양·균형·리듬과 같은 미적 관념을 자연스럽게 느꼈으며, 선으로는 물체의 윤곽을 파악하고, 인상의 구체화에 의하여 자기 것으로 표현할 수 있는 훈련을 쌓을 수 있었다.

또 라이트는 작업을 통해 알갱이(점)는 위치만 존재할 뿐이나, 이와 같은 추상적 힘이 모이면 선을 만들고 면을 이룬다는 원리를 경험하였다. 그리고 나누고 합하는 과정도 체험하게 된다. 특히 라이트는 프뢰벨의 제3가베부터 제6가베까지를 가지고 반복해서 늘어놓거나 쌓는 놀이를 하고, 수나 언어의 학습 기회를 많이 가지며, 이를 통해 높이·면적·크기·수량과 같은 물건의 성질에 관한 인식을 터득하였다.

또, 이 놀이 교구에서 일상생활과 관계 있는 모양을, 즉 작은 물건에서부터 큰 건물에 이르기까지 그가 날마다 체험한 것들을 만들어 낼 수 있었고, 수없이 많은 아름다운 모양을 표현할 수 있었다고 한다. 그러나 이와 같은 성질을 가진 프뢰벨 가베의 특징 중에 가장 두드러진 특징은 다른 놀잇감이나 교구와는 달리 모든 사물 형태의 기본적인 면, 점, 선만으로 구성되어 있는 기하학적 형태라는 점이다.

프뢰벨은 제3, 4, 5, 6가베를 모두 동일한 형태의 정육면체 모양을 한 나무 상자 안에 넣어 두었는데 이는 매우 중요한 의미를 지닌다. 라이트는 프뢰벨의 심오한 철학을 가베와 이것을 담을 수 있는 공간이 완전히 일치하는 상자 속에서 발견할 수 있었던 것이다.

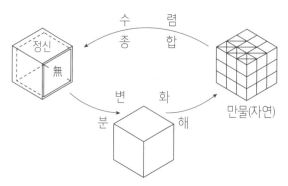

프뢰벨 제3, 4, 5, 6가베를 담은 상자의 의미

프뢰벨 슈필가베에서 상자의 공간 크기와 일치하는 공간의 역할을 라이트는 깨달을 수 있었다.

라이트의 작품인 "라킨 빌딩(Lakin Building, 1904년)"과 "유니티 교회(Unity Church, 1906년)"에는 실체로서의 공간 개념이 표현되어 있다. 이는 평면에서 그의 작품을 볼 때 예배당

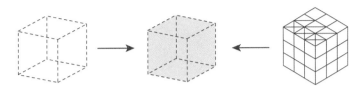

공간을 물질로, 프뢰벨 슈필가베를 비물질로

내부의 네 기둥 사이의 안쪽 공간을 기본 정사각형으로 할 때, 이를 중심으로 기둥 밖에서 벽까지 이르는 공간 크기는 중앙의 기본 정사각형을 프뢰벨 제5가베와 제6가베와 같이 9분할한 단위 크기의 3개의 조합임을 알 수 있다.

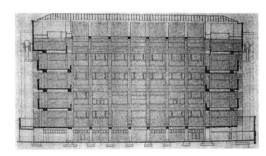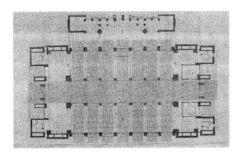

(단면도)　　　　라킨 빌딩 설계도　　　　(평면도)

　유니티 교회의 단면은 실체로서의 공간을 프뢰벨 슈필가베가 보여 주고 있는 기본 정육면체 블록을 중앙 공간에 설정하고 이를 분해한 단위 블록을 조합하는 것으로써 전체 중심 공간의 크기를 우선 설정하였다. 즉 공간 설정이 우선되고, 벽, 바닥, 지붕이 나중에 형성되는 내부에서 외부로 향하는 공간 구성 방법을 보여 주고 있다. 이와 같은 건축 구성 방법을 모델링한 것이다.(오장환, 1996, PP.69~78)

　라이트에게 있어서 이 같은 공간의 연속성과 조형성이라는 상대적 개념은 늘 떠나지 않는 중심 주제였다. 라이트의 풍부함은 모든 것이 하나로 통합될 수 있는 유기주의에 대한 종합적 개념에서 나온 것이다.

　그는 내부 공간을 먼저 구성하고 이에 맞추어 구조를 해결하고 외피(外皮)를 덮는 순서로 건축 작업을 한 것이다. 라이트가 평생 동안 가지고 있었다는 프뢰벨의 제3, 4, 5, 6가베에 의한 조형 연습에서 무엇보다 그가 중시했던 점은 중심으로부터 연속되는 공간의 틀을 3차원의 건축 도구로 사용하였다는 것이다. 이 같은 공간의 설정을 우선하여 건축을 구성하는 방법으로 그는 다양성과 통일성을 동시에 얻을 수 있었다.

　다음 2부에서는 프뢰벨 교육의 실제를 다루도록 하겠다.

제 2 부

프뢰벨 교육의 실제

1

프뢰벨의 제1가베

제 1 가베

1) 구성 및 특징

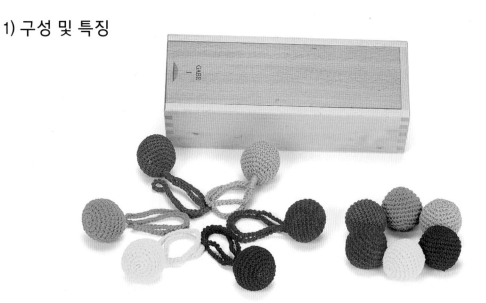

▶ 지름 5cm의 면실로 짠 끈이 달린 공 6개, 끈이 없는 공 6개(빨강, 노랑, 파랑, 주황, 초록, 보라)

제1가베는 보드라운 실로 감싼 5cm의 공 12개로 구성되어 있다. 즉, 그 공에는 20cm 길이의 끈(같은 색)이 달려 있는 공 6개와 끈이 없는 공 6개로 되어 있다. 또 이 공은 빨강, 노랑, 파랑, 주황, 초록, 보라의 6가지 색깔로 이루어져 있다. 프뢰벨은 생후 얼마 안 되는 젖먹이나 유아의 교육적 놀잇감으로 공이 가장 적당하다고 생각하여, 이것을 제1가베로 삼은 것이다.

유아가 손쉽게 할 수 있도록 지름 5cm로 한 것이고, 형태상으로 보면 공은 한편으로 자연의 모습을, 또 한편으로 정신적 이상을 상징한 것이기도 하다. 다시 말하면 둥근 공은 가장 완전한 하나의 전체로서 우주의 모든 형태 중 가장 단순하며, 어느 방향에서 보아도 언제나 같은

모양이다. 공 그 자체가 완전, 통일, 균형의 원리를 상징하고 있다. 공은 자연계의 지구, 토양, 달, 별과 모양을 같이 하고, 정신적으로는 원만한 인격, 진주 같은 마음 등 인간의 이상을 상징한 형태이기도 하다. 또한 공은 매끄럽고 균형 잡힌 아름다움을 지니고 있어 예로부터 미적 대상으로 숭상되고 있다. 그러므로 공을 대하는 사람의 마음에 아름다운 감정을 불러일으키게 되는 것이다.

공의 교육적 가치는 공 그 자체의 크기로는 가치 있다고 할 수 없다. 공은 일반적인 놀잇감으로도 많이 쓰이고 있기 때문이다. 그러나 프뢰벨에게 있어서 이 공은 커다란 의미를 지니고 있는데, 공이 가지고 있는 모든 요소에 매력을

느끼지만 특별히 공의 매력은 움직인다는 것이다. 움직이는 가운데 모든 생명이 싹트기 때문이다.

어머니가 흔들어 보이는 공을 봄으로써 아기는 요람에 누웠을 때 이미 천부적인 능력의 「힘」이 눈뜨게 되는 것이다. 외부의 힘에 의하여 공은 여러 가지로 움직인다. 이와 마찬가지로 유아 또한 그 내부에서 잠자고 있는 「힘」이 외부의 자극에 의하여 눈을 조금씩 뜨게 된다.

예를 들면, 엄마가 요람에 빨간 공을 매달아 흔들면, 아기는 자극이 강한 빨간 공으로 눈동자를 굴린다. 이렇게 매일 반복하는 동안에, 아기는 움직이는 물체에 흥미를 느껴 잡으려고 노력하게 된다. 또 손에 닿으면 잡으려고 하고, 잡았다 놓으면 움직인다는 것을 알게 된다. 이러는 동안에 제 힘으로 공을 움직이고 멈출 수 있는 능력이 생긴다. 이런 운동을 반복하다 보면, 아기는 촉각에 의해서 그 물질의 성질을 알아차릴 수 있게 된다. 부드러운 것, 따뜻한 것, 둥근 것 등 뚜렷하게는 모른다 하더라도, 촉각을 통해서 대략적인 느낌을 알아차리게 된다. 이와 같이 물체의 모양이나 성질을 감지하는 것은 유아기 지적 발달의 최초 단계인 것이다.

유아가 성장함에 따라 신체 운동이 자유로워지면, 기거나 걸으면서 몸을 움직이는 일에 흥미를 느끼게 된다. 이 무렵에는 잘 굴러가는 끈없는 공을 주어 굴려 보며 활발히 움직이게 하는 것이 좋다. 이러한 활동을 통해 유아는 신체의 발달과 더불어 지적으로도 발달하게 된다. 유아가 어느 정도의 지적 발달을 보이면, 공을 가지고 놀게 하면서 수량, 방향, 색깔 등에 관심을 갖도록 이끌어 준다.

이상과 같이 여러 가지 놀이에 의해서 유아의 신체 및 정신적인 발달을 촉진시키고, 그들 안에 깃들어 있는 천부적인 능력 「힘」을 밖으로 이끌어 내어 발달시키기 위해 마련한 것이 제1가베이다.

2) 목적

1. 정신적으로 아름답고 원만한 인격을 양성한다.
2. 유아 스스로 자발적인 활동을 하도록 촉진시키고, 그 활동성에 만족하도록 하게 한다.
3. 움직인다(동기 부여) → 이끌린다(흥미·호기심) → 만진다(만족·감동) → 다음 단계의 활동으로 옮긴다(새로운 의욕).
4. 유아의 「안」에 지니고 있는 「재능」을 이끌어 낸다.
5. 활발한 움직임에 의해서 몸의 여러 기관의 기능 발달을 촉진시킨다.
6. 모방에 의하여 공의 특징이나 성질에 관심을 가지며 인식을 깊이한다.
7. 물체의 모양을 정확히 인식하고 수, 방향, 색깔 등을 안다.
8. 미적인 감각을 기른다.
9. 「결합과 나눔」, 「있다와 없다」 등의 관념을 기른다.
10. 대상, 공간, 시간에 대한 지각을 발달시킨다.

3) 프뢰벨이 구상한 놀이

1. 활동놀이(인식 형식)
- 끈이 달린 공
- 끈이 없는 공

2. 모방놀이(생활 형식)
- 끈이 달린 공 – 생물, 무생물
- 끈이 없는 공 – 생물, 무생물

3. 수놀이(인식 형식)
- 하나, 둘, 셋, 넷, 다섯, 여섯
- 수의 복습
- 덧셈
- 뺄셈
- 계열화

4. 방향놀이(인식 형식)
- 위, 아래
- 앞, 뒤
- 왼쪽과 오른쪽
- 이쪽, 저쪽(자기 앞에서 좀 떨어진 곳)

5. 색깔놀이(美 형식)
- 빨강, 노랑, 파랑
- 주황, 초록, 보라
- 색깔의 복습

4) 알아 둘 것

●전 체
1. 교사는 수업 전에 충분한 연습과 준비를 한다.
2. 교구는 잘 점검한다. (끈의 유무)
3. 놀이하기 전에 손을 깨끗이 씻게 한다.
4. 놀이를 잘 할 수 있는 위치에 앉게 한다.
5. 교구는 친절하고 소중히 다루게 하고, 장난치는 일이 없도록 한다.
6. 변화 있는 놀이를 통해 흥미를 자극한다.
7. 너무 오랜 시간 놀이를 하지 않도록 한다.
8. 그룹지도를 할 경우 가능하면 5명이 넘지 않도록 한다.
9. 교구를 사용한 후 정리정돈하는 습관을 기르도록 한다.

●활동놀이
1. 색깔은 한 가지 색을 사용하되 될 수 있으면 빨간색 공을 사용하는 것이 좋다.
2. 언어는 리드미컬하게 사용하는 것이 좋다.
3. 교사는 어린이가 한 명일 경우는 오른쪽에 앉고, 여러 명의 어린이가 있는 경우 둥글게 앉히는 것이 진행하기에 편리하다.

●모방놀이
1. 동작이나 모양은 닮은 물건을 모방하도록 한다.
2. 생활 동화를 만들어 사용하도록 한다.

●수, 방향

1. 방향놀이는 한 가지 색을 사용한다.
2. 수놀이에서는 끈 달린 공은 적당하지 않다.
3. 한꺼번에 두 개 이상의 공을 손에 들지 않
   도록 한다.
4. 수·방향·색깔의 명칭을 암기시키지 말
   고, 하나하나 이해해서 알도록 한다.

놀이1

활동놀이(제1가베의 소개) …… 인식 형식
연령 : 3~7세, 개인 및 그룹 지도

● **흥미점**
끈이 달린 공을 흔들어 본다.

● **목적**
1. 표면의 특징을 안다.
2. 공의 움직임을 안다.
3. 공의 내면적 성질을 안다.
4. 손과 팔의 소근육, 대근육을 발달시킨다.
5. 감각을 익힌다.

● **응용**
요요를 이용한다.

활동1 끈이 달린 공 소개

✽ 준 비
1. 교사는 상 위에 공 하나를 얹어 놓는다.
2. 끈 달린 공의 형태를 설명한다.
3. 공 여섯 개를 준비하고 그 가운데 빨간 공을 선택한다.

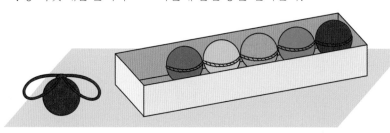

✽ 활동 방법
교사 : 오늘은 선생님과 함께 재미있는 교구를 알아볼 거예요.
　　　이 작업은 상 위에서 하도록 합시다. (상 위에 선생님이 준비한다.)
유아 : (상 위에 있는 공을 바라본다.)
교사 : 이 교구는 '끈이 달린 공'이라고 해요.
유아 : '끈이 달린 공'
교사 : 상 위의 공은 둥글게 보여요. 그런데 여기에 테가 있네요.
　　　이 테를 풀어 보면 공에 달린 끈이 되어요. 끈을 쥐고 자유롭게 흔들어 보세요.
유아 : 흔들어 보았어요.
교사 : 이제부터는 선생님이 하는 동작을 따라해 보도록 해요.
　　　〈그림에 제시된 활동을 한다.〉

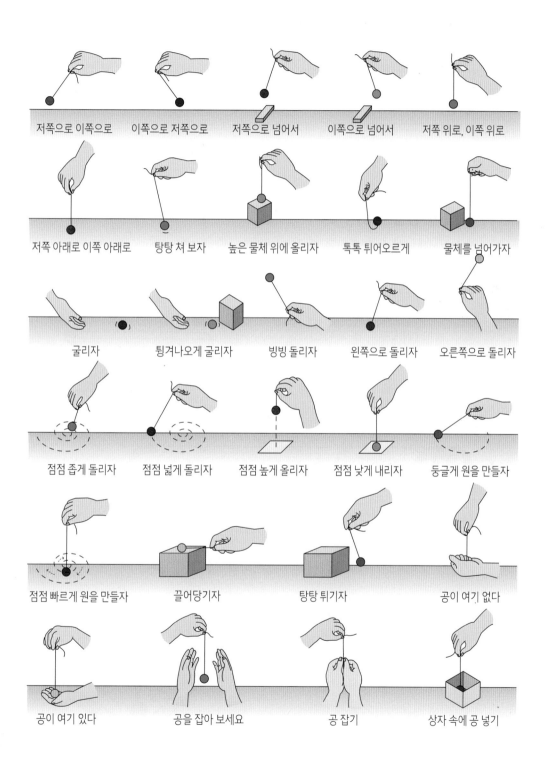

저쪽으로 이쪽으로　이쪽으로 저쪽으로　저쪽으로 넘어서　이쪽으로 넘어서　저쪽 위로, 이쪽 위로

저쪽 아래로 이쪽 아래로　탕탕 쳐 보자　높은 물체 위에 올리자　톡톡 튀어오르게　물체를 넘어가자

굴리자　튕겨나오게 굴리자　빙빙 돌리자　왼쪽으로 돌리자　오른쪽으로 돌리자

점점 좁게 돌리자　점점 넓게 돌리자　점점 높게 올리자　점점 낮게 내리자　둥글게 원을 만들자

점점 빠르게 원을 만들자　끌어당기자　탕탕 튀기자　공이 여기 없다

공이 여기 있다　공을 잡아 보세요　공 잡기　상자 속에 공 넣기

활동2 끈이 달린 공 미끄러뜨리기

✿ 준비

1. 교사는 나무 젓가락 두 개를 떼어서 나란히 놓는다.

 (젓가락 여러 개를 사용할 수도 있다.)

2. 칸을 또박또박 정확하게 넘게 한다. 가운데 칸에서 공이 스르르 미끄러지게 한다.

✿ 활동 방법

교사 : 선생님이 상 위에 나무 젓가락 두 개를 나란히 놓았어요.

　　　끈 달린 공이 또박또박 정확히 넘어가요.

유아 : 끈 달린 공이 또박또박 넘어갔어요.

교사 : 가운데 칸에 공을 눕혀서 스르르

　　　미끄러지듯이 해 보세요.

유아 : 공이 미끄러지듯이 딸려왔어요.

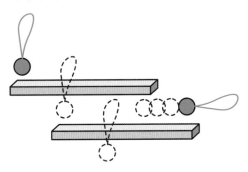

활동3 끈이 달린 공과 상자의 모서리

✿ 준비

1. 교사는 적당한 크기의 상자를 준비하여 상 위에 놓는다.

2. 공을 상자의 모서리로 옮기며 공과 모서리의 다른 점을 보여 준다.

✿ 활동 방법

교사 : 상 위에 상자 하나와 공 한 개가 있어요.

　　　공을 상자의 모서리로 옮겨 가요.

　　　모서리에 공이 잘 어울려요.

유아 : 공이 모서리로 옮겨 갔어요.

　　　다했어요.

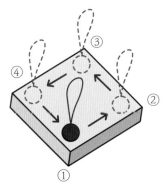

활동4 끈이 없는 공

✿ 준비

1. 교사는 상 위에 공 하나를 얹어 놓는다.
2. 끈 없는 공의 형태를 설명한다.
3. 공 여섯 개를 내어 놓고 그 가운데 빨간 공을 선택하여 소개한다.

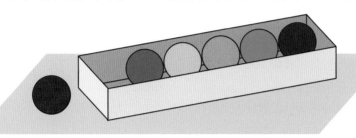

✿ 활동 방법

교사 : 오늘은 끈이 없는 공을 준비했어요.
　　　 상 위에 있는 공을 잠시 바라보도록 합시다.

유아 : (조용히 상 위의 공을 응시한다.)

교사 : 이 교구는 '끈이 없는 공'이라고 해요.

유아 : '끈이 없는 공'

교사 : 선생님이 이 공을 꽉꽉 주물러 보겠어요. ○○도 주물러 보자.

유아 : (주물러 본다.)

교사 : 선생님이 하는 대로 따라 해 보세요.

유아 : 네.

- 쓱쓱 쓰다듬는다.
- 상 위에 탕탕 두드린다.
- 양 손바닥 사이나, 상 위에서 둥글게 둥글게 돌린다.
- 굴려서 다른 공을 맞춘다.
- 상 위에서 떼굴떼굴 굴려 본다.
- 위로 던져 본다.
- (그룹일 경우) 나란히 서서 차례로 공을 전한다.

교사 : 자, 이제 공도 피곤할 거예요. 상자에 넣어 쉬게 해요.

● 흥미점
　끈 없는 공을 굴려 본다.

● 목적
1. 표면의 특징을 안다.
2. 공의 움직임을 안다.
3. 공의 내면적 성질을 안다.
4. 눈과 손의 협응력 발달
　을 돕는다.

● 응용
　공맞추기 놀이

활동5 끈 달린 공과 끈 없는 공의 공통점과 차이점 비교

●흥미점
두 공을 동시에 본다.

●목적
1. 두 사물의 차이점을 찾게 한다.
2. 사회성 발달
3. 감각 발달

●응용
사과의 종류를 둘 이상 준비하여 같은 사과지만 색이 다르다는 것을 찾게 할 수 있다.

✿ 준비

1. 교사는 상 위에 공 두 개를 준비한다.
2. 두 공의 형태를 비교 설명한다.

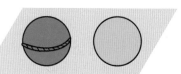

✿ 활동 방법

교사 : 오늘은 선생님이 지금껏 보았던 두 공을 함께 나란히 놓아 보았어요.
    ○○는 공들을 자세히 보도록 합시다.
유아 : (두 공을 응시한다.)
교사 : ○○는 먼저 공통점을 말해 보세요.
유아 : 둘 다 둥글어요. 색도 같아요.
교사 : ○○는 서로 다른 점도 말해 보세요.
유아 : 공 한 개는 끈이 있고, 하나는 끈이 없어요.
    공 한 개는 잘 구르고, 하나는 잘 못 굴러요.
교사 : 두 공은 같은 점이 있으면서 다른 점도 있었어요. 그러나 두 공은 사이좋
    게 함께 어울릴 수 있어요.
유아 : 참 좋아요.
교사 : 두 공이 서로 잘 이야기할 수 있도록 한 상자에 넣어 주도록 합시다.

놀이2 모방놀이 – 생물, 무생물의 성질, 모양, 움직임을 모방하는 놀이 ······ 생활 형식
연령 : 3~7세, 개인 및 그룹 지도

활동1 끈이 달린 공 소개

🦋 준비

1. 교사는 끈 달린 공 여섯 개와 그림책을 미리 준비한다.
2. 놀이 전에 아이에게 실물이나 그림책 또는 이야기에서 모방할 놀이의 이미지를 충분히 이끌어 낸다.
3. 교사는 올챙이, 개구리, 나비, 솔개, 비둘기, 다람쥐로 모방 대상을 결정한다.
4. 이야기 줄거리를 만들며 놀이한다.

빨강   파랑   노랑   주황   초록   보라

🦋 활동 방법

교사 : 오늘은 여섯 개의 공으로 재미있는 모방놀이를 할 거예요.
선생님이 미리 준비한 그림을 보여 드리겠어요. (아울러 설명한다.)

다람쥐   올챙이   나비   솔개   개구리   비둘기

유아 : (그림 하나하나를 잘 살펴보며 이미지를 머리에 기억한다.)
교사 : 그림 하나하나를 보았어요. (선생님은 공을 하나하나 들면서)
　　　자, 이제 공 하나하나에 이름을 붙이기로 해요.

●흥미점
　살아 움직이는 것을 모방하여 본다.

●목적
1. 이미 경험한 것(실제로 본 것, 그림책에서 본 것, 이야기 들은 것)을 제1가베를 통해 표현한다.
2. 감각 발달을 돕는다.
3. 신체 발달을 돕는다.
4. 이미지 발달을 돕는다.

●놀이 방법
1. 이미지 하나하나를 할 수도 있고, 여러 이미지를 종합할 수도 있다.
2. 이야기 줄거리(생활 동화)를 지을 수도 있고, 노래나 말을 넣어 모방할 수도 있다.
•모방놀이는 활동놀이의 이미지를 더 구체적으로 하기 위한 놀이이다.
•교사의 모방에서부터 창의적인 놀이로 발전할 수 있도록 한다.
•음악도 곁들일 수 있다.

빨간색 공은 다람쥐입니다.　　파란색 공은 올챙이입니다.
노란색 공은 나비입니다.　　　주황색 공은 솔개입니다.
초록색 공은 개구리입니다.　　보라색 공은 비둘기입니다.

교사 : ○○도 함께 따라서 이름을 불러 보세요.(천천히 차례로 불러 본다.)
교사 : 이제 선생님이 재미있는 이야기를 할 거예요. 잘 들으면서 보세요.

선생님은 ○○과 함께 정원으로 산보를 나갔어요. 한참 걷다 보니 다리가 아팠어요.
그래서 어디 앉아서 쉬어 가려고 보았더니 예쁜 연못이 있었어요.
연못에는 올챙이와 개구리가 함께 어울려 놀고 있었어요. "안녕" 하고 인사를 했어요.
"너는 누구니?" 하고 물었어요.
올챙이는 "저는 둥근 머리와 긴 꼬리를 가진 까만 올챙이예요."
"저는 연못에서 헤엄을 치며(헤엄치는 시늉을 한다.) 요리조리 꼬리를 치며 개구리와 함께
재미있게 논답니다. 개구리는 제 엄마, 아빠랍니다. 엄마, 아빠는 연못에서 헤엄도 칠
수 있고, 풀밭에서 팔딱팔딱 뛰어다닐 수도 있답니다. 엄마, 아빠는 커다란 눈을 굴리면
서 팔딱팔딱 뛰어다니면서 제 주위에 계신답니다."
올챙이는 엄마, 아빠 개구리를 자랑스럽게 소개하였습니다.
선생님과 ○○는 올챙이가 있는 연못가에서 자리를 잡고 앉았어요.
갑자기 여기저기에서 나비, 솔개, 비둘기가 날아오고 다람쥐도 얼굴을 내밀었어요.
선생님은 모두 자기소개를 하자고 하였어요.
"모두 자기소개를 하면 어떨까요?"
나비, 솔개, 비둘기, 다람쥐 모두 찬성했어요.
"네, 좋아요. 각자 자기소개를 하기로 해요."
나비가 말했어요.
"그럼 제가 먼저 소개를 하겠어요. 저는 노랑나비라고 합니다.
저는 이꽃 저꽃을 다니면서 꿀을 빨아먹고 살아요.(○○의 손을 꽃처럼 오므리게 하고, 나비
가 앉아 꿀 빠는 시늉을 한다.) 때로는 이꽃 저꽃을 춤추며 돌아다니기도 합니다.
들에 핀 예쁜 꽃이 활짝 웃어요. 방글방글 벙글벙글 손짓도 하네요.
내 친구 호랑나비, 흰나비도 바람 타고 날아와서 꽃잎에 파묻혀서 단 꿀을 빨고 있네요."
이어서 솔개기 인시했어요.
"저는 리로리로 울면서 하늘을 빙빙 돌기도 하고, 갑자기 멈추기도 합니다."
비둘기도 얼른 자기소개를 하네요.

"하늘을 훨훨 날다가 지붕에 앉기도 하고, 땅에 내려앉아 구욱구욱 울면서 모이를 먹기도 한답니다."

마지막으로 다람쥐가 인사를 했어요.

"저는 정원이나 산 속에서 요리조리 쪼르르 뛰어다니기도 하고 먹이를 냠냠 먹기도 해요. 내 동생 아기다람쥐도 도토리를 주워 들고 냠냠냠 냠냠냠 먹고 있네요."

자기소개가 끝나자 선생님이 말했어요.

"친구들을 많이 알게 되어서 무척 기뻐요. 그럼 다음에 또 만나기로 하고, 오늘은 이만 헤어지기로 해요. 안녕."

모두 즐거운 목소리로 인사를 했어요.

"안녕."

선생님과 ○○은 숲 속의 친구들을 생각하며 집으로 돌아왔어요.

활동2 끈이 달린 공 -무생물

준비

1. 교사는 끈 달린 공 여섯 개와 그림책을 준비한다.
2. 그림책을 보여 주며 모방할 놀이의 이미지를 끌어 낸다.
3. 모방 대상 결정 : 1) 기차, 전차, 자동차   2) 비행기, 그네
　　　　　　　　　3) 시계, 요람, 회전목마   4) 시소, 엘리베이터
4. 그룹으로 놀이한다.

활동 방법

교사 : 끈 달린 공 여섯 개를 자유롭게 이용하여 놀이를 하겠어요.
　　　먼저 선생님이 준비한 그림을 보여 주겠어요.(설명)

1) 기차 지하철 자동차   2) 비행기 그네
3) 시계 요람 회전목마   4) 시소 엘리베이터 있는 빌딩

유아 : (그림을 잘 살펴보고 이미지를 머리로 생각한다.)
교사 : 그림을 잘 보았지요. 그림의 기차와 전차 그리고 자동차를 생각하면
　　　서 상 위에서 놀이를 해 보기로 해요.
1) 교사 : "기차가 칙칙폭폭하며 마을을 떠납니다."
　　　"역에서 전동차가 손님을 내려 주고 다시 태워서 다음 역으로 달려갑
　　　니다."
　　　"택시는 사람을 태우고 뛰뛰빵빵하며 출발합니다."
　　　"트럭에는 많은 물건을 싣고 부릉부릉 시동을 걸고 있어요."
　　　"다른 트럭에서는 사람늘이 물건을 내리고 있어요."
　유아 : (선생님과 함께해 본다.)
2) 교사 : 자, 이번에는 비행기와 그네를 모방해 보겠어요.

(붕붕 부릉부릉 하늘 높이 올라가 다니다가 상 위로 활주한다.)

"떴다 떴다 비행기 날아라 날아라

높이높이 날아라 우리 비행기."

유아 : (선생님과 함께해 본다.)

교사 : "그네를 타고 비행기가 보이도록 올라가 보자."

(그네 타는 시늉을 하면서)

"영차 굴러라, 힘차게 굴러라. 푸른 하늘 높이까지 힘차게 굴러라."

유아 : (선생님과 함께해 본다.)

3) 교사 : 시계, 요람, 회전 목마놀이를 해 볼까요?

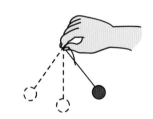

(끈을 잡고 흔들흔들 시계추 움직이듯이 하며)

"시계는 아침부터 똑딱똑딱, 시계는 아침부터 똑딱똑딱,

언제나 같은 소리 똑딱똑딱, 부지런한 일꾼시계 똑딱똑딱."

유아 : (함께해 본다.)

교사 : "아가는 요람에서 쌕쌕 잠을 자고 있어요."

"엄마가 요람을 가만가만 흔들어 주십니다."

"우리 아기 예쁜 아기 잘도 자지요."

(공을 상 위에 뉘어 놓는다.)

"자장자장 우리 아기 잘도 자지요."

유아 : (함께해 본다.)

교사 : "잠에서 깨어난 아기는 회전목마를 타네요."

(공을 빙글빙글 돌린다.)

"빙글빙글 돌아라, 이랴 이랴 돌아라.

우리 아기 신이 나서 까르륵까르륵(웃는 모습)

흰구름도 빙글빙글, 신이 난다

빙글빙글 우리 아기 신이 나서 까르륵까르륵."

4) 교사 : 이번에는 시소놀이를 해요. 올라갔다 내려왔다 하며 신 나게 놀아요.(공의 끈 두 개를 묶

어 끈을 길게 양쪽으로 늘이고, 공 끈 한 개를 나비 모양으로 묶고 다른 두 개의 공을 역시

나비 모양으로 묶어서, 길게 늘여 놓은 양쪽 끈 위에 올려놓는다.)

유아 : (선생님과 함께 시소놀이를 한다.)

교사 : (왼손의 검지와 중지 사이에 공의 끈을 끼우고, 오른손으로 끈의 끝을 잡고 올렸다

내렸다 한다.)

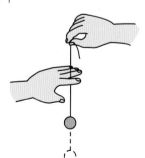

"자, 빌딩 속의 엘리베이터를 타고 옥상까지 올라갑시다. 이제 다시 내

려갈까요?"

교사 : "공들이 피곤해서 집으로 가고 싶대요. 안녕."

(상자 속에 공을 넣는다.)

활동3 끈이 없는 공 –생물

🦋준비

● 흥미점
  실물 이미지를 모방해
  본다.

● 목적
1. 사물 인식을 키운다.
2. 감각 발달을 키운다.
3. 지적 발달을 키운다.
4. 신체 발달을 키운다.

🦋준비

1. 끈 없는 공 여섯 개와 그림책을 준비한다.
2. 그림책을 보여 주고 모방할 이미지를 끌어 낸다.
3. 모방 대상 결정 :
   1) 사과, 감, 귤, 그 밖의 둥근 과일 2) 달걀 3) 호두
4. 하나하나의 이미지 놀이를 한다.

사과   감   귤

달걀   호두

🦋활동방법

1) 교사 : 끈 없는 공으로 놀이를 하겠어요. 상 위에 끈 없는 공들이 있습니다. 선
         생님과 ○○이 함께 과일장수 놀이를 합시다.

   유아 : 네, 재미있겠어요. (함께한다.)

   교사 : (공을 상 위에 옮겨 놓으면서) 사과, 감, 귤, 토마토, 수박이 있어요.

   유아 : 사과와 배를 주세요. (선생님은 공 두 개를 어린이에게 준다.)

   교사 : 사과와 배를 깨끗이 씻고, 껍질을 벗겨서 맛있게 먹어야 합니다.

   유아 : 네. (씻는 시늉과 껍질 벗기는 시늉을 한 후 먹는다.)

2) (왼손에 공을 놓고〈둥우리라 칭함.〉오른손으로 품고, 쓰다듬고, 두들긴다.)

   교사 : "엄마 닭이 꼬꼬댁 꼬꼬 둥우리에서 나왔어요.

         (둥우리를 들여다보는 시늉하면서)

         어머! 둥우리에 하얀 달걀이 있어요."

         "엄마 닭이 알을 품습니다."

         "엄마 닭은 달걀을 가만가만 쓰다듬기도 하고, 토닥토닥 두드리기도
         하다가 달걀 안에서 자라고 있는 아기와 이야기도 합니다. (꼬꼬꼬) 그
         리고 다시 가만히 품어 줍니다."

   유아 : 함께 참여한다.

3) 교사 : (상 위에 공을 굴리면서)

         "다람쥐가 숲 속에서 호두를 굴려 왔어요. 집까지 굴려 갑시다."

         "데굴데굴 데굴데굴."

         "집에 도착했군요. 호두를 깨어서 하얀 알맹이를 맛있게 먹어요."

   교사 : 껍질은 상자에 넣도록 합시다.

   유아 : 상자에 공을 하나씩 넣는다.

활동4 끈이 없는 공 -무생물

🦋 준비

1. 공 여섯 개를 준비한다.
2. 이야기를 통해 모방놀이 할 대상을 설명해 준다.
3. 이야기놀이(비누, 경단, 김밥, 구슬)

🦋 활동 방법

교사 : 오늘은 아빠의 생일입니다.

엄마는 아빠를 위해 여러 가지 음식을 장만하셨어요. 오늘은 김밥과 경단을 준비하시려고 합니다. 엄마는 ○○도 김밥과 경단 만드는 것을 도와주기를 원하셨어요.

유아 : 저도 엄마를 도와 드릴 거예요.

교사 : 경단을 빚기 전에 먼저 손을 깨끗이 씻어야지.

유아 : 네, 비누로 손을 깨끗이 씻었어요.(비누를 칠하고 거품을 내어 씻는 시늉을 한 후)

교사 : 손을 다 씻었으면 경단을 빚읍시다. 동글동글 빚읍시다. 열심히 빚읍시다.

경단을 다 만들었어요. 고물은 무엇으로 묻힐까요?

유아 : 콩가루와 팥고물로 묻혀요. (어린이가 고물을 선택하게 한다.)

교사 : 그래, 두 가지 다 묻히도록 하자.

"떼굴떼굴 (상 위에 공을 굴리면서) 토닥토닥 (손으로 두들기면서) 떼굴떼굴 토닥토닥."

유아 : 동글동글한 경단이 맛있게 되었어요. 제가 쟁반에 담겠습니다.

교사 : 이제는 김밥을 만들자. 깨소금을 밥 위에 묻히고 김으로 싸도록 하자.

유아 : (열심히 싼다.)

교사 : 다 되었으면 접시에 담아 제자리에 놓기로 하자.

유아 : 네.

교사 : ○○야, 아빠 생일에 너도 예쁘게 차려야지.

빨리 옷을 입고 구슬도 반짝반짝 빛나도록 닦아서 목에 걸으렴.

교사 : 잔치가 끝났으니 정리하도록 하자.

유아 : 공을 상자에 넣는다.

● 흥미점

이야기놀이를 하며 논다.

● 목적

1. 일의 순서를 안다.
2. 협동심을 기른다.

활동5 끈 달린 공과 끈 없는 공 –생물, 무생물

●흥미점
1. 있다, 없다 놀이를 한다.
2. 공이 없어졌다가 다시 볼 수 있는 놀이

●목적
있다, 없다 및 현존, 상실, 과거, 현재, 미래를 안다.

❀준비

1. 12개의 공을 준비한다.
2. 숨바꼭질 놀이를 한다.
3. 끈 달린 공에 생물의 이름을, 끈 없는 공에 무생물의 이름을 붙여 준다.

❀활동 방법

교사 : 오늘은 숨바꼭질 놀이를 할 거예요. 끈 달린 공과 끈 없는 공들이 함께 어울려 놀아요. 갑자기 끈 달린 공이 모두 숨어 버렸어요.

유아 : 선생님, 끈 달린 공이 모두 사라졌어요.

교사 : 그래, 우리 함께 찾아보자. 어디 있을까?

유아 : 여기 상 밑에 숨어 있었어요.

교사 : 공이 상 위에 있다가(과거), 상 밑에 있어요.(현재)
　　　다시 상 위에 올라오려고 해요.(미래)

유아 : 아이 기뻐라. 다시 여기에 있어요.
　　　선생님, 끈 달린 공과 끈 없는 공에 이름을 붙여 줘요.

교사 : 그래, 그럼 함께 이름을 붙여 보자.
　　　'올챙이, 나비, 비둘기, 솔개, 개구리, 다람쥐, 사과, 귤, 배, 감, 수박, 호두.'

유아 : 이 친구들과 함께 다시 숨바꼭질 할 거예요. 내가 술래가 될 거예요.(유아는 눈을 감는다.)

교사 : 올챙이와 개구리는 물속으로 숨었어요. 나비는 꽃잎 속에 숨었어요.
　　　비둘기와 솔개는 저 멀리 구름 뒤에 숨었어요. 다람쥐는 높은 나무 위에 숨었어요. 사과, 귤, 배, 감, 수박, 호두는 모두 함께 상자에 숨었어요. 꼭꼭 숨어라.(교사는 공을 방 안에 감춘다.)

유아 : 어린이는 여기 저기 돌아다니며 찾는다.(모두 어린이 스스로 찾는다.)

교사 : 이제 모두 자기 집으로 돌아갑시다.

유아 : 상자에 공을 하나씩 넣는다.

놀이3

수놀이 …… 인식 형식
연령 : 3~7세, 개인 및 그룹 지도

활동1 하나,둘,셋,넷,다섯,여섯,수의 복습

🦋준비

1. 끈 없는 공 여섯 개를 준비한다.
2. 상자에서 하나씩 꺼내며 숫자를 인식시킨다.
3. 숫자 카드를 준비한다.
4. 공과 숫자 카드를 연결시킨다.

🦋활동 방법

교사 : 공 한 개를 상자에서 꺼냅니다. ' 하나 ' 라고 해 보세요.

유아 : 하나.

교사 : 공 한 개를 선생님이 숨겼어요. 지금 손에는 무엇이 있나요?

유아 : 하나도 없어요.

교사 : (다시 손에 공을 가져오면서) 손에 무엇이 있나요?

유아 : 공이 하나 있어요.

교사 : 자, 이 공을 카드 옆에 놓겠어요.

●흥미점
상자에서 꺼낸 공을 숫자 카드와 연결해 본다.

●목적
1. 수의 기본적인 기능(즉 집합수와 차례수)을 안다.
2. 수를 세어 본다.
3. 수의 많고 적음을 판단 할 줄 안다.
4. 서수와 기수를 안다.

●응용
1. 과일을 이용한다.
2. 악기를 이용하여 수를 세어 본다.

교사 : 하나씩 여섯 개를 꺼내겠어요.

교사 : 다시 공을 상자에 넣겠습니다.

(이와 같은 방법으로 계속 여섯까지 한다.)

• 이 놀이를(적어도 3회 이상) 반복해서 한다.

1	교사 : 하나를 꺼내겠어요.
2	교사 : 하나씩 두 개를 꺼내겠어요.
3	교사 : 하나씩 세 개를 꺼내겠어요.
4	교사 : 하나씩 네 개를 꺼내겠어요.
5	교사 : 하나씩 다섯 개를 꺼내겠어요.
6	교사 : 하나씩 여섯 개를 꺼내겠어요.

교사 : (위의 놀이가 잘되면, 수의 복습을 해 본다.)

　　　선생님이 공을 방 여러 곳에 숨겨 놓았어요.

　　　하나씩 찾아와서 카드 옆에 놓아 보세요.

유아 : (어린이가 하나씩 찾아 카드 옆에 놓는다.)

• 이 놀이도 반복해서 해 본다.

교사 : 기수 연습도 해 볼까요.

| 1 | 빨강 공 하나는 1입니다. |
| 2 | 빨강 공 하나와 파란 공 하나는 2입니다. |

 3 4 5 6 도 해 본다.

유아 : (어린이는 교사와 함께 기수를 말해 본다.)

• 이 놀이도 반복해서 해 본다.

활동2 덧셈, 뺄셈

준비

1. 끈 없는 공 여섯 개를 준비한다.
2. 1부터 6까지의 숫자 카드 2벌을 준비한다.

활동 방법

1. 덧셈 – 공으로 두 집단을 만들어 각각 세어 보게 한 후 두 집단을 합하여 모두 센다.

교사 : 이쪽에 공이 한 개 있어요. 저쪽에도 공이 한 개 있어요. 모두 합하여 세어 봐요.
유아 : 하나, 둘, 모두 두 개예요.
교사 : 공의 수에 맞는 숫자 카드를 놓으세요.
유아 : (숫자 카드를 놓으며) 두 개는 숫자 2예요.

A 집단			B 집단				
●	(1)	+	●	(1)	=	●●	2
●	(1)	+	●●	(2)	=	●●●	3

2. 뺄셈 – 하나의 집단을 만들고 하나씩 빼내 가면 몇 개가 남는지 안다.

교사 : 이쪽에 공이 모두 여섯 개 있어요. 공 한 개를 빼면 몇 개가 남나요?
유아 : 하나, 둘, 셋, 넷, 다섯. 모두 다섯 개가 남았어요.
교사 : 공의 수에 맞는 숫자 카드를 놓으세요.
유아 : (숫자 카드를 놓으며) 다섯 개는 숫자 5예요.

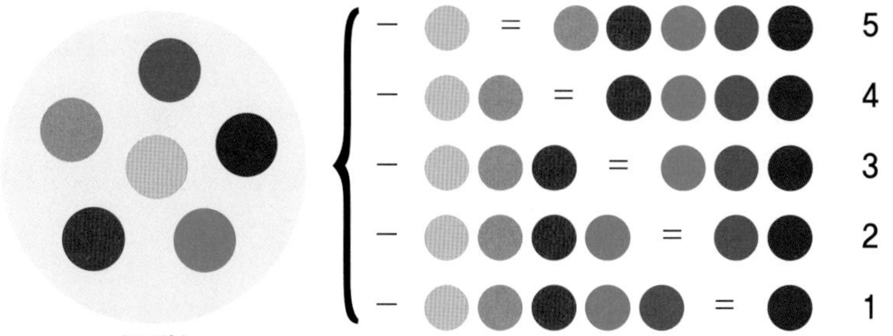

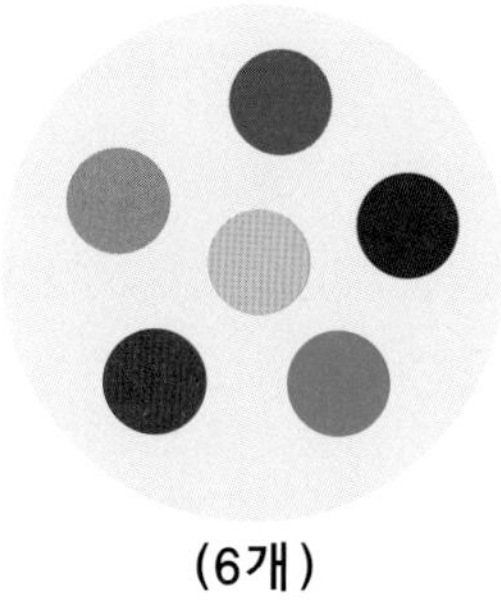
(6개)

−	●	=	●●●●●	5
−	●●	=	●●●●	4
−	●●●	=	●●●	3
−	●●●●	=	●●	2
−	●●●●●	=	●	1

● 흥미점
공을 모으기도 하고 빼기도 한다.

● 목적
간단한 덧셈과 뺄셈을 할 줄 안다.

활동3 계열화

🦋 준비

1. 공 6개를 준비한다.(빨강, 파랑, 노랑, 보라, 초록, 주황)

🦋 활동 방법

1. 하나의 계열에서 빠져 있는 곳에 무슨 색깔의 공을 두면 좋을지 생각하게 한다.

교사 : 여기 있는 공을 보아요. 어떤 순서대로 놓여 있는지 볼까요?

유아 : 네, 빨강, 파랑이 있어요. 또 빨강, 파랑이 놓여 있어요.

교사 : 다음 빨강 뒤에는 무슨 색깔이 올까요?

유아 : 파랑이에요.

2. 어린이가 재미있어하면 더 복잡한 계열로 진행한다.

●흥미점
색이 반복된다.

●목적
1. 색깔의 반복을 안다.
2. 색깔을 계열화할 수 있다.

활동4 　큰 수, 작은 수, 같은 수

🦋 준비

1. 끈 없는 공 여섯 개를 준비한다.
2. 숫자 카드를 준비한다.

🦋 활동 방법

1. 공 한 개와 공 두 개를 놓고 비교한다.
   교사 : 2는 1보다 큰 수입니다.
   　　　 1은 2보다 작은 수입니다.

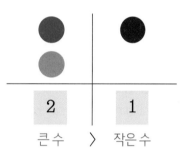

2. 공 두 개와 공 두 개를 놓고 비교한다.
   교사 : 2는 2와 같은 수입니다.

   ※6의 수까지 비교해 본다.

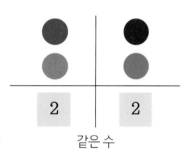

● 흥미점
　비교하여 본다.

● 목적
　명칭의 관계와 큰 수,
　작은 수, 같은 수를 안
　다.

방향놀이 …… 인식 형식

연령 : 3~7세, 개인 및 그룹 지도

활동1 위 , 아래 , 앞 , 뒤 , 좌 , 우 , 저 쪽 (저만큼 앞쪽)

● **흥미점**
방향에 따라 놓아 본다.

● **목 적**
1. 방향을 안다.
2. 인식 발달을 키운다.
3. 지적 발달을 돕는다.
4. 감각 발달을 키운다.

✿ 준 비
1. 상자 하나와 끈 달린 공 하나를 준비한다.
2. 상자를 어린이 앞에 놓고(자기를 중심으로) 방향을 정한다.

✿ 활동 방법
1. 끈 없는 공을 색깔별로 각 위치에 놓아 본다.
※방향을 어린이가 이해하는 것은 어렵다. 여러 번 반복하여서 알게 한다.

저쪽

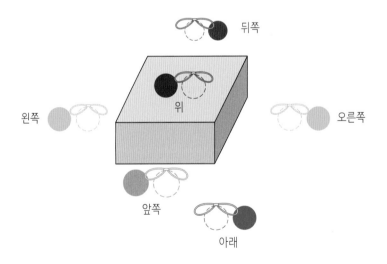

2. 교사는 공을 위아래로 움직이며 방향을 알도록 한다.

교사 : (한 손에 끈 달린 공을 꼭 잡고)

유아 : (교사를 따라 한다.)

    위에서 탕탕탕 ……

    아래에서 탕탕탕 ……

교사 : 위에서 흔들흔들 ……

    아래에서 흔들흔들 …… (되풀이한다.)

교사 : 위에서 빙글빙글.

    아래에서 빙글빙글.

교사 : 위에서 흔들흔들.

    아래에서 흔들흔들. (되풀이한다.)

3. 같은 방법으로 앞, 뒤, 좌, 우, 저쪽을 해 본다.

놀이5

색깔놀이……미 형식
연령 : 3~7세, 개인 및 그룹 지도

●흥미점
색이름을 불러 본다.

●목적
1. 공을 이용하여 색채의 관념을 일깨우고, 색의 이름을 안다.
2. 색의 대응에 의해 색의 개념을 안다.

●응용
1. 색도화지를 놓고 같은 색의 공을 찾아 맞추게 한다.
2. 종이접기, 색종이 등을 이용한다.
3. 깃발을 상 위에 놓고 같은 빛깔의 깃발 앞에 공을 놓는다.

활동1 빨강, 파랑, 노랑 (삼원색), 주황, 초록, 보라 (삼보색)

준 비

1. 상자에 있는 공을 하나씩 꺼내면서 이름을 불러 본다.

활동 방법

1. 끈이 달린 공의 색과 끈이 없는 공의 색을 맞추어 본다.
2. 끈이 없는 공을 섞어 놓고, 끈 달린 공과 같은 색을 찾아보고 이름을 말하게 한다.

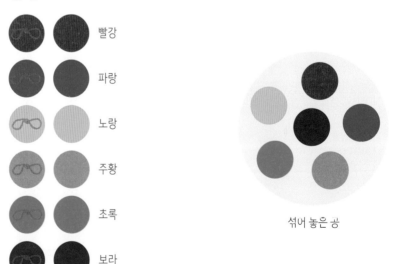

섞어 놓은 공

3. 동그란 공 모양에 크레파스로 색을 칠해 본다.

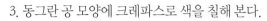

빨강　　　파랑　　　노랑　　　주황　　　초록　　　보라

4. 동그란 공 모양에 크레파스로 색을 칠해 본다.

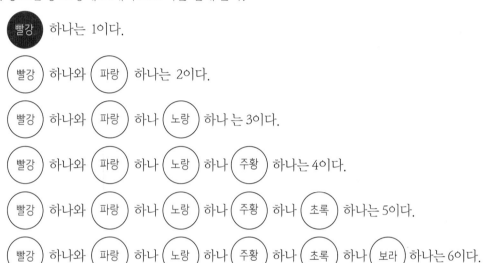

빨강 하나는 1이다.

빨강 하나와 파랑 하나는 2이다.

빨강 하나와 파랑 하나 노랑 하나 는 3이다.

빨강 하나와 파랑 하나 노랑 하나 주황 하나는 4이다.

빨강 하나와 파랑 하나 노랑 하나 주황 하나 초록 하나는 5이다.

빨강 하나와 파랑 하나 노랑 하나 주황 하나 초록 하나 보라 하나는 6이다.

2

프뢰벨의 제2가베

제 2 가베

1) 구성 및 특징

▶ 지름 5cm의 구, 고리 달린 구, 5cm의 원기둥, 고리 달린 원기둥, 한 변의 길이가 5cm인 정육면체, 고리 달린 정육면체, 직육면체 받침대 1개, 기둥 2개, 보 1개, 길이 30cm의 막대 1개, 둥근 놀이 긴막대 2개

　　제2가베는 목재로 된 지름 5cm의 구와 원기둥, 한 변의 길이가 5cm인 정육면체로 구성되어 있다. 이외에도 회전놀이 때 사용하는 기둥 2개와 틀 그리고 보 1개, 긴 막대가 들어 있는 하나의 상자로 되어 있다. 또 이 상자에는 다른 1개의 정육면체에 구멍이 3개(면, 모서리, 변)가 뚫려 있어, 그 구멍에 막대를 넣어 회전시킬 수 있게 되어 있다. 또 금속고리 역시 세 곳에 달려 있어 끈으로 연결시켜 회전을 시킬 수 있도록 되어 있다. 구에는 금속고리가 1개, 원기둥에는 3개 달려 있다.

　　제2가베의 구는 제1가베의 공이 지니고 있는 형체적인 미와 정신적인 미를 한층 잘 나타내고 있다고 하겠다. 구는 전체가 곡선과 면 그리고

점으로 되어 있어 동적인 성질을 띠고 있지만, 정육면체는 6개의 면과 12개의 변 그리고 8개의 모서리를 지니고 있어서 항상 정지 상태에 있다. 이와 같이 구와 정육면체는 전혀 성질이 다르다.

　　성질이 전혀 다른 구와 정육면체를 유아에게 가르치기 위해 프뢰벨은 구와 정육면체의 성질을 모두 갖춘 대상을 준비했다. 가베는 새로운 물건을 소개할 때는 항상 어떤 형태가 이미 배운 것과 관계가 있는 것으로 구성한다. 여기에서는 원기둥이 바로 그것이다. 원기둥은 곡면이 있어 굴러가는 구의 성질이 있고, 평면도 있어 세워 놓으면 서 있는 정육면체의 성질도 함께 가지고 있다.

제1가베에서 공에 의해 자극을 받아 자발적으로 놀이를 배우고, 바로 그 놀이에서 뭔가를 발견해 온 유아는 물건에 대해 더 깊이 알고 싶어하는 욕구를 갖기 시작한다. 그 욕구를 만족시키기 위해 제2가베에서는 그 형태에 대한 성질을 알게 하는 것이다.

구, 원기둥, 정육면체 이 세 가지 형태는 모든 형태의 기본이 된다. 다시 말하면 이들이 분해되고 종합됨으로써 여러 가지 형태가 이루어지는 것이니, 이 세 가지 형태는 모든 물체를 대표하는 형태라고도 생각된다. 구는 자연물의 형상을, 정육면체는 인위적인 형상을, 그리고 원기둥은 자연물에서 만들어진 형상을 표현하고 있다고 생각할 수 있다. 이 세 가지 형태를 이해함으로써 유아는 막연히 머릿속에 들어오는 갖가지 형태를 이들과 비교하게 된다. 그리하여 그 유사점과 차이점을 발견하고 깨닫고 이해하고 정리하면서 기억하게 되는 것이다.

이와 같이 어린 시절에 자발적으로 형성된 정확한 이해력과 분류력, 정리력은 성장함에 따라 복잡한 사회생활을 이해하고, 사물을 넓게 이용할 수 있도록 해 준다. 프뢰벨은 유아가 알고자 하는 욕망을 만족시키고, 이들 형태를 비교하여 이해함으로써 정확한 인식력과 응용력을 기르고, 자발활동을 촉구하기 위해 이 세 가지 물체를 선택한 것이다.

세 물체를 회전시키면 여러 가지 모양의 변화를 일으키는데, 이때 생기는 모양은 정지해 있는 모양과 같은 구도 있지만 전혀 다른 모양을 나타내는 것도 있다. 예를 들면, 곡면에 끈이 달려 있는 원기둥을 돌리면 긴 네모가 보이고, 긴 네모 가운데 겹쳐서 구가 보인다. 또 원기둥 모서리에 끈을 매달아 돌리면 원뿔로 보인다. 일정한 순서에 따라 회전시켜 보이면, 끈의 위치에 따라 서로 다른 모양이 생긴다는 것을 알고 재미있어 한다.

새로운 사물에 대한 흥미는 깊이 생각하는 마음을 싹 틔우고 발견의 즐거움을 준다. 이 발견의 즐거움은 또 다른 발전의 첫걸음이 되어, 아이들의 호기심을 만족시킴과 더불어 지적 발달의 좋은 자극이 된다.

2) 목적

1. 구, 원기둥, 정육면체의 특징과 성질을 안다.
2. 세 가지 모양이 갖고 있는 공통점과 차이점을 분별하는 능력을 키운다.
3. 어린이에게 회전놀이에 의해 변화되는 물체 안에 잠재해 있는 힘을 느끼게 하고, 흥미를 만족시킨다.
4. 활동과 정지를 안다.
5. 자발적인 활동을 촉진시킨다.
6. 정돈된 두뇌를 키운다.
7. 지능발달을 촉진시킨다.
8. 사물에 대한 인식력을 증진시킨다.

3) 프뢰벨이 구상한 놀이

1. 소개(인식 형식)
• 구
• 원기둥
• 정육면체

2. 모방놀이(생활 형식)

- 구놀이
- 원기둥놀이
- 정육면체놀이
- 가베 상자를 사용한 놀이

3. 회전놀이(인식 형식)

- 구놀이
- 원기둥놀이
- 정육면체놀이

4) 알아 둘 것

●전 체

1. 구르기 쉬운 구는 조심스럽게 다룬다.
2. 두 종류를 동시에 손에 들지 않도록 한다.
3. 정중하게 교구를 다룬다.

●소 개

1. 각 교구는 감각을 통해서 알도록 한다.
2. 비교할 때는 유사점을 먼저 다룬다.

●모방놀이

1. 교구와 닮은 것을 모방한다.
2. 물건의 성질은 모방을 통해서 알도록 한다.

●상자를 사용한 놀이

1. 상자도 모방한다.

●회전놀이

1. 어린이의 흥미를 돋우기 위한 이유로 노래·춤 등을 이용하지 않도록 한다.
2. 끈의 길이는 같게 하고, 한 겹으로 20cm가 적당하다. 매듭은 단단히 매고 매듭이 위로 가도록 한다.
3. 어린이의 눈과 평행이 되는 위치에서 회전시킨다.

놀이1

제2가베의 소개 ······ 인식 형식

연령 : 3~7세, 개인 및 그룹 지도

활동1 구

🦋준 비

1. 제2가베 상자를 준비한다.

2. 내용물 가운데 구를 선택한다.

3. 제1가베 중 끈이 없는 빨간 공을
   준비한다.

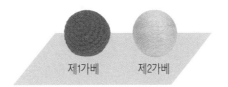

제1가베   제2가베

🦋활동 방법

교사 : 작은 상 위에 공 두 개를 올려 놓았어요. 자세히 보도록 해요.

유아 : (응시한다.)

교사 : 이 쪽에 있는 공은 잘 알고 있지요(제1가베의 공)? 그렇다면 이 쪽의
　　　공은 어떨까요?

　　　잘 보세요. 닮았지요? 그렇지만 이름이 확실히 있어요. ' 구' 라고 해요.
　　　○○는 ' 구' 라고 말해 보세요. 어때요?

　　　(손으로 꼭꼭 누르면서) 이렇게 해서 보면 무엇을 닮았을까요? 경단일
　　　까요? 자, 부드러운 공으로 경단을 만들어 봅시다.

　　　모양도 부드럽군요. 경단이 만들어졌어요.

　　　구 쪽은 어떨까요? 어, 상당히 단단하군요.

　　　단단한 경단이 만들어졌네요. 굴러갑니다. 자, 두 개를 굴려 볼까요?

　　　다음은 구와 공의 달리기 경기입니다.(공과 구를 동시에 상 위에 굴린다.)

　　　자, 구가 이겼어요.

　　　구 쪽에서 소리가 납니다.(구가 상 위에서 구를 때 나는 소리)

　　　털실공도 소리나게 해 봅시다.(공을 상 위에 두들긴다.)

　　　귀를 기울여 보세요. 이번에는 구를 두들겨 봅시다.

유아: 구가 소리가 더 커요.(유아도 함께해 본다.)

●흥미점

부드러운 공과 딱딱한
나무 구를 비교해 보는
것.

●목 적

공과 구의 감촉, 소리,
구르는 속도가 모두 다
름을 안다.

교사 : 놀이를 하는 동안 공과 구는 모두 둥근 모양이고, 잘 굴러간다는 것을 알았어요.
　　　또, 공은 부드럽고, 말랑말랑하고 가볍고, 굴러가는 것이 느리고 소리가 약하고 따뜻하
　　　다는 것을 알았어요.
　　　그러나 구는 매끄럽고, 딱딱하고, 무겁고, 빠르고, 강하고, 차갑고, 나무색이라는 것을
　　　알았어요.
　　　이제 공을 상자 안에 넣어 정리해요.
유아 : 네.(공을 넣어 정리한다.)

활동2 원 기 둥

❀ 준 비

1. 제2가베 상자를 준비한다.
2. 내용물 가운데 원기둥을 선택한다.
3. 구도 함께 준비한다.

❀ 활동 방법

교사 : 이번에는 어떤 모양입니까? 뭘
　　　로 보이지요? 깡통 주스?
　　　무처럼 보입니까? 그렇지만 이
　　　름이 있어요. '원기둥'이라고
　　　합니다. ○○는 원기둥이라고
　　　해 보세요.
유아 : '원기둥'입니다.
교사 : 이 원기둥을 만져 보면 평면이 2개 있고, 둥근면도 있군요.
　　　둥근면이라고 한다면 '구'는 모두가 둥근면이에요.
　　　자, 원기둥의 둥근면도 구를까요?
유아 : 어, 구르잖아. 아주 잘 굴러가요.
교사 : 그럼, 둥근면이 있으면 구른다는 것이로군요.
　　　자, '평면'은 어떨까요? 역시 구르지 않는군요.
　　　그래요. 평면은 구르지 않아요.
　　　'원기둥'이란 구르는 둥근면과 구르지 않는 평면으로 되어 있군요.

●흥미점
　굴려 보기도 하고 세워
　서 정지시켜 보기도 한
　다.

●목적
1. 구와 원기둥의 차이점을
　안다.
2. 원기둥은 구르고, 정지
　할 수 있다는 것을 안다.
3. 소근육과 대근육 발달
　을 돕는다.
4. 감각 발달을 돕는다.

활동3 정육면체

✿ 준비

1. 제2가베 상자를 준비한다.
2. 내용물 가운데 정육면체를 선택한다.
3. 원기둥도 함께 준비한다.

✿ 활동 방법

교사 : 이쪽은 원기둥입니다. 다른 쪽은
　　　 처음 보는 것이지요? 잘 보세요.
　　　 무엇으로 보이나요? 카스테라?
　　　 저금통? 이것은 ' 정육면체' 라고
　　　 합니다.

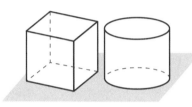

　　　 ○○는 정육면체라고 해 보세요.

유아 : ' 정육면체' 입니다.

교사 : 자, 이렇게 손바닥으로 잘 쓰다듬어 보세요. 평면이 있군요. 수를 세어
　　　 볼까요?
　　　 위에 하나, 밑에 하나, 옆에 하나, 왼쪽에 하나… 모두 6개입니다.
　　　 이쪽에는 선이 있군요. 이 선을 모서리라고 하지요.
　　　 이 모서리를 곧바로 따라가면 여기 꼭지점(각)이 있습니다.
　　　 원기둥은 어떨까요? 평면이 2개, 둥근면이 1개 있군요.
　　　 모서리는 어떤가요? 여기에 있었군요. 그런데 이 모서리에는 꼭지점(각)
　　　 이 없군요.
　　　 잘 보세요. 자, 굴러라. 어때요?
　　　 원기둥의 모양이 달라졌어요.
　　　 원기둥은 둥근면이 있어 데굴데굴 굴러가는 것이군요.
　　　 정육면체로 해 보겠습니다. 아무리 건드려도 구르지 않는군요.
　　　 정육면체는 평면으로만 되어 있기 때문입니다.

●흥미점
　정육면체의 면, 모서리,
　각을 경험한다.

●목적
1. 정육면체는 정지 상태에
　있는 것이며 면, 꼭지점,
　모서리가 있음을 안다.
2. 원기둥과 정육면체의
　차이점을 안다.

활동4 구, 원기둥, 정육면체

❀ 준비

1. 구, 원기둥, 정육면체를 함께 준비하고 비교하여 소개한다.

❀ 활동 방법

교사 : 이번에는 3가지 형태가 있습니다.

이것은 ' 구' 입니다.

이것은 ' 원기둥' 입니다.

이것은 ' 정육면체' 입니다.

교사 : 구와 정육면체, 원기둥을 차례로 비교해 보겠어요. 먼저 구와 정육면체를 잘 보세요.

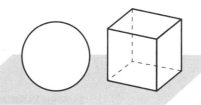

정육면체는 면이 6개이고, 모서리와 꼭지점(각)이 있습니다.
구에는 평면도 모서리도 꼭지점도 없습니다.
구는 이와 같이 구릅니다.(구를 상 위에서 굴리면서)
이 구를 정육면체 위에 올려 보지요. 잘 올려졌습니다.
이번에는 정육면체를 구 위에 올려 볼까요? 떨어져 버리는군요.
자, 여기에서 원기둥을 한가운데 놓아 보지요.
원기둥은 정육면체와 친구가 되고 그리고 구와도 친구가 됩니다.
원기둥의 둥근면으로 굴리면 구와 같이 굴러갑니다.
원기둥의 평면을 바닥으로 놓고 굴리려고 해도 구르지 않습니다.
이렇게 원기둥은 구의 구르는 형태와 정육면체의 구르지 않는 형태를 모두 가지고 있습니다.

● 흥미점
　구, 원기둥, 정육면체를 함께 본다.

● 목적
　구, 원기둥, 정육면체의 비교를 통해 성질을 안다.

놀이2

회전놀이 …… 인식 형식
연령 : 3~7세, 개인 및 그룹 지도

● **흥미점**
구, 원기둥, 정육면체를 회전시키는 놀이를 한다.

● **목적**
1. 구, 원기둥, 정육면체가 가진 성질과 각각의 연관성을 안다.
2. 사물 본래의 형태와 변화의 형태를 안다.
3. 동시에 주변의 사물에 유아의 주의를 환기시키는 역할을 한다.
4. 이 놀이에서 획득한 상상력은 정육면체를 기초로 한 놀잇감이나 면, 선 그리고 점을 사용하는 여러 가지 놀이 교구를 다루는 데 중요한 기초가 된다.

활동1 고리 달린 구, 원기둥, 정육면체

❀ **준비**

1. 제2가베를 준비한다.
2. 고리가 달려 있는 구, 원기둥, 정육면체를 선택한다.

❀ **활동 방법**

교사 : 여기에 상자가 있습니다. 도대체 무엇이 들어 있을까요?
　　　구가 있군요. 또 무엇이 있을까요? 원기둥이 있어요.
　　　다음에는 받침 하나, 둥근 막대 2개, 가는 막대 1개, 사각 막대 1개 그리고 가는 끈이 있지요. 마지막으로 상자의 뚜껑을 닫습니다.
　　　그럼 선생님이 지금부터 하는 것처럼 ○○도 같이 해 봅시다.
　　　받침을 놓고, 둥근 막대 2개를 받침에 꽂습니다. 위에 사각 막대로 양쪽을 이어 줍니다.
　　　이번에는 이 끈을 위쪽으로 해서 한가운데 놓습니다.
　　　자, 이것으로 준비가 되었어요.
　　　오늘 ○○에게 원기둥의 요술을 보여 줄 거예요. 이 원기둥을 이 끈에 겁니다.
　　　그리고 이렇게 매답니다. 그러면 원기둥 요술이 시작됩니다.

　　　무엇이 보이지요? 아, 구의 모양이 보이네요. 와 신기해라.
　　　이렇게 해서 원기둥을 굴리면 구의 모습이 나오는군요.
　　　여기 정육면체에도 끈을 연결시킬 수 있는 구멍이 있군요.
　　　이렇게 회전놀이가 시작된답니다.
교사 : ○○는 '회전놀이'라고 따라해 보세요.

유아 : 회전놀이.

교사 : 구는 끈을 매는 곳이 한 군데 있습니다.

　　　정육면체와 원기둥에는 세 군데가 있지요.(처음에 세 군데에 끈 매는 곳이 있다는 것을 알려 줍니다.)

　　　끈을 매는 위치를 바꿀 때마다 서로 다른 모습이 나타납니다. (정육면체와 원기둥의 세 군데씩을 축으로 하는 회전을 모두 다 보여 주었으면)

　　　정육면체는 멈춰 있을 때는 모두가 같은 형태인데 회전하면 다른 형태가 나타납니다.

　　　같은 것을 원기둥에도 해 볼까요? 역시 다른 모양이 세 가지로 나타납니다.

　　　※여기에서는 왜 이렇게 보이는가를 설명할 필요가 없다. 아직 유아는 이것을 이해하기에는 어렵다. 다만 보이는 것만으로 여러 가지를 발견한다. 교사는 이와 같은 발견을 잘 이해해야 한다.

▶ 구, 원기둥, 정육면체의 여러 고리에 끈을 매다는 것에 따라 여러 가지 모양이 나온다.

1) 구, 원기둥, 정육면체를 각각 하나씩 회전시킬 경우

　① 구를 고리에 매달아 회전시켰을 경우 구만 보인다.
　　• 구 = 구

　② 원기둥 평면 중앙에 끈을 달아 회전시켰을 경우 원기둥만 보인다.
　　• 원기둥 평면 = 원기둥

　③ 원기둥의 곡면에 끈을 달아 회전시키면 구가 보인다.
　　• 원기둥 곡면 = 구

　④ 정육면체의 평면 중앙에 끈을 매달아 회전시키면, 원기둥이 보인다.
　　• 정육면체 평면 = 원기둥

　⑤ 원기둥의 모서리에 끈을 달아 회전시키면, 위아래로 원추가 보인다.
　　• 원기둥 모서리 = 원추

⑥ 정육면체의 각에 끈을 매달아 회전시키면, 위아래에 원
추가 보인다.
- 정육면체 각 = 원추

⑦ 정육면체의 모서리에 끈을 달아 돌리면 구와 위아래로
원추가 보인다.
- 정육면체 모서리 = 구, 원추

2) 구, 원기둥, 정육면체를 두 가지 이상을 회전시켜 비교하기

① 서로 다른 모양이라도 회전시키면 둘 다 구가 보인다.
- 구 = 구
- 원기둥 곡면 = 구

② 같은 모양이지만 돌리면 다른 모양으로 보인다.
- 원기둥 곡면 = 구
- 원기둥 평면 = 원기둥
- 원기둥 모서리 = 위아래 원추형

③ 모양은 다르지만 돌리면 모두 원기둥으로 보인다.
- 원기둥 평면 = 원기둥
- 정육면체 면 = 원기둥

④ 모양은 다르지만 돌리면 모두 원추 모양으로 보인다.
- 원기둥 모서리 = 원추
- 정육면체 모서리 = 원추
- 정육면체 각 = 원추

⑤ 같은 모양이지만 돌리면 다른 모양으로 보인다.
- 정육면체의 면 = 원기둥
- 정육면체의 각 = 위아래 원추
- 정육면체의 모서리 = 구와 위아래 원추

⑥ 같은 모양이라도 돌리면 달라지는 것도 있고, 다른 모양이지만 돌리면 같은 모양도 있다

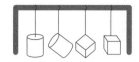

- 원기둥 평면 = 원기둥
- 원기둥 모서리 = 위아래 원추
- 정육면체 각 = 위아래 원추
- 정육면체 모서리 = 구와 위아래 원추

※ 1), 2)는 서로 관련 있는 놀이이지만 한꺼번에 보여 주지 말고 정도에 따라 여러 번 나누어 연관 짓는 것이 바람직하다.

활동2 구멍 뚫린 정육면체

●흥미점
구멍 뚫린 곳에 막대를 넣어 돌려 본다.

●목적
1. 각, 모서리, 면에 뚫린 구멍에 막대를 넣어 돌렸을 때에도 실을 달아 돌렸을 때와 똑같은 모양이 된다는 것을 안다.
2. 사물 본래의 형태에 변화를 주면 다른 형태가 된다는 것을 안다.

❁준비

1. 구멍 뚫린 정육면체를 준비한다.
2. 가느다란 막대도 준비한다.

❁활동 방법

교사 : 이번에는 구멍 뚫린 정육면체를 회전시켜 보기로 합니다.
먼저 정육면체의 면에 가느다란 막대를 끼워서 돌려 봅니다.
어, 원기둥 모양이 보이네요.
정육면체의 면에 실을 달아 돌렸을 때와 똑같은 모양이 되었어요.

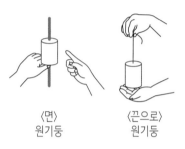

〈면〉
원기둥

〈끈으로〉
원기둥

교사 : 자, 이제는 정육면체의 각에 있는 구멍에 막대를 넣어 돌려 보겠어요. 양쪽에 원추가 보여요. 정육면체의 각에 실을 달아 돌렸을 때와 똑같이 원추 모양이 보였어요.

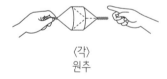

〈각〉
원추

교사 : 다음에는 정육면체의 모서리에 막대를 끼워서 돌려 보겠어요.
구 모양과 원추 모양이 동시에 보입니다.

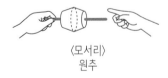

〈모서리〉
원추

모서리에 실을 달아 돌렸던 정육면체와 똑같은 모양이 되었어요.
유아 : (교사와 함께해 본다.)

놀이3 모방놀이 ······ 생활 형식
연령 : 3~7세, 개인 및 그룹 지도

활동1 구

🦋 준비
1. 제2가베를 준비한다.
2. 구를 선택하고, 구의 성질이나 형태에 따라 모방한다.

🦋 활동 방법

교사 : 내일 ○○은 친구들과 함께 소풍을 가기로 했어요.
　　　○○은 무엇을 준비할까 생각해 보았어요. 음.
　　　' 사과, 배, 호두, 경단, 주먹밥을 준비해야겠구나. 그럼 빨리 집에 가서
　　　엄마에게 말씀을 드려야지.' 라고 생각하며 집으로 향했습니다.
유아 : (생각해 보고 집으로 가는 흉내를 낸다.)
교사 : 집에 도착하니 어머니께서 기다리고 계셨어요.
　　　"○○야, 어서 비누로 손과 얼굴을 깨끗이 씻고 식사하러 오렴." 하셨습
　　　니다.
유아 : (손과 얼굴을 비누를 묻혀서 씻는 시늉을 한다.)
교사 : ○○은 식탁에 앉자마자 어머니께 소풍 가는 이야기와 준비해야 할 것들
　　　을 말씀드렸어요. (식사가 끝난 후) 어머니도 ○○의 생각이 좋다고 생각했
　　　어요.
　　　"애야, 엄마와 함께 소풍 준비를 하자."
유아 : "네, 저도 돕겠어요."
교사 : 어머니는 사과와 배를 깨끗이 씻어서 그릇에 담고 ○○는 호두를 봉지에
　　　담았어요. (손으로 비비면서) 그리고 어머니는 경단을 빚기 시작하셨어요.
　　　팥고물을 묻히기도 하고, 설탕이나 콩가루에 굴리기도 하면서 경단을
　　　만들었어요.(구를 고물에 묻히듯이 굴린다.)

●흥미점
　구로 다른 사물의 흉내
　를 내어 본다.

●목적
1. 구의 성질 및 형태를 명
　확히 깨닫게 한다.
2. 사회성이 발달한다.

●응용
1. 점 위에 올려 달리기를
　해 본다.
2. 공 굴리기
3. 구슬을 이용해서 놀이
　를 해 본다.
4. 공을 굴리는 어릿광대
　놀이

※ 놀이를 한 가지씩 할 수 있
　고, 여러 개를 섞어 가며 놀
　수도 있다.

"동글동글 빚읍시다."

"예쁘게 빚읍시다."

"동글동글 빚읍시다."

"맛있게 빚읍시다."

"이제 그릇에 담아야겠어요."(상자에 구를 넣으면서)

"이번에는 주먹밥을 만들어야겠다."

꼭꼭 주무른 다음, 속에 반찬을 넣고, 깨소금도 묻힌다.

(구 안에 반찬을 넣은 듯이 손동작을 한다.)

"이제 다 만들었으니 가방에 넣고 잠을 자도록 하자."

○○는 즐거운 소풍을 생각하면서 잠자리에서 쌕쌕 잠들었어요.

활동2 원기둥

❀ 준비

1. 제2가베를 준비한다. 원기둥, 막대, 상자를 선택한다.
2. 원기둥의 성질과 형태에 따라 모방한다.
3. 교사와 어린이가 각자의 역할을 맡아서 놀이한다.

❀ 활동 방법

교사 : 오늘은 원기둥으로 북치기 놀이를 해 볼 거예요.

　　　뚜비와 나나는 북을 하나씩 나누어

　　　가졌어요.

　　　뚜비가 먼저 둥둥둥 북을 쳤어요.

　　　나나도 둥둥둥……

　　　뚜비와 나나는 둥둥둥 둥둥둥 하는

　　　북 소리에 맞추어 노래도 하고 행진도 해 보았어요.

유아 : (교사와 함께해 본다.)

교사 : 이번에는 원기둥으로 비탈굴리기 놀이를 할 거예요.

　　　먼저 상자를 준비하고 뚜껑을 상자 끝에 비스듬히 눕히고,

　　　그 아래 막대 두 개로 길을 만들었어요.

　　　원기둥을 위에서 아래로 굴려 보세요.

　　　그리고 영차영차 아래쪽에서 위쪽으로 끌어 올려 보세요.

　　　이제 다시 한 번 조심조심 굴려서 제자리에 놓도록 합시다.

제2가베 기둥　　굴러간다.　　비탈길을 올라가고 내려온다.　　제2가베 상자를 엎어 놓는다.

● 흥미점

1. 원기둥을 북으로 사용해 보는 것.
2. 비스듬하게 놓은 상자 뚜껑과 기둥 위를 원기둥이 굴러간다.

● 목적

1. 원기둥의 성질이나 형태를 안다.
2. 상자, 기둥이 훌륭한 교구임을 배운다.

● 응용

원기둥에 물컵, 두루마리 휴지, 통나무 의자, 휴지통, 주스 캔 등등의 다양한 이름을 붙여 볼 수 있다.

활동3 정육면체

✽준비

1. 정육면체, 예쁜 종이와 리본을 준비한다.
2. 정육면체의 성질과 형태의 사물을 모방한다.

✽활동 방법

교사 : 정육면체로 네모 상자 놀이를 하겠습니다.

내일은 나나의 생일입니다.

뚜비는 나나에게 줄 선물로 예쁜 인형을 샀습니다.

뚜비는 네모 상자에 인형을 넣어서 예쁘게 포
장을 하려고 해요.

여기 상자가 있어요.(정육면체)

종이를 알맞게 잘라(미리 선생님이 준비해 둔
다.) 상자를 종이 위에 놓고 리본으로 예쁘게
쌌어요.

뚜비는 다음 날 나나에게 선물을 주었어요.

나나는 아주 기뻤어요.

(상자를 싸는 동안 모서리, 각을 만져 보게 한다.)

●흥미점

정육면체로 네모 상자
를 만들고 포장해 본다.

●목적

정육면체의 성질과 형
태를 안다.

활동4 구, 원기둥, 정육면체

❀ 준비

1. 구, 원기둥, 정육면체를 준비한다.
2. 구, 원기둥, 정육면체를 일렬로 놓고 굴린다.

❀ 활동 방법

교사 : 구, 원기둥, 정육면체의 달리기
　　　놀이입니다.
　　　(각각의 가베를 유아에게 보이면서)
　　　나의 이름은 구입니다.
　　　나의 이름은 원기둥입니다.
　　　나의 이름은 정육면체입니다.
　　　모두 출발선 위에 섰어요.
　　　탕! 모두 달리기 시작했어요.
　　　구는 데굴데굴 잘도 굴러가네요.
　　　원기둥은 평면으로 가려 했지만 갈 수 없었어요.
　　　그래서 난 누워서 굴러야지 하고 열심히 굴러갔어요.
　　　정육면체는 아무리 굴러가려 했지만 갈 수 없었어요.
　　　할 수 없이 원기둥의 신세를 져야 했어요.
　　　원기둥 위에 타고 목적지까지 왔어요.
　　　구가 제일 먼저 도착했어요.
　　　다음에는 원기둥이, 마지막으로 정육면체가 도착했어요.

출발선 / 도착선

● 흥미점

구, 원기둥, 정육면체가 동시에 움직인다.

● 목적

1. 구, 원기둥, 정육면체가 동시에 움직였을 때 일어나는 현상을 안다.
2. 이웃을 도와 함께 기뻐한다.

95

활동5 상자를 사용한 놀이

● 흥미점
구, 원기둥, 정육면체에 스티커를 붙이고 리본을 달며 논다.

● 목적
1. 서로 다른 형태와 성질을 비교하면서 복습한다.
2. 다양한 모양의 상자를 취급하는 방법도 연습한다.

● 응용
벽장, 배, 기차, 트럭, 선물, 목욕탕 등으로 꾸밀 수 있다.

✿ 준비

1. 상자에 구, 원기둥, 정육면체를 다 넣은 채로 모방놀이를 한다.
2. 부직포, 스티커, 리본을 준비한다.

✿ 활동 방법

교사 : 오늘은 장식장 놀이를 할 거예요.
　　　여기 장식장(상자)이 있어요. 장식장에 예쁜 물건을 놓겠어요.
　　　먼저 구를 놓겠습니다.
　　　구는 환하게 미소짓고 있어요. (부직포 스티커를 붙인다.)
　　　다음에는 원기둥을 놓겠어요.
　　　원기둥은 멋있게 서 있으면서 머리에 예쁜 장식을 했어요. (리본을 준비하여 붙인다.)
　　　이제 정육면체를 놓겠어요.
　　　정육면체는 모서리에 가느다란 색지를 붙이고 각에도 동그란 색지를 붙였어요.
　　　그리고 머리에는 리본으로 장식도 했어요.
　　　셋은 서로의 아름다운 모습을 보여 주면서 사이좋게 나란히 서 있습니다.

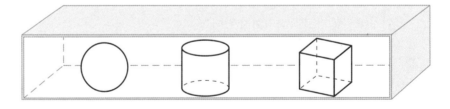

※ 모방놀이에서 가베 외에 다른 자료를 잠시 사용하나 무분별하게 여러 자료를 함께 사용하여 본래의 목적이 희석되지 않도록 주의해야 한다.

놀이4

색깔놀이 ······ 미 (美)형식
연령 : 3~7세, 개인 및 그룹 지도

활동1 구, 원 기 둥, 정 육 면 체

✤ 준 비
1. 크레파스, 종이, 가위를 준비한다.

✤ 활동 방법
1. 종이 위에 구, 원기둥, 정육면체의 도형이 그려진 그림을 준비하고, 그 그림
   도형을 색칠하게 한다. 다음에 가위로 오려 본다.

●흥미점
  입체를 종이 위에 그려
  본다.

●목적
1. 구, 원기둥, 정육면체의
   입체를 정확히 알도록
   한다.
2. 사고 개념을 기른다.

●응용
  종이로 입체를 만들어
  본다.

활동2 같은 모양 찾아 색칠하기 (구,원기둥,정육면체)

🦋준비

1. 구, 정육면체, 원기둥을 고리에 끈을 달아 놓은 그림과 회전하여 생긴 그림을 준비한다.

🦋활동 방법

1. 회전하여 생긴 모양이 같은 것끼리 같은 색으로 색칠한다.

예)

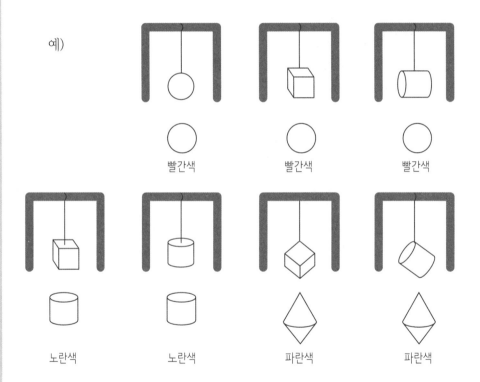

놀이5 지점토놀이 …… 미 (美)형식

연령 : 3~7세, 개인 및 그룹 지도

활동1 구,원기둥,정육면체,원뿔

🦋 준비

1. 지점토 4개를 준비한다.
2. 포스터 컬러, 붓을 준비한다.
3. 깔판을 준비한다.

🦋 활동 방법

교사 : 지점토를 주물러 구, 원기둥, 정육면체, 원뿔을 만들어 말린 후 포스터 컬러로 색칠해 보겠어요.(2회에 걸쳐 한다.)

•1회

유아 : (지점토를 알맞게 준비하여 주무른다.)

교사 : 구는 지점토를 손바닥에 놓고, 동글동글하게 돌려 보세요.

유아 : (따라 해 본다.)

교사 : 원기둥을 먼저 지점토로 둥글게 만들고, 깔판 위에 네 면을 살짝살짝 두들기며 모양을 만들어 보세요.

유아 : (따라 해 본다.)

교사 : 만든 구, 원기둥, 정육면체를 말린 후 색을 칠하기로 해요.

유아 : (각자 만든 것을 제시된 곳에 갖다 놓는다.)

•2회

교사 : 구, 원기둥, 정육면체가 다 말랐지요? 그럼 위에 색을 칠해 보세요.

●흥미점
어린이 스스로 지점토를 주물러 형태를 만든다.

●목적
1. 같은 모양이라도 재료에 따라 조금씩 달라진다는 것을 안다.
2. 소근육 발달을 촉진시킨다.

놀이6

공간지각놀이 …… 미 (美)형식

연령 : 5~7세, 개인 및 그룹 지도

●목적
1. 공간 지각력을 키운다.
2. 지각, 추리, 언어 능력을
   향상시킨다.

※ 제7가베와 함께할 수 있다.
※ Montessori의 입체 도형을
   활용할 수도 있다.

활동1   구, 원기둥, 정육면체

❋준비

1. 구, 원기둥, 정육면체, 도화지, 굵은 연필을 준비한다.
2. 자기 위치에서 보이는 대로 그림을 그려 본다.

❋활동 방법

교사 : 여기 세 가지의 입체(구, 원기둥, 정육면체)가 있어요.
       자기가 앉아 있는 위치에서 보이는 대로 그림을 그려 보세요.

유아 : (그림을 도화지 위에 그린다.)

교사 : 이제는 도형을 그려 보세요.

유아 : (도형을 그린다.)

교사 : 연습을 많이 하면 쉽게 도형을 찾을 수 있어요.

교사 : 입체 도형에 숨어 있는 도형의 수를 찾아봅시다.

3

프뢰벨의 제3가베

제 3 가 베

1) 구성 및 특징

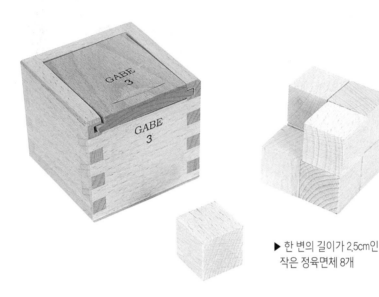

▶ 한 변의 길이가 2.5cm인
작은 정육면체 8개

　제3가베는 제2가베의 정육면체와 같은 5cm 정육면체를 가로, 세로, 위아래로 각 한 번씩 잘라서 만든 2.5cm 정육면체 8개로 되어 있다. 제2가베에서 형태의 성질을 알게 된 유아는 사물의 겉모양에 만족하지 않고, 차츰 사물의 내부까지도 알고자 하는 욕망이 생긴다. 또 다양한 표현을 위해 복잡한 재료를 찾게 된다. 프뢰벨은 이와 같은 유아에게 스스로 간단히 분리하면서도 자연스럽게 표현할 수 있고, 또 원래의 형태로 조립하기도 하고 늘어놓기도 할 수 있는 구체적인 교구가 필요하다고 생각하였다. 그래서 제2가베의 분리를 선택하였다.

　분해 방법은 우선, 5cm 정육면체의 중앙을 세로로 자르면 폭 2.5cm, 가로와 높이가 각각 5cm의 정육면체 2개가 생긴다. 이번에는 가로로 자르면 가로와 세로가 각 2.5cm, 높이 5cm의 길쭉한 직육면체 4개가 생긴다. 이것을 위아래로 다시 2등분하면, 앞에서 말한 조그마한 정육면체 8개가 되는 것이다.

　제2가베에서 다룬 정육면체와 크기는 다르지만 모양이 같기 때문에 소개하기도 편하고, 유아 스스로 성질을 이해할 수도 있다. 또 8개나 되는 작은 정육면체를 이리저리 맞춤으로써 여러 가지 복잡한 물건을 만들 수 있다.

　예를 들면, 갖가지 모양의 집, 천장, 책상, 의자, 자동차, 기차 등 유아의 지적 발달에 맞추어 손쉽게 창작할 수 있는 것이다. 뿐만 아니라, 여러 가지로 늘어놓기도 하고 쌓게도 함으로써 공간과 면의 크기에 대해서 배울 수 있게 된다. 제3가베의 새로운 특징은 여러 가지 건축물을 만들면서 놀 수 있다는 것이다.

이와 같은 놀이를 통해서 사고력, 상상력, 수개념, 미적 감정 등을 양성하고 자발 활동을 활발히 해서, 창작 활동을 자유로이 신장하고 감정을 미화시킬 수 있다. 특히 유아의 어떤 시기에 있어서는 모든 사물에 대해 〈무엇〉〈왜〉에 대한 의문이 꼬리를 물고 일어난다. 이러한 유아는 완성된 장난감으로 자신의 궁금증을 해결하기란 매우 어렵다.

이 제3가베는 손쉽게 분해했다가 손쉽게 맞출 수 있는가 하면, 분해된 형태로부터 새로운 형태를 창작할 수 있어 유아의 욕구를 충분히 만족시킬 수 있는 것이다. 또 분해와 종합을 함으로써 부분과 전체의 관계를 깨닫게 된다. 전체를 종합할 때, 조그마한 정육면체 하나만 없어도 본래의 모양이 되지 않는다. 이와 같이 불가분의 관계에 놓여 있는 정육면체 8개는 그 수가 더해도 안 되고 덜해도 안 된다. 이것을 정신적인 관계에서 보면, 단체와 개인의 관계를 보여 준다고 생각할 수 있다.

유아는 항상 비교하고 그것을 반복하는 것에 의해서 특징을 알아간다. 그다음에 위, 아래, 왼쪽, 오른쪽, 앞, 뒤를 구분함으로써 사물의 위치와 배열도 이해하게 된다. 이렇게 제3가베의 특징을 알아봄으로써 사물이 존재하는 형태나 크기, 수 그리고 위치 등 그 사물을 지탱시켜 주는 절대 조건이 있다는 것을 확신시켜 준다.

2) 목적

1. 건축물을 만들어 본다.
2. 아름다운 모양을 창조해 본다.
3. 부분과 전체의 관계를 이해하게 된다.
4. 생각하는 힘과 지적, 정신적 발달을 도모하고 미적 감정을 양성한다.
5. 정육면체 속의 힘을 이해한다.
6. 수리적 능력을 증진시키고 자발적 활동을 촉진시킨다.
7. 놀이를 통해 사물을 경험하게 하며 정확한 이해력을 키운다.
8. 정리정돈의 습관을 키우고 창작력을 키운다.
9. 사물이 존재하는 형태, 크기, 수, 위치가 그 사물을 지탱시켜 주는 절대조건임을 안다.

3) 프뢰벨이 구상한 놀이

1. 소개(인식 형식)
• 전체 소개
• 부분 소개
• 자르는 법

2. 건축놀이(생활 형식)
• 연관놀이
• 독립된 건축놀이

3. 무늬놀이(美 형식)
• 가로무늬
• 중심무늬 – 중심이 움직이는 놀이
• 중심무늬 – 중심이 움직이지 않는 놀이

4. 지혜놀이(인식 형식)

• 길이, 폭, 높이, 양
• 정사각과 직사각의 탐구
• 빈자리 탐구

4) 알아 둘 것

●전 체

1. 상자에서 꺼낼 때 순서를 지키고 무너지지 않도록 한다.
2. 손에 들고 공중에서 다루지 않는다.
3. 작은 정육면체 8개를 반드시 전부 사용해야 한다.

●소 개

1. 비슷한 점을 먼저 알려 준다.
2. 항상 제2가베를 기초로 해서 비교한다.

●자르는 법

1. 시작은 정육면체로부터 하고 종합할 때는 반대순으로 한다.
2. 한 번 자를 때마다 수를 세도록 한다.

●연관놀이

1. 한 개씩 순서대로 움직인다.
2. 정육면체에서 시작해서 정육면체로 끝난다.
3. 입체적인 모양만 허용된다.
4. 전체가 건물 하나가 되도록 한다.
5. 한 번 움직일 때마다 건물 이름을 붙인다.
6. 가급적 사이가 떨어지지 않도록 차례대로 움직인다.

●독립적 건축놀이

1. 유아의 자유로운 제작에 중점을 둔다.
2. 평면적인 건축이 되지 않도록 한다.
3. 교사가 지도할 경우, 무너지기 쉽거나 쌓기 어려운 것은 피한다.

●가로무늬

1. 좌우가 균형 잡히도록 움직인다.
2. 끝까지 다 움직였다면 시작 무늬로 되돌아간다.
3. 너무 폭이 넓은 무늬는 피한다.

●중심무늬

1. 전후좌우로 균형 있게 움직인다.
2. 마주보는 적목은 함께 움직이고 방금 움직였던 적목은 계속 움직이지 않는다.
3. 적목과 적목 사이가 벌어지지 않는 무늬여야 한다.
4. 한꺼번에 두 가지 동작으로 움직이지 않도록 한다.
5. 다 끝났으면 시작 무늬로 되돌아간다.

●지혜놀이

1. 유아가 생각하며 놀도록 한다.
2. 너무 세밀한 치수까지 재지 않는다.
3. 작은 정육면체 1개를 치수 및 부피의 단위로 한다.
4. 빈자리는 작은 정육면체의 모든 면을 사용해서 만든다.
   즉 8개의 정육면체 중 한 면이라도 쓰이지 않으면 안 된다.

●꺼내는 법

유아가 교구에 대한 직관을 올바르게 하기 위해 다음과 같이 꺼내고 정리한다.

① 상자의 뚜껑 여는 쪽을 오른쪽으로 한다.

② 뚜껑을 열고, 같은 자리에 뚜껑을 뒤집어 놓는다.

③ 뚜껑을 양손의 검지로 누르고 앞쪽으로 돌려 거꾸로 놓는다.

④ 상자를 조심스럽게 위로 빼 낸다.

⑤ 빼 낸 상자는 오른쪽에 놓고, 뚜껑 위의 내용물을 두 부분으로 나누어 책상 위에 놓고 놀이를 한다.
뚜껑도 상자와 함께 놓는다.

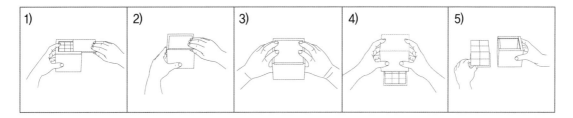

●정리하는 법

① 놀던 내용물을 뚜껑 위에 정리하여 놓는다.

② 꺼내는 법과 꺼낼 때 방법을 역순으로 하여 정리한다.

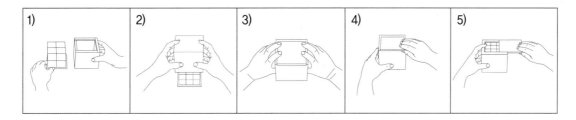

놀이1

제3가베의 소개……인식 형식
연령 : 3~7세, 개인 및 그룹 지도

활동1 제2가베와 제3가베의 비교(닮은점, 다른점)

●흥미점
제3가베를 나누어 본
다.

●목적
1. 제2가베와 제3가베의 유
사점과 차이점을 안다.
2. 사고력을 돕는다.
3. 공간, 지각력을 키워 준다.

●응용
1. 카스테라나 두부, 무, 고
구마 등을 이용하여 활
동할 수 있다.
2. 지점토를 이용할 수 있다.

🦋 준비

1. 제2가베의 정육면체를 준비한다.

2. 제3가베를 준비한다.

3. 제2가베와 제3가베를 함께 놓고, 비교하며 같은 점과 다른 점을 찾아본다.

〈제2가베〉　　　〈제3가베〉
정육면체　　　　정육면체

🦋 활동 방법

교사 : 오늘은 제3가베를 알려 줄 거예요. ○○는 선생님을 따라서 해 보세요.

유아 : 이것은 제3가베입니다.

교사 : 상 위에 두 개의 가베가 놓여 있어요.

하나는 제2가베 정육면체이고, 다른 하나는 제3가베 정육면체예요.

먼저, 두 가베를 잠시 바라보세요.

유아 : (가베를 응시한다.)

교사 : 자, 두 가베를 보니 닮은 점이 있습니까?

유아 : 네, 모두 정육면체입니다.

교사 : 네, 맞았어요. 똑같이 정육면체입니다.

(선생님은 두 가베를 나란히 붙이면서) 이제 크기가 어떤지 보기로 해요.

유아 : 크기도 똑같아요.

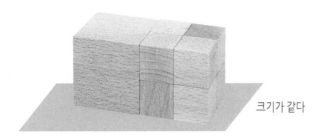

크기가 같다

교사 : 네, 크기도 똑같지요. 그래요 이 두 가베는 모양과 크기가 똑같아요.

다음에는 제3가베와 제2가베의 다른 점을 보도록 해요.

(제2가베를 자르는 시늉을 하면서) 제2가베는 잘라지지 않았어요.

(제3가베를 자르면서) 그러나 이것 보세요. 제3가베는 잘라져요.

또 이렇게(세로로 자르면서) 잘라 보겠어요.

(위아래로 자르면서) 이렇게도 잘라 볼게요.

유아 : (선생님을 따라 해 본다.)

교사 : 오늘 제3가베인 정육면체를 알아보았어요.

이제 정리를 하고 교구장에 갖다 놓도록 합시다.

○○이 다시 하고 싶으면 언제든지 할 수 있어요.

그러나 꼭 정리해서 제자리에 두어야 해요.

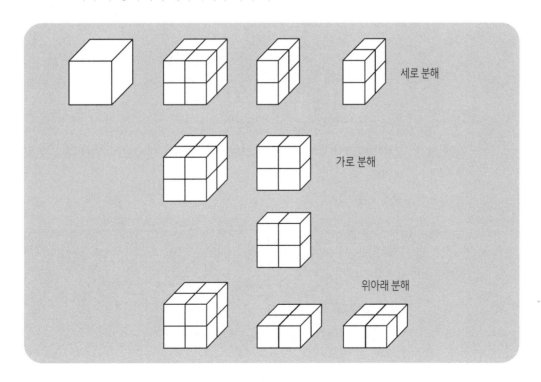

활동2 정육면체 자르는 법 소개

❀준비

제3가베를 준비한다.

❀활동 방법

교사 : 정육면체를 세로로 한 번, 그리고 잘린 부분을 위아래로 나누어 4개로 눕
혀요.

유아 : (함께해 본다.)

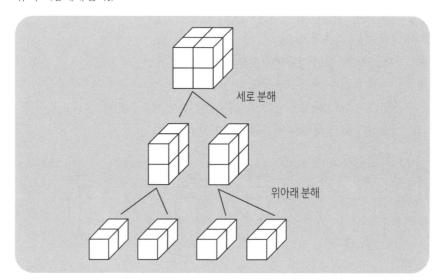

교사 : 정육면체를 가로로 한 번, 그리고 잘린 부분을 반으로 나누어 네 부분을
세워요.

유아 : (함께해 본다.)

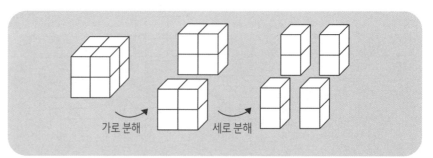

● 흥미점
제3가베를 나누어 본
다.

● 목적
1. 제2가베와 제3가베의 유
사점과 차이점을 안다.
2. 사고력을 돕는다.
3. 공간,지각력을 키워 준다.

● 응용
1. 카스테라나 두부, 무, 고
구마 등을 이용하여 활
동할 수 있다.
2. 지점토를 이용할 수 있다.

교사 : 정육면체를 위아래로 한 번, 그리고 잘린 부분을 세로로 나누어 4개로 눕혀요.

유아 : (함께해 본다.)

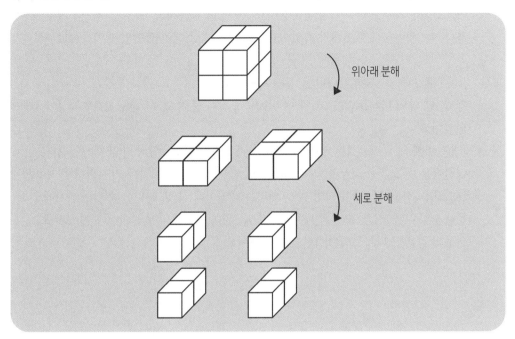

위아래 분해

세로 분해

교사 : 이번에는 정육면체를 위아래로 나뉜 것을 마지막 8개의 정육면체가 나올 때까지 잘라 볼 거예요. 먼저 위아래로 한 번 잘랐어요. 두 부분으로 나뉘어졌어요. 이것을 세로로 다시 잘랐더니 4개의 부분으로 나뉘어졌어요.

    4개의 부분을 각각 잘랐더니 8개의 부분으로 나뉘어졌어요.

교사 : 자, 그럼 이제는 반대로 정육면체를 만들어 가도록 해요.

교사 : 먼저, 8개의 부분을 둘씩 모아 4개의 부분을 만들었어요. 4개의 부분을 둘씩 묶었어요. 이들 중 한 쪽을 올려놓았더니 다시 정육면체가 되었어요.

▶ 생활 형식으로 자르는 법 소개

교사 : 아주머니 댁에서 커다란 카스테라를 가져왔어요. 작게 잘라먹읍시다.

    아, 여기를 자르라고 금이 그어져 있군요. (케이크 칼로 썩썩) 잘라졌을까요? 오른쪽을 꼭 잡고 떼어 보세요. 예쁘게 잘라졌군요. 카스테라가 두 쪽이 되었어요.

    식구가 많으니까, 더 여러 쪽으로 잘라야겠어요. 위아래를 자를까요?

    카스테라를 꼭 잡고 칼을 옆으로 넣어 보세요. 잘렸으면 가만히 위의 것을 내려놓아요.

    이번에는 나머지도 꼭 같이 잘라야지요. 카스테라가 몇 쪽이 되었나요?

하나, 둘, 셋, 넷.

아빠 1개, 엄마 1개, 언니 1개, 나머지 1개는 자기가 먹어요.

아, 그렇지! 친구도 나누어 주어야겠군요. 한 번 더 자릅시다. 모두 몇 개가 되었어요?

하나, 둘, 셋…… 모두 8개가 되었어요. 조그마한 카스테라를 맛있게 먹읍시다. 냠냠.

교사 : 집이 1채, 2채…… 8채 있습니다. 문을 닫을까요?

철컥. 맨 앞의 나무토막을 그 앞 나무토막에 갖다 붙여요. 다 닫혔지요? 책상이 4개가 되었어요

1개는 아빠 책상, 또 1개는 엄마 책상, 나머지 2개는 언니 책상과 나의 책상입니다.

이번에는 맨 오른쪽 나무토막(책상)을 바로 옆에 있는 나무토막에 가지런히 올려놓으세요. 그러니까 큰 집 2채가 되었지요? 하나는 태영이네 집, 또 하나는 순희네 집이에요.

문을 닫습니다. 철컥. 오른쪽 나무토막(집)을 왼쪽 나무토막에 밀어서 붙여 보세요.

처음과 같은 큰 나무토막(정육면체)이 되었어요.

활동3   제3가베의 전체 소개

❀ 준비

1. 제2가베와 제3가베를 준비한다.
2. 활동1의 그림을 준비하고, 보면서 놀이를 한다.

❀ 활동 방법

1. 제2가베, 제3가베의 면, 모서리, 각의 수를 세어 본다.

　교사 : 오늘은 제2가베와 제3가베로 여러 부분을 살펴보기로 해요.
　　　　제2가베에는 반들반들한 면이 몇 개 있었나요? 세어 봅시다.
　　　　위에 하나, 바로 옆에도 하나, 저 쪽에도 하나, 양쪽에도 하나씩 둘,
　　　　책상과 닿은 곳에 하나, 모두 6개지요?
　　　　제3가베에도 면이 몇 개인지 세어 봐요. 똑같이 6개이군요.

　교사 : 제2가베에 매끈매끈한 모서리가 몇 개 있는지 세어 봐요.

　　　　12개가 있군요.
　　　　제3가베의 모서리 수도 세어
　　　　봐요. 똑같이 12개군요.
　　　　뾰족한 각은 몇 개인지 제2가
　　　　베와 제3가베를 살펴보아요.
　　　　제2가베와 제3가베의 정육면
　　　　체 모두 뾰족한 각이 8개 있어요.

제2가베　　　　제3가베

2. 제2가베와 제3가베의 두 정육면체를 붙였다 떼었다 하면서 크기를 비교한다.

　교사 : 그러면 두 정육면체를 서로 대어 봅시다.(제3가베는 그대로 놓아 두고, 제
　　　　2가베를 갖다 댄다.)
　　　　높이를 대어 봅시다. 똑같군요. 길이도 같지요? 폭도 같군요.

3. 제3가베에는 제2가베에 없는 금이 가로, 세로
　에 있다는 것을 보이고, 그 금이 난 곳을 떼었
　다 붙였다 해 본다. 제3가베를 하나하나 분해
　하면 정육면체가 되지만, 제2가베는 처음부터
　한 덩어리가 되어 있음을 알도록 한다.

● 흥미점
　모양은 같으나 자를 수
　있는 것과 없는 것, 한
　개가 여러 개로 나뉘어
　진다.

● 목적
1. 제2가베의 정육면체와
　제3가베의 정육면체의
　같은 점과 다른 점을 찾
　아본다.
2. 제2가베와 제3가베의
　정육면체 모두 면이 6
　개, 모서리 12개, 각이 8
　개씩 있음을 안다.
3. 제2가베와 제3가베의
　정육면체의 크기가 같
　음을 안다.
4. 제3가베는 가로, 세로
　금이 있어 분해할 수 있
　음을 안다.

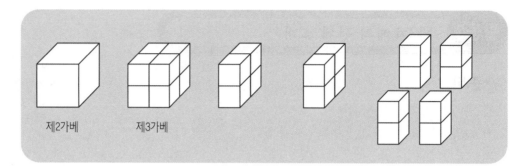

제2가베   제3가베

교사 : 제3가베를 살살 쓰다듬어 줍시다. 반들반들한 곳에 금이 있군요.

제2가베에도 금이 있나 봅시다. 없지요?

제3가베를 금대로 잘라 볼까요? 잘라졌습니다. 이쪽도 잘라졌어요.

다시 붙여 봐요. 안녕하세요? 철컥. 안녕하세요? 철컥.

다시 떼어 볼까요? 안녕히 계세요, 뚝. 안녕히 계세요, 뚝.

제2가베도 잘라지는지 모르겠군요. 영차영차. 아무리 잡아당겨도 떼어지지 않아요.

교사 : 오늘은 그만합시다. 깨끗이 닦아서 챙겨요.

반들반들한 쪽을 닦읍시다. 세어 보면서 닦아요.

위쪽에 하나, 내 앞에 둘, 저쪽에 셋, 오른쪽에 넷, 왼쪽에 다섯, 책상과 닿은 곳에 여섯, 모두 여섯이지요? 모서리는 매끈매끈 하나, 매끈매끈 둘…… 모두 열둘입니다.

뾰족한 각은 하나, 둘, 셋…… 여덟입니다.

상자에 넣어 제자리에 갖다 둡시다.

활동4 제3가베의 부분 소개

준비

1. 제2가베와 제3가베를 준비한다.
2. 분해하여 생긴 8개의 작은 정육면체를 큰 정육면체와 비교하고, 또 작은 정육면체를 서로 비교함으로써 전체와 부분의 상호관계를 알도록 한다.

활동 방법

1) 작은 정육면체끼리 비교

교사 : (정육면체 8개를 미리 잘라 놓는다.)
오늘은 작은 정육면체 8개를 살펴볼 거예요.
선생님이 미리 큰 정육면체를 작게 잘라 놓았어요.
상 위의 작은 정육면체를 자세히 보세요.
(교사는 하나씩하나씩 서로 붙여 보면서) 모양과 높이가 모두 똑같아요.

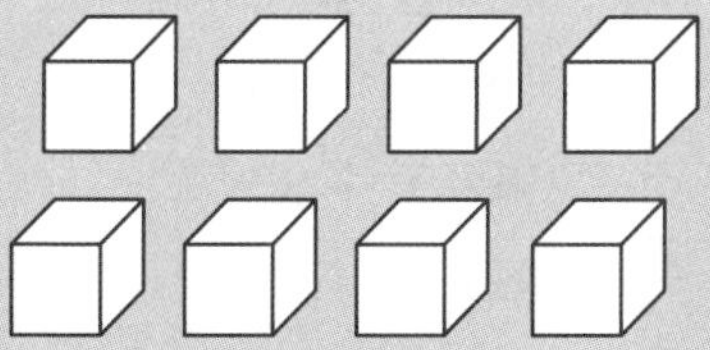
모양과 높이가 같다.

2) 큰 정육면체와 작은 정육면체 비교

교사 : 여기 제2가베가 있어요. 이것과 작은 정육면체를 함께 보도록 해요.
큰 것도 면이 6개, 작은 것도 6개, 모서리는 12개, 각은 8개가 각각 있어요.
전체와 부분의 모양도 같아요.

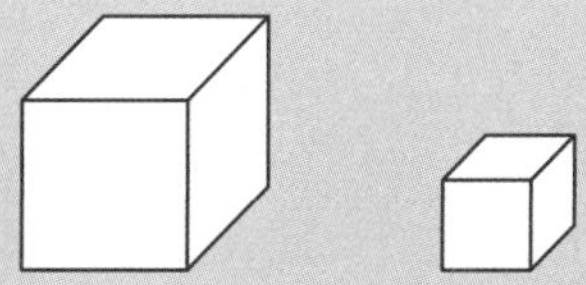
모양은 똑같다.

●흥미점

1. 모양은 같으나 크기가 다르다.
2. 작은 정육면체 하나만 없어도 큰 정육면체가 안 된다.

●목적

1. 정육면체의 전체와 부분의 관계를 안다.
2. 작은 정육면체 8개 중 1개가 없어도 전체인 큰 정육면체가 이루어지지 않음을 안다.

교사 : 큰 정육면체와 작은 정육면체는 모양은 같아도 크기는 달라요.

(제2가베에 작은 정육면체를 놓으면서) 높이나, 길이나, 폭이나, 작은 정육면체 2개를 합쳐야 큰 정육면체와 같아져요.

큰 정육면체의 면 1개는 작은 정육면체 4개를 합친 것과 같아요.

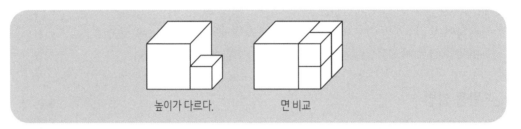

높이가 다르다.　　　　면 비교

3) 전체와 부분의 중요성

교사 : (제3가베를 다시 상 위에 쌓아 놓은 후 작은 정육면체 1개를 떼어 내면서)

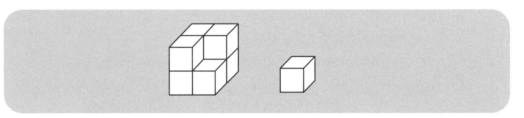

작은 정육면체 1개만 없어도 큰 정육면체는 될 수 없어요.

가베를 정리하여 제자리에 놓도록 해요.

놀이2 건축놀이……생활 형식
연령 : 3~7세, 개인 및 그룹 지도

활동1 연관놀이

❀ 준비

1. 제3가베를 준비한다.

❀ 활동 방법

1. 큰 정육면체를 놓고, 작은 정육면체 1개씩을 움직이며 변화시킨다.
   움직일 때마다 생기는 새로운 형태에 이름을 붙이고, 이야기를 활용한다.
2. 8개의 부분을 전부 움직이고 나면, 그 반대 순서로 다시 본래의 정육면체로
   환원시킨다. 또는 다른 순서에 의해 환원시킨다.
   정육면체에서 시작해서 정육면체로 환원시키는 것이 중요하다.

빌딩

복도 있는 집

침대

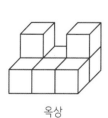
옥상

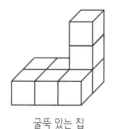
굴뚝 있는 집

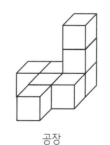
공장

● 흥미점
작은 정육면체 한 개씩
을 움직여 변화시키며
논다.

● 목적
1. 작은 정육면체 한 개를
움직여도 다른 건축물이
된다는 것을 경험한다.
2. 순서에 따라 큰 정육면
체의 부분(작은 정육면체)
의 하나하나를 움직이
는 훈련을 한다.
3. 복잡한 건축물 만들기
를 준비하도록 한다.

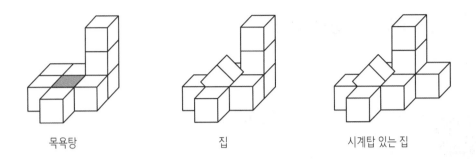

목욕탕   집   시계탑 있는 집

교사 : ○○는 선생님의 지시에 따라 하나씩 하나씩 움직이면서 이름을 붙여 가며 놀도록 해요.
교사 : 이번에는 다시 큰 정육면체(빌딩) 원래의 모습을 찾으면서 놀이를 계속 하도록 해요.

※교사는 미리 그림을 따라 충분한 연습을 한다.
※이야기를 만들어 놀이를 해 볼 수도 있다.

활동2 연관놀이

❀ 준비

1. 제3가베를 준비한다.
2. 교사가 미리 구상한 순서에 따라 어린이는 연습한다.

❀ 활동 방법

1) 교사 : 거실에 할머니의 의자가 있어요. 할머니는 이 의자에 앉아서 아기에게 재미있는 이야
기를 해 주셔요. 그리고 부엌으로 가셔서 식탁 의자에 앉으신 후 죽을 맛있게 드십니
다.

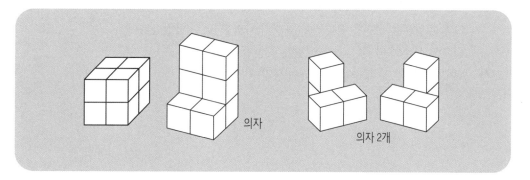

2) 교사 : 할머니는 들에서 일을 하시다가 목이 마르시면 이 샘에서 깨끗한 물을 마신답니다.
할아버지께서는 이 물로 꽃에 물을 주거나 또 목욕을 하실 때에도 이 물을 퍼 올려서
쓰십니다.

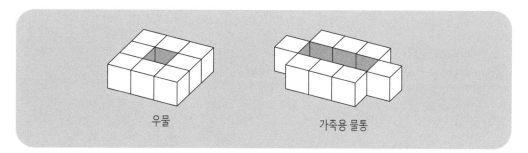

교사 : 샘 모양을 조금 바꾸었더니 가축용 물통이 되었어요.
송아지와 망아지들이 목이 마를 때 이 물통을 찾아오지요.

3)교사 : 삼촌은 정원에서 사과를 따 먹고 싶었어요. 그러면 사다리를 찾아야지.

그런데 지붕용 사다리가 보여 가져와서 사과를 따려 했지만, 사과나무에 기대어 놓은
사다리는 넘어져 부서지고 말았어요.

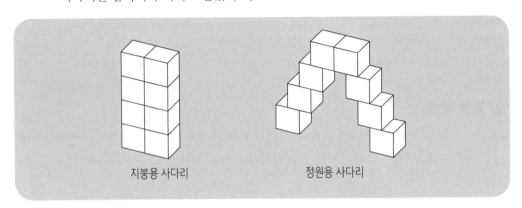

지붕용 사다리   정원용 사다리

그래서 삼촌은 정원용 사다리를 가져와 사과를 딸 수 있었습니다.

○○는 삼촌이 따 준 사과를 맛있게 먹었어요.

교사 : 놀이가 끝났어요. 교구를 정리하여 상자에 넣어요.

활동3 독립된 건축놀이 1

🦋 준비

1. 제3가베를 준비한다.
2. 작은 정육면체를 모두 사용하여 완성된 건축물을 만들어 본다.
3. 처음에는 교사가 미리 구상한 순서에 따라 어린이도 만들어 보게 한다.
4. 가능한 한 어린이에게 자유로운 창작을 해 보도록 한다.
   이때 교사는 의논의 대상이 되어 줄 뿐 어린이 스스로 연구하며 놀게 한다.

🦋 활동 방법

1)교사 : ○○는 어머니와 함께 시장에서 돌아오는
           길에 멋있는 집을 보았어요. ○○는 3층집
           을 만들어 보았어요.

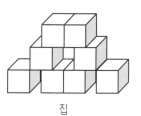

집

2)교사 : 네덜란드에서 삼촌이 공부를 하고 돌아오
           셨어요. 삼촌은 그곳에 있는 풍차 이야기를
           해 주셨어요. ○○는 삼촌과 함께 풍차를
           만들어 보았어요.

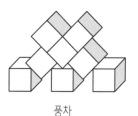

풍차

3)교사 : ○○의 아버님은 정원에 돌을 쌓아 등을 놓
           기로 했어요. ○○는 석등을 만들어 보았어
           요.

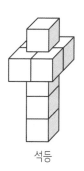

석등

4)교사 : 정리하여 제자리에 놓읍시다.

● 흥미점
  작은 정육면체를 모두
  사용하여 완성된 한 개
  의 건축물을 만든다.

● 목적
1. 유아가 자유로운 창작
   놀이를 할 수 있게 한다.
2. 주변에서 본 물건부터
   시작하여 창의적인 건
   축물을 만들어 볼 수 있
   게 한다.

활동4 독립된 건축놀이 2

✤ 준비

1. 제3가베를 준비한다.
2. 작은 정육면체를 한 개씩 계속 움직여 새로운 물건을 만들어가며 논다.
   (계속 이름을 붙인다.)

✤ 활동 방법

●흥미점
  작은 정육면체를 한 개
  씩 움직여 새로운 물건
  을 만든다.

●목적
1. 부분인 정육면체 한 개
   씩을 움직일 때마다 전
   체의 모양이 계속 변해
   간다는 것을 안다.
2. 단순한 놀이를 통해 전
   체의 조화와 개개의 역
   할을 안다.

교사 : 작은 정육면체 한 개씩을 움직이면서 여러 가지 의자를 만들어 보도록
     해요. 선생님을 따라 하나하나씩 옮겨 봅시다.

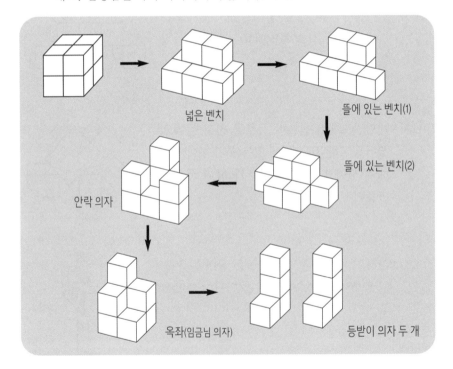

넓은 벤치

뜰에 있는 벤치(1)

뜰에 있는 벤치(2)

안락 의자

옥좌(임금님 의자)

등받이 의자 두 개

교사 : 의자의 종류가 정말 많군요. ○○이 다른 의자를 만들고 싶으면 계속할
     수 있어요. 그러나 오늘은 여기까지만 해요.

교사 : 만들어 보았던 의자를 다시 원래의 정육면체로 놓아 볼까요?

유아 : 네. (해 본다.)

교사 : 그럼 오늘은 이만 상자에 정육면체 친구들을 넣도록 해요.

놀이3

무늬놀이……미(美)형식
연령 : 3~7세, 개인 및 그룹 지도

활동1 가로무늬

🦋 **준비**

1. 제3가베를 준비한다.

🦋 **활동 방법**

1. 가로로 긴 무늬를 만들며 논다. 평면적인 놀이이다.

2. 정육면체 8개를 가로로 길게 줄지어 놓고, 좌우 짝을 맞추어서 차례로 움직여 간다. 한 번 움직일 때마다 생기는 무늬에 이름을 붙여 가며 논다.
   8개를 다 움직인 후에는 움직인 순서의 반대로 또는 다른 방법으로 처음 무늬로 되돌아온다.

3. 처음에는 교사의 의도에 따라 만들어 보지만, 숙달된 후에는 유아 혼자 자유롭게 만들어 본다.

교사 : 테이블보 무늬, 띠 무늬, 커튼 무늬, 꽃병 무늬, 양복 무늬, 앞치마 무늬, 주단 무늬, 커피잔 무늬 등을 만들어 보아요.

● **흥미점**
작은 정육면체로 무늬를 만들어 본다.

● **목적**
1. 정육면체를 가로, 세로로 놓음으로써 아름다운 무늬를 만들 수 있다는 것을 안다.
2. 새롭게 만들어진 무늬가 유아의 흥미를 불러일으킨다.

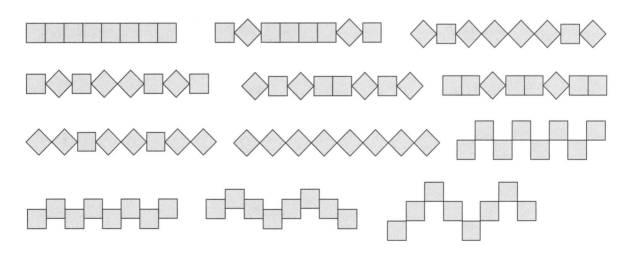

활동2 중심이 변하지 않는 무늬

❁ 준비

1. 제3가베를 준비한다.

❁ 활동 방법

1. 네 개의 정육면체가 중심에 모여 있고, 다른 네 개의 정육면체는 떨어져 중심 주위를 돌며 새로운 무늬를 만들며 논다.
2. 중심을 바꾸어 가며 1번과 같은 방법으로 무늬를 만들어 본다.
3. 만들면서 각 무늬에 이름을 붙인다.

   교사 : 중심에 4개의 가베를 놓고 주위에 4개의 가베를 움직이며 무늬를 만 들어 보세요.

   유아 : (그림과 같이 함께해 본다.)

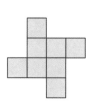 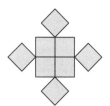

교사 : 중심에 2개의 가베를 놓고 6개의 가베를 변화시켜 보세요.

유아 : (그림과 같이 함께해 본다.)

※ 위와 같은 방법으로 교사와 유아는 그림에 따라 계속 진행한다.

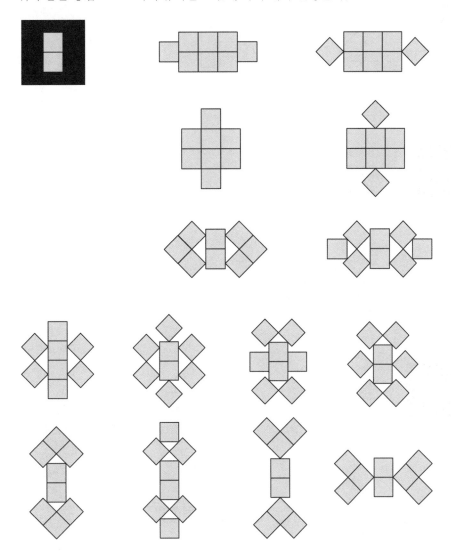

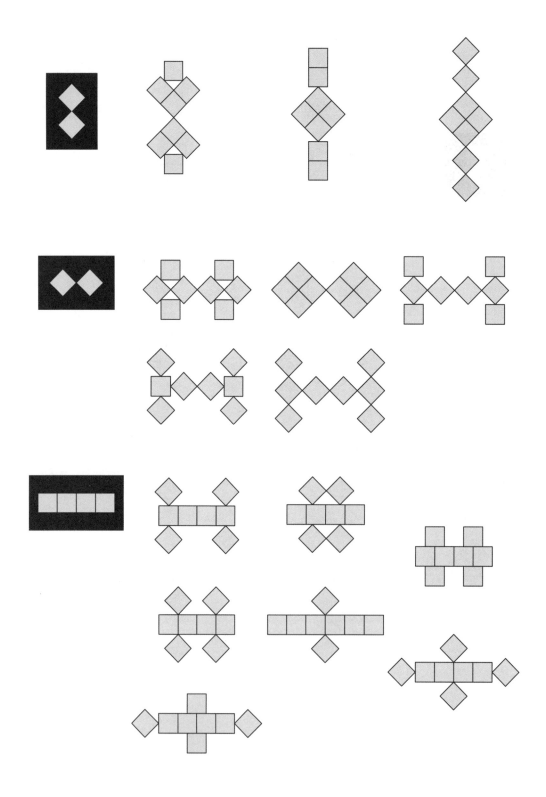

활동3　중심이 변하는 무늬

✤ 준비

1. 제3가베를 준비한다.

✤ 활동 방법

1. 네 개의 정육면체가 중심에 모여 있고, 다른 네 개의 정육면체는 떨어져 중심 주위를 돌며 새로운 무늬를 만들며 논다.
2. 중심을 바꾸어 가며 1번과 같은 방법으로 무늬를 만들어 본다.
3. 만들면서 각 무늬에 이름을 붙인다.

교사 : 이제껏 움직이지 않은 중심무늬도 움직이며 무늬를 만들어 보세요.
　　　작은 정육면체 8개로 중심무늬를 만들고, 서로 마주 보는 4개씩을 교대로 자유로이 움직여요. 단, 양손을 사용하여 2개씩 대응관계로 놓아요. 중심무늬는 정해져 있는 것이 아니라, 전체무늬가 바뀌면서 중심무늬도 바뀌게 되어요.

1)

● 흥미점
　정육면체 네 개가 춤추듯 오른쪽, 왼쪽으로 돈다.

● 목적
1. 정지하고 있는 정육면체와 움직이는 정육면체의 관계를 인식한다.
2. 전체와 부분의 관계를 이해한다.
3. 면과 면, 모서리와 모서리, 또 면과 모서리에 접해 있으므로 서로 다양한 변화를 만들 수 있다는 것을 안다.

교사 : 만들어진 무늬에 이름을 붙여 보아요.

　　　　방석 무늬, 쿠션 무늬, 레이스 무늬, 풍차 무늬, 꽃병받침 무늬, 테이블보 무늬, 주단 무늬

　　　　……

유아 : (그림과 같이 해 본다.)

2)

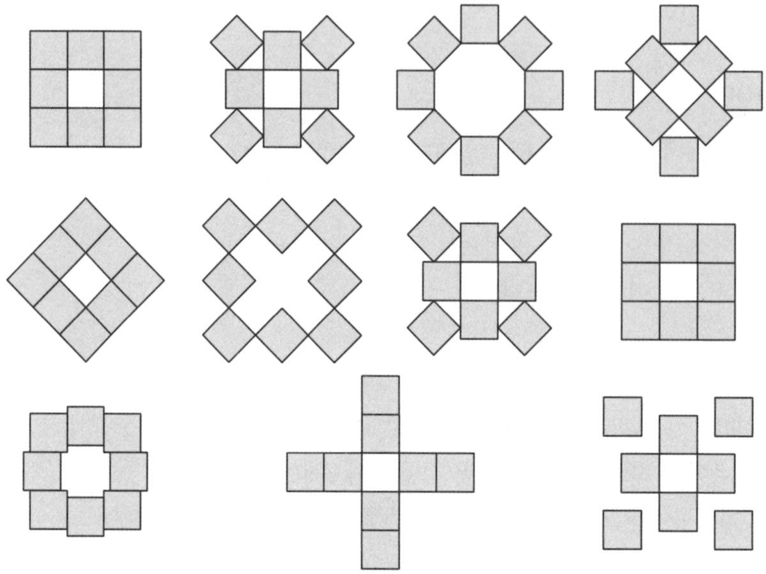

3)

4)

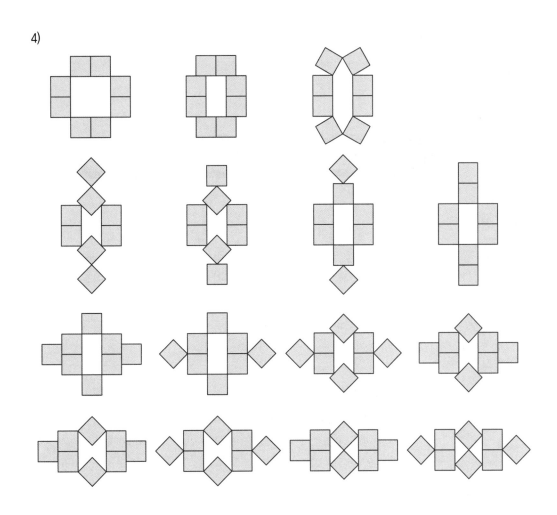

교사 : 이제 본래 모양으로 되돌려요.

놀이4 지혜놀이……인식 형식

연령 : 3~7세, 개인 및 그룹 지도

활동1 길이, 폭, 높이의 탐구

● 흥미점
만들어진 모양을 정육면체 1개로 재어 보며 논다.

● 목적
1. 가베를 이용하여 수학적인 수나 양 및 기하학적인 형태를 안다.
2. 지적 발달을 향상시킨다.

🦋 준 비

1. 제3가베를 준비한다.
2. 치수의 개념을 알도록 한다. 정육면체 1개의 치수를 기초로 해서 만들어진 형체의 길이, 폭, 높이 등을 재고, 또 정해진 치수의 물체를 만들며 논다. 이 경우, 정육면체 1개를 단위로 해서 눈금이 그어진 자를 이용하면 이해가 빠르다. 또 책상에 정육면체 1개의 크기를 단위로 한 모눈종이를 깔아 두는 것도 한 방법이다.

🦋 활동 방법

교사 : 가베 8개를 위로 쌓아서 탑을 만들어요. 옆으로 길게 놓으면 플랫폼이 되지요. 4개씩 위로 쌓아서 두 쌍의 문을 만들어 보아요. 또 두 문을 붙여서 장롱을 만들어 봐요.

유아 : (함께해 본다.)

탑
높이 : 정육면체 8개
폭 : 정육면체 1개
길이 : 정육면체 1개

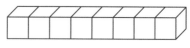

플랫폼
높이 : 정육면체 1개
폭 : 정육면체 1개
길이 : 정육면체 8개

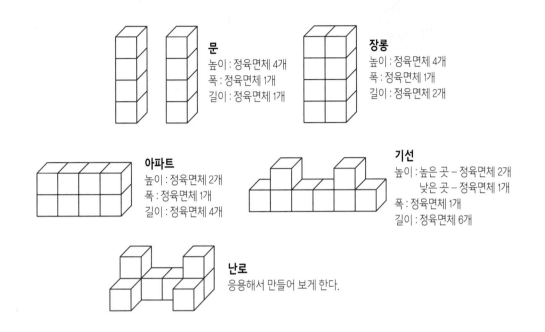

문
높이 : 정육면체 4개
폭 : 정육면체 1개
길이 : 정육면체 1개

장롱
높이 : 정육면체 4개
폭 : 정육면체 1개
길이 : 정육면체 2개

아파트
높이 : 정육면체 2개
폭 : 정육면체 1개
길이 : 정육면체 4개

기선
높이 : 높은 곳 – 정육면체 2개
　　　낮은 곳 – 정육면체 1개
폭 : 정육면체 1개
길이 : 정육면체 6개

난로
응용해서 만들어 보게 한다.

교사 : 정육면체 1개의 치수를 기초로 하여 높이, 폭, 길이를 알아보도록 합시다.
　　　정육면체 8개를 높이 쌓으면 높이는 20cm, 폭이 2.5cm, 길이 2.5cm입니다.

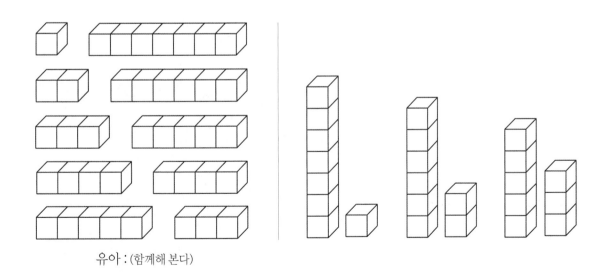

유아 : (함께해 본다)

활동2 정사각과 직사각의 탐구

●흥미점
정육면체 8개로 정사각
형과 직사각형을 만들
며 논다.

●목적
1. 정육면체로 정사각형,
직사각형을 만들 수 있
다는 것을 안다.
2. 높게 쌓을 때나 길게 늘
어놓아도 언제나 8개의
정육면체라는 것을 안
다.

✿준비

1. 제3가베를 준비한다.
2. 정육면체를 분해하기도 하고 다시 종합하기도 하면서, 여러 가지 구형 기둥
을 만든다.
   이 구형 기둥에는 정사각형과 직사각형이 생긴다. 유아가 이를 구분하고,
또 스스로 만들어 보게 한다. 교사의 지시보다 유아가 스스로 탐구하며 놀게
한다.

✿활동 방법

교사 : 정육면체를 여러 모습으로 자르면서 정사각형과 직사각형을 찾아보아요.
교사 : 잘라진 모습을 위, 아래, 앞, 뒤, 옆면으로 잘 살펴보아요.

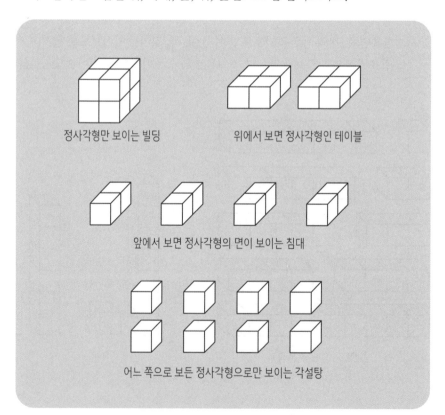

정사각형만 보이는 빌딩   위에서 보면 정사각형인 테이블

앞에서 보면 정사각형의 면이 보이는 침대

어느 쪽으로 보든 정사각형으로만 보이는 각설탕

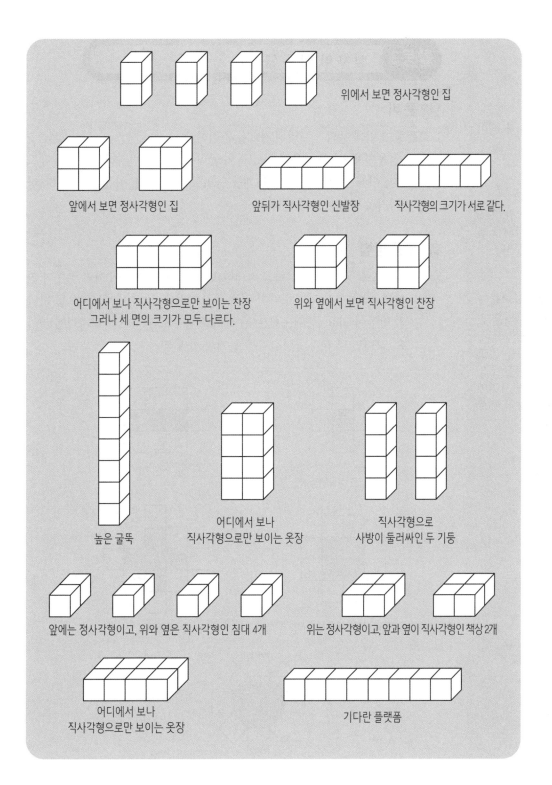

위에서 보면 정사각형인 집

앞에서 보면 정사각형인 집

앞뒤가 직사각형인 신발장

직사각형의 크기가 서로 같다.

어디에서 보나 직사각형으로만 보이는 찬장
그러나 세 면의 크기가 모두 다르다.

위와 옆에서 보면 직사각형인 찬장

높은 굴뚝

어디에서 보나
직사각형으로만 보이는 옷장

직사각형으로
사방이 둘러싸인 두 기둥

앞에는 정사각형이고, 위와 옆은 직사각형인 침대 4개

위는 정사각형이고, 앞과 옆이 직사각형인 책상 2개

어디에서 보나
직사각형으로만 보이는 옷장

기다란 플랫폼

활동3　빈자리 탐구(공간)

❀ 준비

1. 모눈종이 위에 무늬가 그려진 자료를 준비한다.
2. 작은 정육면체 8개를 사용해서, 그들이 둘러싸고 있는 빈자리의 부피를 재도록 한다. 이때는 작은 정육면체 1개를 단위로 해서 재며, 작은 빈자리로부터 큰 빈자리로 만들며 놀게 한다.

❀ 활동 방법

교사 : 먼저 모눈종이 위의 그림을 자세히 보도록 해요. 그림에 까만 부분이 있어요. 이 부분은 나무토막이 없는 부분이지요. 먼저 나무토막으로 하나씩 만들어 봐요.(상 위에 만든다.) 그리고 나무토막 하나를 빈자리에 놓아요. 그러면 몇 개가 들어갈 수 있는가를 알게 되지요.

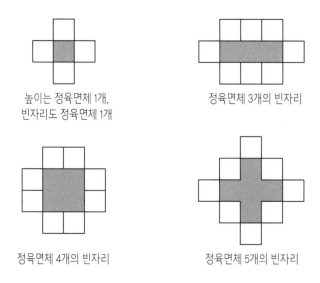

높이는 정육면체 1개,　　정육면체 3개의 빈자리
빈자리도 정육면체 1개

정육면체 4개의 빈자리　　정육면체 5개의 빈자리

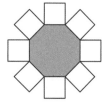

가장 큰 빈자리

유아 : (교사와 함께해 본다.)

교사 : 다음에 더 많은 무늬를 만들어 보고, 빈자리에 나무토막이 몇 개 들어갈 수 있는가도 보세요.

유아 : 네.

교사 : 오늘은 정리하여 제자리에 놓아요.

4

프뢰벨의 제4가베

제 4 가 베

1) 구성 및 특징

▶ 가로 2.5cm, 세로 5cm,
높이 1.25cm의
작은 직육면체 8개

제3가베에서 계속되는 두 번째 쌓는 놀잇감
인 제4가베는 제2가베의 정육면체 형태를 가로
로 한 번, 위아래로 세 번 잘라서 나타난 직육면
체 8개로 구성되어 있다. 이것은 5cm, 2.5cm,
1.25cm의 세 변을 갖는 직육면체인 것이다. 지
금까지 다루어 온 5cm 정육면체를 그대로 선택
하되 자르는 법만 바꾸어서 직육면체를 만든 것
이다. 제3가베에서 건축이나 문양 같은 복잡한
놀이를 익힌 어린이는 그들의 발달에 맞는 복잡
한 과제를 요구하게 된다. 이러한 유아에게 그
전체가 유아의 발달에 맞게 갖고 놀 수 있도록
이전 가베와 연속성을 충분히 고려하여 고안된

가베를 제시하는 것이다. 이 직육면체의 한 면
은 작은 정육면체 두 개를 합쳤을 때와 같은 직
사각형이고, 또 다른 쪽 역시 직사각형이므로
넓이에 있어서 같거나 2분의 1이거나 하기 때
문에 여러 모로 관계를 맺고 있다.

제4가베에서는 부분의 모양이 직육면체이기
때문에 서로 다른 세 가지 면과 모서리를 지니
고 있다. 그러므로 같은 기둥을 만든다 해도 쌓
는 방법에 따라 여러 가지의 기둥이 될 수도 있
고, 또 옆으로 늘어놓더라도 역시 그렇다. 건축
놀이를 할 때에는 공간을 많이 잡을 수 있고, 한
개의 부분도 세 가지 모양으로 쓸 수 있기 때문

에, 제3가베로 만든 건축보다 훨씬 더 복잡하고, 실제에 가까운 건축을 할 수 있다. 제3가베는 8개 모두가 정육면체이기 때문에 공간 변화가 많은 공간 구성을 할 수 없었지만, 제4가베는 서로 다른 길이와 면의 세 가지 직육면체이기 때문에 공간 변화가 많은 아름다운 구성물을 만들 수 있다. 이와 같이 제4가베도 여러 가지 건축놀이에 쓰인다 해서 건축 가베라고도 부른다.

전체의 모양은 정육면체인데 부분의 모양은 직육면체이다. 정육면체에서 직육면체를 만들어 내고, 직육면체를 모아서 정육면체를 만든다. 이것은 정육면체를 새로운 각도에서 이해시키는 경험이 되어, 앞으로 차츰 복잡해져 가는 정육면체의 분해를 이해하는 기초 단계가 되는 것이다.

2) 목적

1. 왕성한 발달기에 있는 유아의 지적 욕구를 만족시키도록 한다.
2. 자르는 법에 의해 정육면체의 새로운 내적 힘을 안다.
3. 직육면체를 안다.
4. 공간을 이용한 건축을 하게 한다.
5. 스스로의 힘으로 활동하게 하고 또한 아름다움에 대한 정서를 기른다.
6. 수리적 능력과 사고력, 상상력을 기른다.
7. 창작력을 왕성하게 하고 지적 활동을 이끌어 낸다.
8. 정신적 발달과 정확한 인식력을 기른다.

3) 프뢰벨이 구상한 놀이

1. 소 개
• 전체의 소개 – 제3가베와 비교
                   – 자르는 법
• 부분의 소개 – 정육면체와 직육면체의 면의 비교
• 전체의 소개 – 직육면체의 면의 비교

2. 건축놀이
• 연관놀이
• 독립된 건축놀이

3. 무늬놀이
• 중심놀이

4. 지혜놀이
• 빈자리 탐구
• 건축

5. 제3가베와 제4가베의 연합 건축

4) 알아 둘 것

●전 체
1. 유아의 사고창작에 중점을 둔다.
2. 8개의 직육면체를 모두 사용하도록 한다.
3. 나무토막은 상 위에 놓고 해야 한다.
4. 제시할 때 교사는 쉬운 말로 간단명료하게 한다.
5. 교구는 엄숙하게 다루도록 한다.

●소 개
1. 제3가베를 기초로 하여 제4가베를 비교한다.

● **건축놀이**

1. 공간을 만들면서 입체적으로 건축한다.
2. 직육면체의 큰 면을 서로 붙이는 방법은 가급적 피하도록 한다. 왜냐하면 이것은 작은 정육면체 2개를 서로 붙인 것과 크기나 모양이 같기 때문이다.
3. 직육면체의 성질을 다양하게 이용한다.

● **지혜놀이**

1. 정육면체 1개의 길이를 단위로 하는 자를 사용한다.
2. 작은 정육면체 1개를 단위로 하는 모눈종이를 만들어 바닥에 깔 수도 있다.

제4가베의 소개……인식 형식

연령 : 3~7세, 개인 및 그룹 지도

활동1   전체 소개 (제3가베와의 비교)

❀ 준비

1. 제3가베와 제4가베를 준비한다.
2. 제3가베와 제4가베를 서로 붙이기도 하고, 쌓기도 하면서 서로의 닮은 점과 다른 점을 찾으며 논다.

❀ 활동 방법

교사 : 오늘은 제4가베를 소개할 거예요. 모두 ' 제4가베' 라고 말해 보세요.
유아 : 이것은 제4가베입니다.

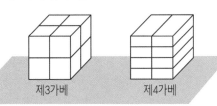

제3가베   제4가베

교사 : 상 위의 두 가베를 보면 크기가 똑같은 정육면체입니다. 금도 양쪽이 다 있어요.
      그러나 금이 난 곳을 따라가 보면 서로 다르게 잘려 있어요.
      제3가베는 가로, 세로, 위아래로 금이 나 있지만, 제4가베는 세로에 1번, 위아래로 3번 금이 있어요.

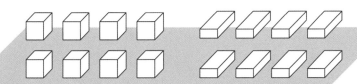

초콜릿   껌

●흥미점
같은 정육면체이나 잘린 곳이 다름을 알아가며 논다.

●목적
1. 제3가베와 제4가베가 처음에는 같은 정육면체이나 잘린 금이 다르다는 것을 안다.
2. 제4가베의 새로운 내적인 힘을 안다.

●응용
나눈 것을 환원하여 본래의 모습을 만든다.

교사 : 금이 있는 데를 떼어 내면 제3, 4가베 모
두 8개의 부분으로 나뉘어졌어요.
(손을 짚으면서 헤아린다.) 하나, 둘, 셋,
넷…… 모두 8개예요.

교사 : 제3가베는 초콜릿 모양이고, 제4가베
는 껌 모양이 되었군요.

교사 : 이제 제3가베와 제4가베를 하나씩 모아
보겠어요. 의자가 만들어지는군요.
하나, 둘, 셋, 넷…… 모두 8개가 되었
어요.

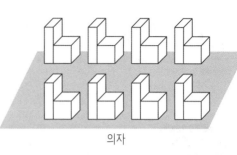

의자

교사 : 식탁과 의자도 만들어 보아요. 여기도
모두 8개입니다.

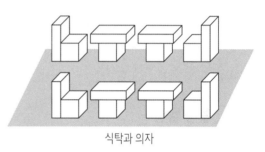

식탁과 의자

교사 : 자, 직육면체를 아래에 놓고 정육면체
를 그 위 한쪽에 놓아 보겠어요.
이제는 자동차 모양이 되었어요.

교사 : 제3가베와 제4가베는 모양은 다르지만
모두 8개로 되어 있다는 것을 알았어요.
상자에 넣어 제자리에 놓기로 해요.

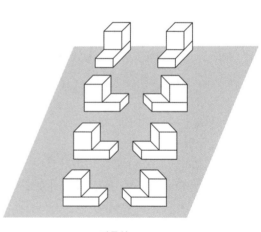

자동차

활동2 자르는 법 (세로로 자르는 법, 위아래로 자르는 법)

❀ 준비

1. 제3가베와 제4가베를 준비한다.
2. 세로와 위아래로 난 금을 따라 차례로 나누고, 다시 역순으로 본래의 정육면체로 환원한다. 이러한 활동을 통해서 전체로부터 부분이 생긴다는 것을 경험한다.

❀ 활동 방법

1) 세로로 자르는 법

교사 : 큰 정육면체 2개가 상 위에 있어요. 자세히 살펴보도록 해요.

　　　먼저 면을 봅시다. (위로, 아래로, 옆으로, 이쪽 옆으로 앞으로 하면서) 둘 다 면이 6개 있어요.

　　　이제는 모서리를 보도록 해요.

　　　(세어 보면서) 네, 모서리는 12개 있군요.

　　　그러면 꼭지점은 어떨까요?

　　　(꼭꼭… 뾰족하군요 하면서 꼭지점을 센다.)

　　　하나, 둘, 셋… 8개가 있군요.

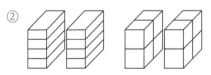

① 제4가베　제3가베

교사 : 이제는 똑같은 정육면체를 세로로 잘라 봐요. 둘 다 잘랐어요.

　　　각각 나누어 따로 떼어 놓았어요. 튼튼한 기둥 모양이 되었어요.

②

교사 : 이 모양을 다시 위아래로 잘랐어요.

　　　모두 모양이 똑같아요.

③ 제4가베　　　제3가베

● 흥미점
　금이 난 부분을 자르면서 논다.

● 목적
1. 전체와 부분을 안다.
2. 금이 난 부분을 자르면 새로운 모양이 만들어진다는 지식을 얻는다.
3. 원래는 같지만 나누면 달라진다는 것을 안다.

교사 : 이것을 다시 어떻게 자를 수 있을까요?

유아 : 제4가베는 위아래로 자를 수 있어요. 그러나 제3가베는 가로로 자를 수 있어요.

④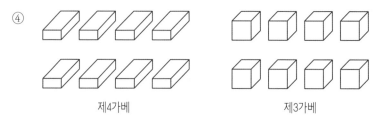

제4가베   제3가베

교사 : 네, 제4가베는 위아래로 잘렸지만, 제3가베는 가로로 잘렸어요.

교사 : 잘려진 모양을 보면 한쪽은 직육면체이고, 다른 쪽은 정육면체네요. 두 쪽의 면을 살펴볼까요? 하나, 둘… 양쪽 모두 면이 6개인 육면체네요. 선생님이 직육면체의 한 면에 정육면체를 올려놓겠어요. 이제는 각 면을 맞추어 보겠어요. 이렇게 해 보았더니 직육면체는 크기가 다른 세 가지 면이 있는 것을 알게 되었어요.

⑤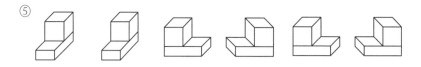

교사 : 이 놀이를 통해서 제3, 4가베의 닮은 점과 다른 점을 알게 되었어요. 자르는 것이 다르니까 새로운 모양이 생기는 것도 알았어요.

교사 : 그림 나눈 것을 되돌려 본래의 모습을 만들며 정리합시다.

2) 위아래로 자르는 법

교사 : 상 위에 정육면체 두 개가 있어요. 오늘은 큰 정육면체를 위아래로 먼저 잘라 보기로 하겠어요. 쓱싹쓱싹. 위아래로 잘라졌군요. 둘이 똑같아요.

①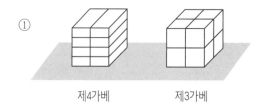

제4가베   제3가베

●흥미점
위아래로 자르며 논다.

●목적
1. 위아래로 자를 때는 세로로 자를 때와 다른 모양일 때도 있으나 곧 같은 모양이 나옴을 안다.
2. 전체와 부분을 안다.

②

교사 : 세로로 잘랐을 때의 모양과 같아요? 달라요?

유아 : 달라요. 세로로 잘랐을 때는 서 있었어요. 위아래로 자르니 누워 있어요.

교사 : 맞았어요. 서로 다르군요.

교사 : 이것을 다시 세로로 자르니 직육면체 모양이 4개가 되었어요.

　　　제3가베에도 직육면체 4개가 만들어졌어요.

③

교사 : 제4가베를 위아래로 다시 자르니 직육면체 모양 8개가 만들어졌어요.

　　　제3가베는 가로로 잘랐어요. 정육면체 8개가 만들어졌네요.

④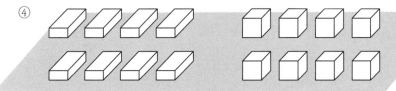

교사 : 이렇게 자르는 방법에 따라 모양이 달라지는 것을 배웠어요.

　　　우리 친구도 혼자 여러 번 반복해서 잘라 보도록 해요.

유아 : 네.

교사 : 다시 하나씩 모아서 큰 정육면체를 만들어 상자에 넣도록 해요.

활동3 부분의 소개 (직육면체의 면의 비교)

❀ 준비

1. 제4가베를 준비한다.
2. 직육면체의 면을 서로 맞추어 보면서 크기를 비교해 본다.

❀ 활동 방법

교사 : 큰 정육면체를 분해하면, 직육면체 8개가 생겨요. 모두 모양과 크기가
       똑같아요.

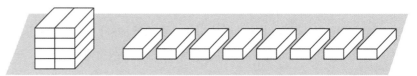

교사 : 작은 한 개의 직육면체에는 큰 면, 중간 크기 면, 작은 면이 있어요.

큰 면   중간 크기 면   작은 면

교사 : 큰 면을 아래에 놓고 중간 크기 면을 올리면 2개가 올려져요. 큰 면은 중
       간 크기 면 2개와 크기가 같아요.
       중간 크기 면을 아래에 놓고 작은 면 2개를 올려놓으면 크기가 같아요.
       큰 면을 아래에 놓고 작은 면을 올려놓으면 4개가 올려져요.

큰 면 = 중간 면 2개   중간 면 = 작은 면 2개   큰 면 = 작은 면 4개

흥미점
한 모양에 여러 가지 면
이 있어 다양한 놀이를
하며 논다.

목적
1. 같은 모양이지만 3가지
   의 얼굴이 있는 것을 안
   다.
2. 3가지의 얼굴은 다양하
   게 변할 수 있다는 것을
   안다.
3. 3가지의 얼굴은 다른 얼
   굴과 만나면 같아진다
   는 것을 안다.

응용
성냥갑을 이용할 수 있다.

교사 : 제4가베의 작은 직육면체는 3개의 다른 면을 가지고 있기 때문에 높이와
      길이를 다양하게 변화시킬 수 있어요.

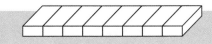

중간 크기 면끼리 맞닿도록 놓는다.

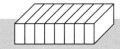

큰 면끼리 닿도록 놓는다.

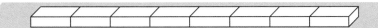

작은 면끼리 닿도록 놓는다.

활동4 부분의 소개 (정육면체와 직육면체의 면의 비교)

✿ 준비

1. 제3가베와 제4가베를 준비한다.
2. 정육면체의 면과 직육면체의 면을 서로 맞추어 보면서 모양은 다르지만 면적은 같다는 것을 깨달아가며 논다.

✿ 활동 방법

1) 면 비교

교사 : 작은 정육면체 한 개를 놓고, 그 위에 직육면체의 작은 면 두 개를 올려놓겠어요.

자, 정육면체의 면은 직육면체의 작은 면 2개의 크기와 같군요.

직육면체의 작은 면은 정육면체의 면의 2분의 1이 되는군요.

정육면체의 한 면 = 직육면체의 작은 면 2개

교사 : 작은 정육면체 2개를 합쳐 놓고, 그 위에 직육면체의 넓은 면 1개를 올려놓으니, 넓이가 같다는 것을 알 수 있어요. 직육면체의 넓은 면은 작은 정육면체의 2배가 되는군요.

정육면체의 면 2개 = 직육면체의 넓은 면 1개

교사 : 작은 정육면체 2개를 합친 것과 직육면체 중간 크기의 면 2개를 합친 것이 같군요. 그러므로 작은 정육면체 면과 직육면체 중간 크기 면은 모양은 다르지만 크기가 같다는 것을 알 수 있겠군요.

정육면체의 면 2개 = 직육면체의 중간 면 2개

교사 : 작은 정육면체 2개 합친 것 위에 직육면체 작은 면 4개가 올라가요. 네, 역시 모양은 다르지만 크기가 같군요.

정육면체의 면 2개 = 직육면체의 작은 면 4개

교사 : 이렇게 작은 정육면체와 작은 직육면체를 서로서로 맞추어 보았더니 모양은 다르지만 면적은 같다는 것을 알게 되었어요. ○○도 혼자 생각하면서 비교해 보도록 합시다.

2) 길이 비교

교사 : 작은 정육면체 8개와 직육면체 8개를 같은 길이가 되도록 이어 놓았다가 하나하나 움직여서 짧게 하기도 하고, 다시 길게 이어 보며 놉시다.

교사 : 제3가베의 작은 정육면체를 한 줄로 나란히 놓고 자리를 바꾸어도 길이나 모양의 변화가 없어요. (선생님이 자리를 바꾸어 가면서)
제4가베인 직육면체는 서로 다른 3면을 가지고 있기 때문에 길이나 모양을 다양하게 바꿀 수 있어요. 계속 바꿔 보세요.

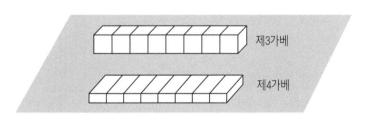

제3가베
제4가베

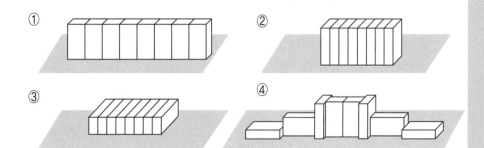

① ② ③ ④

●흥미점
길게 놓으며 논다.

●목적
1. 놓는 모양에 따라 길이가 변해 간다.
2. 길이가 변해도 언제나 8개의 나무토막임을 안다.

147

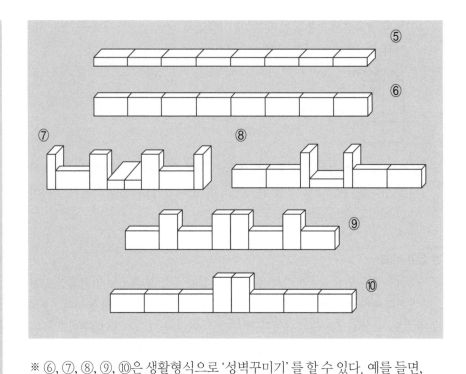

※ ⑥, ⑦, ⑧, ⑨, ⑩은 생활형식으로 '성벽꾸미기'를 할 수 있다. 예를 들면, "이곳은 임금님이 사시는 궁전이에요. 그런데 성벽이 없어서 도둑들이 궁전으로 들어와서 귀중한 물건을 훔쳐 간대요. 우리 멋지고 튼튼한 성벽을 지어 임금님의 보물을 지켜 줄까요?"

3) 높이 비교

교사 : 제3가베의 정육면체는 어느 면으로 쌓든 높이가 같습니다. 그러나 제4가베의 직육면체는 어느 면으로 쌓는가에 따라 높이를 다양하게 쌓을 수 있어요. 이 모양 외에도 많이 만들어 보세요.

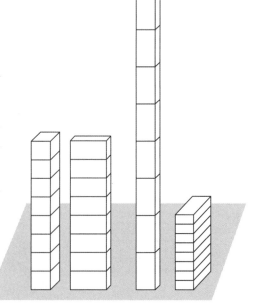

●흥미점
높게 놓으며 논다.

●목적
1. 놓는 모양에 따라 높이가 달라진다.
2. 높이가 변해도 언제나 8개의 나무토막임을 안다.

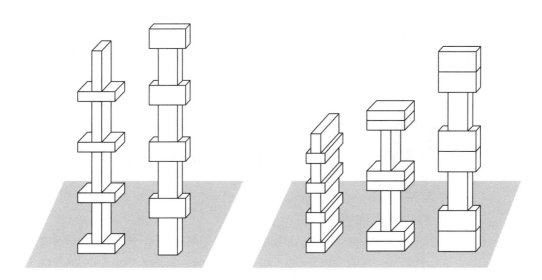

※ 제4가베의 직육면체는 가장 높게 쌓으면 40cm가 된다. 이것은 제3가베의 정육면체 8개 높이의 두 배가 된다.

그리고 방법을 바꿀 때마다 높이나 모양이 변화하며, 아무리 낮게 쌓아도 제3가베 정육면체 4개분인 10cm가 된다. 유아는 놀이를 통해 이러한 관계를 경이롭게 이해해 간다.

건축놀이……생활 형식

연령 : 3~7세, 개인 및 그룹 지도

활동1 연관놀이

🦋 준비

1. 제4가베를 준비한다.
2. 큰 정육면체로 시작해서 순차적으로 직육면체 1개씩을 연관시켜 가면서 움직인다. 이렇게 해서 만들어진 모양에 일일이 이름을 붙여 가며 재미있게 논다.

🦋 활동 방법

교사 : 오늘은 정육면체로 시작해서 직육면체를 한 개씩 움직이면서 연결되는 건축물을 만들어 볼 거예요.

교사 : ○○도 선생님을 따라 만들어 가며 이름도 붙여 주도록 해요. (그림 순으로 놀이를 계속한다.)

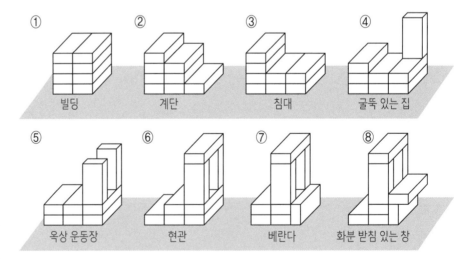

① 빌딩 ② 계단 ③ 침대 ④ 굴뚝 있는 집
⑤ 옥상 운동장 ⑥ 현관 ⑦ 베란다 ⑧ 화분 받침 있는 창

교사 : 이제는 다시 정육면체로 돌아가도록 합시다.

교사 : 상자에 넣고, 제자리에 갖다 놓아요.

- **●흥미점**
  직육면체를 한 개씩 움직여 다른 모양을 만든다.

- **●목적**
  1. 직육면체 한 개를 움직이거나 놓는 방법에 따라 전과는 전혀 다른 건축물이 생긴다는 것을 경험한다.
  2. 독립된 건축놀이의 준비 단계임을 안다.

활동2 연관놀이의 다양한 예

❀준비

1. 작은 직육면체를 쌓거나 늘어놓으면서 전체의 높이나 길이 모양 등을 계속
   변화시키며 논다.
2. 이 놀이는 고도의 집중력을 필요로 한다.

❀활동 방법

교사 : 직육면체 8개로 여러 가지 모양을 만들어 봅시다.

교사 : 잘 정리하여 상자에 넣어요.

활동3 독립된 건축놀이

🎀 준비

1. 제4가베를 준비한다.

🎀 활동 방법

1. 직육면체 8개를 사용해서 한 개씩 움직여 잇달아 새롭고 다양한 공간을 만들어 보면서 계속되는 변화를 추구하며 놀게 한다.

    한두 번 교사의 지시에 따라 만들게 한 다음에는 유아 스스로 창작하며 다양한 것들을 만들어 보도록 한다. 또한 건축물에 유아 스스로 이름을 붙여 봄으로써 새로운 이미지나 상상력을 고양시킬 수 있다.

    이렇게 해서 숙달되면 선생님이 '창문 있는 집' 혹은 '동사무소' 등의 제목을 주어 유아가 만들어 보도록 한다.

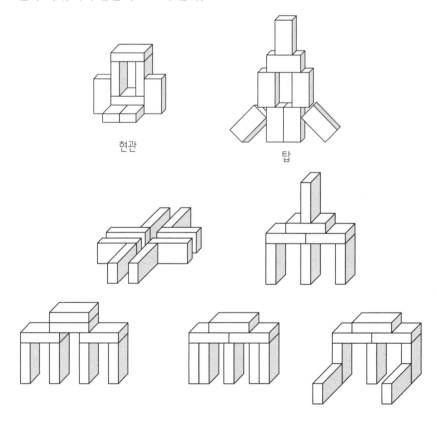

현관

탑

교사 : 어휴, 다양한 건축놀이를 해 보았어요.

유아 : 네.

교사 : 그럼 정리하여 제자리에 갖다 놓아요.

활동4 정육면체와 직육면체의 연합

❀ 준비

1. 제3가베의 정육면체와 제4가베의 직육면체에 익숙한 어린이는 이 두 가베를 함께 가지고 놀이한다.
2. 각각의 가베로는 경험할 수 없는 재미있는 실물을 만들어 볼 수 있고, 또 비교하여 각각의 특징을 경험해 본다.

❀ 활동 방법

1) 정육면체와 직육면체의 연합

교사 : 직육면체와 정육면체를 함께 사용해서 여러 가지 건축물을 만들어 보도록 해요.

유아 : (함께해 본다.)

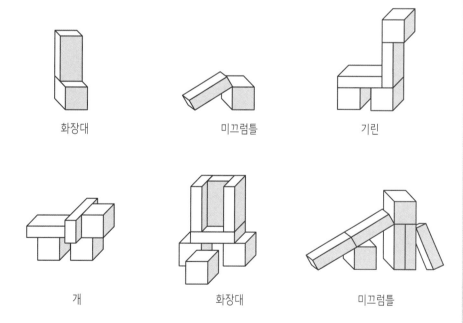

화장대	미끄럼틀	기린

개	화장대	미끄럼틀

●흥미점
두 종류의 가베를 함께 사용하며 논다.

●목적
1. 서로 다른 가베를 함께 사용하였을 때 새로운 변화를 시도할 수 있게 된다는 것을 안다.
2. 정육면체와 직육면체 8개를 연결하여 만든 것을 비교하면 높이, 길이, 모양이 각각 달라진다는 것을 인식한다.
3. 일정한 간격으로 직육면체를 세워 자극을 주면 도미노 현상이 생긴다는 것을 안다.

2) 도미노 놀이

직육면체를 일정한 간격으로 세워 놓고 한곳에 자극을 주어 쓰러지게 하며 논다. 처음에는 직선으로 늘어놓고, 다음에는 곡선으로 또는 높낮이를 다르게 하며 논다.

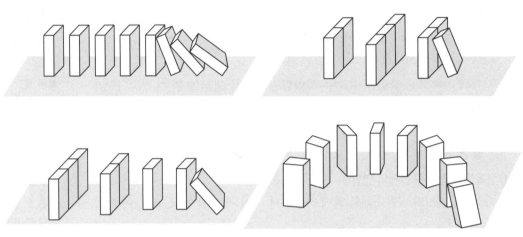

놀이3 무늬놀이……미 형식

연령 : 3~7세, 개인 및 그룹 지도

활동1 중심무늬

✤ 준비

1. 제4가베를 준비한다.

✤ 활동 방법

1. 직육면체 8개를 사용하여 중심무늬를 만들고, 서로 마주 보는 4개씩을 교대로 움직이면서 다른 무늬를 만들어간다. 새로운 무늬가 만들어질 때마다 이름을 붙이며 논다. 다 끝났으면 역순이나 다른 방법에 의하여 본래 무늬로 환원한다.

교사 : 직육면체 8개로 중심무늬를 만들어요. 다음에 계속 마주 보는 4개의 나무토막을 대응관계로 양손을 움직여 가며 놓으세요.

유아 : (교사와 함께해 본다.)

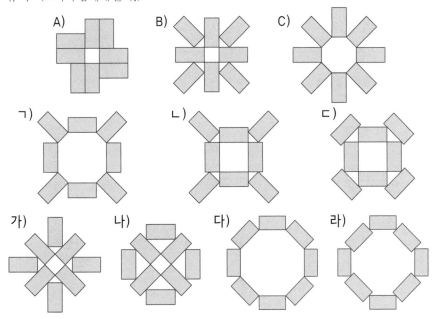

●흥미점

8개의 직육면체를 중심무늬로 하고 4개씩을 움직여 가며 논다.

●목적

1. 규칙적인 움직임을 통해 두뇌 정리를 한다.
2. 아름다움을 느끼게 한다.
3. 질서를 안다.

놀이4

지혜놀이……인식 형식
연령 : 3~7세, 개인 및 그룹 지도

활동1 직육면체의 탐구

🦋 준 비

1. 제4가베를 준비한다.
2. 제4가베로 여러 가지 모양을 만들면서, 직사각형의 크기나 직육면체의 크기에 따라 갖가지 직육면체를 경험하며 논다.

🦋 활동 방법

교사 : 직육면체를 여러 가지 형태로 쌓고, 늘어놓으면서 다양한 크기의 직육면체를 만들어 보세요.

유아 : (함께해 본다.)

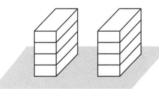

짧은기둥 2개
높이 5cm
길이 2,5cm
폭 5cm

직육면체 4개
높이 2,5cm
길이 2,5cm
폭 5cm

직육면체
높이 2,5cm
길이 10cm
폭 5cm

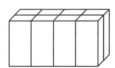

직육면체
높이 5cm
길이 10cm
폭 2,5cm

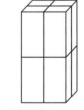

직육면체
높이 10cm
길이 5cm
폭 2,5cm

●흥미점
직육면체 8개로 다양한 기하학적 형태를 만들며 논다.

●목적
1. 수학적인 수량 및 기하학적인 형태를 안다.
2. 유아 스스로 생각하도록 해서 지적 발달을 돕는다.
3. 직육면체 8개로 크기가 다른 직육면체를 경험한다.

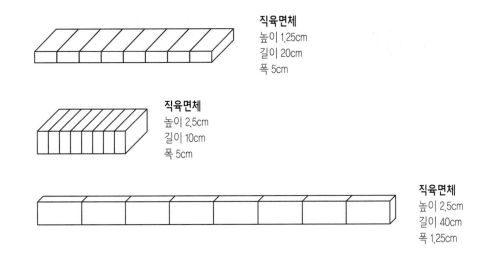

직육면체
높이 1.25cm
길이 20cm
폭 5cm

직육면체
높이 2.5cm
길이 10cm
폭 5cm

직육면체
높이 2.5cm
길이 40cm
폭 1.25cm

교사 : 직육면체의 길이와 높이를 만들어 보세요.

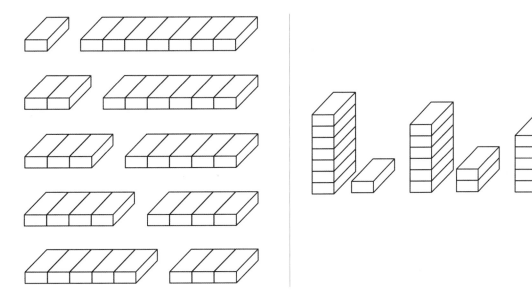

유아 : (함께해 본다)

※ 정리하고 마친다

활동2 빈 자 리 의 탐 구

🦋준 비

1. 제4가베를 준비한다.
2. 직육면체 8개로 둘러싸인 빈자리의 부피를 작은 정육면체를 단위로 해서 잰다.

   작은 것으로부터 큰 것으로 만들어 나간다. 유아 스스로 만들면서 그 부피를 연구해 보도록 한다.

🦋활동 방법

교사 : 직육면체 8개로 다양한 빈자리를 경험하도록 합시다. 먼저 작은 면으로 둘러싸인 빈자리를 만들어 보세요. 다음은 중간 크기 면으로, 큰 면으로 둥근 빈자리를 차례로 만들어 보세요.

1) 작은 면으로 둘러싸인 빈자리

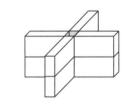

빈자리 : 작은 정육면체 1/2개

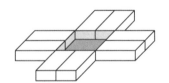

빈자리 : 작은 정육면체 2개

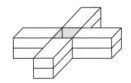

빈자리 : 작은 정육면체 1개

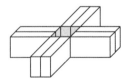

빈자리 : 작은 정육면체 1개

●흥미점

빈자리를 다양하게 변화시키며 논다.

●목적

1. 직육면체의 면의 크기에 따라 빈자리가 바뀐다는 것을 안다.
2. 빈자리의 부피를 정육면체 한 개를 단위로 하여 잰다.

2) 중간 크기 면으로 둘러싸인 빈자리

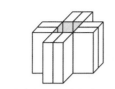

빈자리 : 작은 정육면체 2개

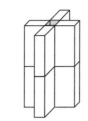

빈자리 : 작은 정육면체 1개

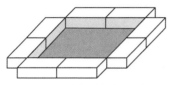

빈자리 : 작은 정육면체 8개

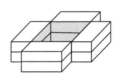

빈자리 : 작은 정육면체 4개

3) 큰 면으로 둘러싸인 빈자리

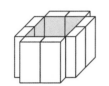

빈자리 : 작은 정육면체 8개

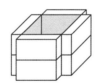

빈자리 : 작은 정육면체 8개

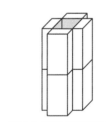

빈자리 : 작은 정육면체 4개

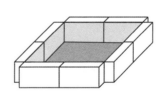

빈자리 : 작은 정육면체 16개

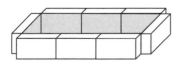

빈자리 : 작은 정육면체 12개

4) 둥근 빈자리의 여러 가지

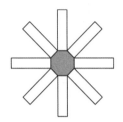

빈자리 : 깊이 2.5cm

빈자리 : 깊이 5cm

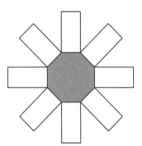

빈자리 : 깊이 1.25cm

빈자리 : 깊이 5cm

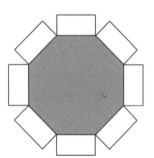

빈자리 : 깊이 1.25cm

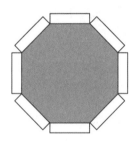

빈자리 : 깊이 2.5cm

활동3 건 축

❀ 준비

1. 제4가베를 준비한다.
2. 자를 준비한다.
3. 미리 모양과 치수를 정해 주고 놀게 한다.
   "높이○cm의 기둥을 세웁시다. 다음에는 ○cm 떨어진 곳에 같은 기둥을 세워 보세요." 이렇게 일일이 지시한다. 건축물이 다 되었으면 높이, 길이, 폭을 재면서 논다.

❀ 활동 방법

교사 : 직육면체 8개로 문, 현관, 창문 있는 집을 만들어 보세요. 문은 길이 20cm, 폭이 1.25cm, 높이는 7.5cm로 만드세요.

유아 : (함께해 본다.)

※ 현관과 창문 있는 집은 아래에 제시된 단위를 참조하세요.

교사 : 만들어진 문의 길이, 높이, 폭을 재어 봅시다.

   (교사는 자를 제시한다.)

유아 : (자로 재어 본다.)

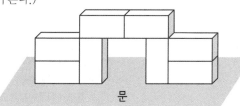

문
길이 20cm, 폭 1.25cm, 높이 7.5cm

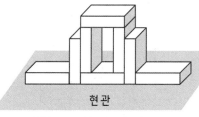

현관
길이 17.5cm, 폭 2.5cm, 높이 7.5cm

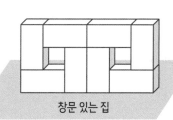

창문 있는 집
길이 15cm, 폭 1.25cm, 높이 7.5cm

놀이5

연합건축
연령 : 3~7세, 개인 및 그룹 지도

● 흥미점
두 가베를 함께 사용하
여 논다.

● 목적
1. 실제에 가까운 건축물을
만들어 본다.
2. 창의적인 생각을 기른
다.

활동1 제3가베와 제4가베의 연합 건축

❀ 준비

1. 제3가베와 제4가베를 준비한다.
2. 제3가베와 제4가베를 함께 사용해서 1개의 건축물을 만든다.

❀ 활동 방법

교사 : 정육면체 8개와 직육면체 8
개를 혼합하여 이등변삼각
형 모양의 건물을 만들어 봅
시다.

유아 : (함께해 본다.)

이등변삼각형 모양의 건물

교사 : 정육면체와 직육면체의 조화
로운 건물을 만들어 봅시다.

유아 : (함께해 본다.)

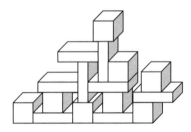

정육면체와 직육면체의 조화로운 건물

교사 : 균형 있는 건물을 만들어 봅시다.

유아 : (함께해 본다.)

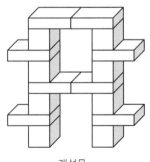

개선문

5

프뢰벨의 제5가베

제 5 가 베

1) 구성 및 특징

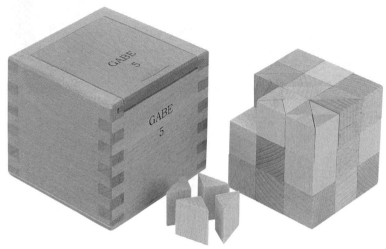

▶ 한 변의 길이가 2.5cm인 작은 정육면체 21개,
큰 삼각기둥 6개, 작은 삼각기둥 12개

제5가베는 제3가베와 제4가베에서 사용한 5cm 정육면체를 가로, 세로, 높이 모두 2.5cm 늘인 7.5cm 정육면체이다. 이것을 먼저 가로, 세로, 높이를 2번씩 잘라(3등분) 2.5cm의 작은 정육면체 27개를 만든다. 그다음에는 그중 3개의 정육면체를 대각선으로 한 번 잘라, 작은 정육면체의 2분의 1 크기가 되는 6개의 큰 삼각기둥을 만들고, 또 다른 3개는 양쪽 대각선으로 잘라 작은 정육면체의 4분의 1 크기가 되는 작은 삼각기둥을 만든다. 이렇게 하여 제5가베는 나머지 작은 정육면체 21개와 합쳐서 모두 39개의 작은 부분으로 구성된다.

제5가베의 새로운 부분인 큰 삼각기둥과 작은 삼각기둥은 작은 정육면체로부터 만들어진 것으로서, 크기는 다르지만 양쪽 다 5면체이다. 또 삼각형의 면은 직각이등변삼각형이고, 작은 직각이거나 직각의 반(45°)이며, 세 개의 사각형 면을 가지고 있어서 서로 비슷한 성질을 지니고 있다.

유아에게 지금보다 더 복잡하고 아름다우며, 또 실제에 가까운 것을 만들도록 하기 위하여 큰 삼각기둥이나 작은 삼각기둥과 같은 새로운 모양이 보태진 것이다. 또, 이 가베에서는 3이라는 수를 기초로 해서 홀수를 취급했다는 데에 관심을 기울여야 한다.

세로, 가로, 위아래가 모두 셋으로 나뉘어서 3의 배수인 27개의 작은 정육면체가 생겼고, 그중 3개는 6개의 큰 삼각기둥, 다른 3개는 12개의 작은 삼각기둥이 되었으니, 어느 것 하나 3의 배수가 아닌 것이 없다. 그렇다고 해서 홀수만 취급되었다는 것은 아니다. 6이나 12는 3의 배수이긴 하지만, 이들은 지금까지 다루어 온 짝수인 것이다.

삼각기둥으로는 직각 이외에도 직각보다 작은 예각을 알게 하고, 면에 있어서도 정사각형 외에 직사각형과 삼각형을 경험하게 한다. 큰 삼각기둥은 정육면체를 대각선으로 자른 것인데, 큰 삼각기둥을 더 이상 만들지 않은 것은 작은 정육면체와의 수적인 균형 때문이다.

제3, 4가베의 중심무늬 놀이에서 간혹 보아 온 삼각형을 구체화해서 취급한다는 점으로 보아도 삼각형을 제5가베로 한 것은 당연하다 하겠다. 그러나 5cm 정육면체를 27개의 부분으로 나누고, 다시 그 일부를 잘라 모두 39개의 작은 부분으로 나눈 것이다. 이것은 건축 가베 중에서 부분 수가 가장 많은 것이 된다.

모양 면에서 보아도 정사각형, 직사각형, 직각, 예각, 둔각 등이 골고루 섞여 있어서 다양한 경험을 얻을 수 있다. 이러한 모양들을 하나하나 활용해 나감으로써 건축 가베로서의 깊은 흥미를 끌게 된다. 또 길이나 높이나 두께가 충분하고 앞에서 열거한 다양한 모양을 가지고 있기 때문에, 미적으로 실제에 가까운 건축물을 만들 수 있는 것이다.

제5가베는 미적인 건축 가베로서, 또한 홀수와 짝수가 섞여 있는 수적인 가베로서, 유아의 미적 감정을 양성하고 자유 창작의 힘을 발전시키며, 지적, 정신적 발달을 도모하는 데 매우 적절하다.

2) 목적

1. 예술적인 건축물을 만들어 본다.
2. 삼각형의 성질과 삼각기둥의 성질을 안다.
3. 직각, 예각, 둔각을 경험시키고 육각, 팔각도 안다.
4. 홀수를 알고, 홀수와 짝수의 관계를 안다.
5. 아름다운 중심무늬를 만들어 본다.
6. 복잡한 모양을 만들어 경험한다.
7. 미적 감정과 창조적 능력을 기른다.
8. 마름모꼴, 사다리꼴 등의 기본형에 잠재한 새로운 기하형태를 경험한다.
9. 공간 개념을 인지하게 되고 순서의 개념을 발달시킨다.
10. 논리적이고 수학적이며 계획적인 사고의 능력을 기른다.

3) 프뢰벨이 구상한 놀이

1. 소 개
• 전체의 소개 – 제3가베와의 비교
• 전체의 소개 – 제4가베와의 비교
• 전체의 소개 – 자르는 법
• 부분 소개 – 작은 정육면체와 큰 삼각기둥과의 비교
  – 작은 정육면체와 작은 삼각기둥과의 비교
  – 큰 삼각기둥과 작은 삼각기둥과의 비교

2. 건축놀이
• 윗부분 – 큰 삼각기둥을 움직이는 건축놀이

– 작은 삼각기둥을 움직이는 건축
놀이
– 큰 삼각기둥과 작은 삼각기둥만
을 사용한 건축놀이
• 1/3 건축놀이
• 독립된 건축놀이

3. 무늬놀이
• 중심놀이

4. 지혜놀이
• 정사각형   • 직사각형
• 삼각형   • 평행사변형
• 사다리꼴   • 육각형

4) 알아 둘 것

●전 체
1. 나무토막을 상자에서 꺼낼 때나 넣을 때,
   삼각기둥의 금은 항상 같은 방향을 향하도
   록 한다.
2. 부분의 수에 항상 주의한다.
3. 특히 정리 정돈에 관심을 기울여 난잡해지
   지 않도록 한다.
4. 나무토막을 난잡하게 다루는 어린이에게
   는 제5가베 이전 과정에 머물게 한다.

●소 개
1. 닮은 점을 먼저 제시한 후에 다른 점을 제
   시한다.
2. 자르는 법 하나하나는 하루치 과제가 된다.

●건축놀이
1. 작은 정육면체, 큰 삼각기둥, 작은 삼각기
   둥의 각 특징을 살려서 사용한다.
   ① 닮은 점을 먼저 제시한 후에 다른 점을
      제시한다.
   ② 작은 삼각기둥 2개를 포개서 큰 삼각기
      둥으로 사용하지 않도록 한다.
2. 평면적인 건축이 되지 않도록 주의한다.
3. 39개의 부분을 모두 사용해서 만들어야 한
   다.
4. 어린이의 자유 창작을 위주로 한다.
5. 자유 창작하는 중에도 방임하지 말고 교사
   의 지도가 있어야 한다.

●무늬놀이
1. 아름다운 무늬를 만든다.
2. 1개도 남기지 말고 전부 사용한다.

●지혜놀이
아이 스스로 생각하도록 한다.

5) 제5가베의 사용법

놀이 과정에서 중요한 것은 항상 전체를 다면
적이면서도 균형잡힌 하나의 물체로 통일된 것
으로 보고, 질서정연하게 놓은 정육면체 상태를
자기 앞에 놓고 놀이를 시
작해야 한다는 것이다. 이
때 맨 위에서 보이는 모습
은 다음과 같은 그림으로
되어 있어야 한다.

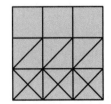

이것은 결코 단순히 외면적인 편리함만을 위한 것이 아니라, 어린이의 내면적인 이익을 위한 것이다. 이 놀잇감의 좋은 점은 다음과 같다.

1. 놀잇감이 언제나 질서정연하게 어린이에게 주어진다는 것이다.
2. 어린이가 교구를 하나의 전체로서 직관하는 것으로부터 놀이를 시작한다는 것으로, 이 통일로부터 어린이의 지적 현상이 발달하고 희미한 관념이 뚜렷한 것으로 발달하게 된다.
3. 놀이를 하는 어린이가 놀이 재료의 내용을 언제나 확실하게 자기 앞에 늘어놓고 보는 일이다. 그렇게 함으로써 어린이의 내면에 무의식적으로 재료의 사용에 대한 어떤 계획이 생겨난다.

이렇게 놀이를 시작하는 어린이는 자신의 놀이 재료를 마치 거리에 널린 돌처럼 굴리고 있는 어린이보다 언제나 더욱 만족하며 놀고, 더욱 지속적인 이익을 얻게 된다.

6) 제5놀이 교구의 꺼내고, 정리하는 법

1. 꺼내는 방법

① 상자의 뚜껑 여는 쪽을 오른쪽으로 한다.
② 뚜껑을 열고, 같은 자리에 뚜껑을 뒤집어 놓는다.
③ 뚜껑을 양손의 검지로 누르고 앞쪽으로 돌려 거꾸로 놓는다.
④ 상자를 조심스럽게 위로 빼낸다.
⑤ 빼낸 상자는 오른쪽에 놓고, 뚜껑 위의 내용물을 세 부분으로 나누어 책상 위에 놓고 놀이를 한다. 뚜껑도 상자와 함께 놓는다.

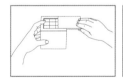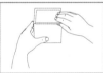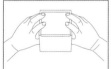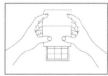

2. 정리하는 법은 꺼내는 방법을 역순으로 한다.

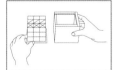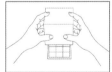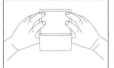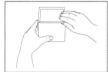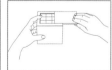

제5가베의 전체 소개……인식 형식

연령 : 3~7세, 개인 및 그룹 지도

활동1 전체 소개(제3가베와의 비교)

● 흥미점
제3가베와 제5가베의 크기의 다양한 모습을 비교하며 논다.

● 목적
1. 제3가베와 제5가베의 전체의 크기가 다르다는 것을 인식시킨다.
2. 두 가베의 잘린 금이 다르다는 것을 안다.
3. 제5가베는 3 즉, 홀수를 기본으로 했다는 사실을 안다.
4. 작은 정육면체의 수가 제3가베에는 8개이나 제5가베에는 27개라는 것을 안다.

🦋 준비

1. 제3가베와 제5가베를 준비한다.
2. 제3가베의 정육면체를 이용하여 제5가베의 정육면체와 전체적으로 비교해서 닮은 점과 다른 점을 밝히고, 제5가베의 새로운 성질을 제3가베를 바탕으로 해서 소개하며 논다.

🦋 활동 방법

교사 : 오늘은 제5가베에 대해 알아보겠어요. 먼저 배웠던 제3가베와 비교하면서 알아보기로 해요. (선생님은 손가락으로 면, 모서리, 각 그리고 금을 짚으면서) 자, 상 위에 제3가베와 제5가베가 있습니다. 먼저 면과 모서리와 각을 비교하여 보니 둘 다 정육면체라는 것을 알 수 있어요. 그리고 둘 다 잘리는 금도 있어요.

제3가베

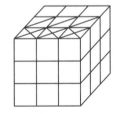
제5가베

교사 : (제3가베를 제5가베의 사방으로 돌려놓으며 비교하면서) 둘을 종합하여 보니 크기가 다르다는 것을 알 수 있어요. 제5가베의 길이, 폭, 높이가 작은 정육면체 1개만큼 크기가 크군요.

가로, 세로 높이 모두 제5가베가 2.5cm 크다.

교사 : 제3, 5가베 모두 잘리는 금이 있어요. 그러나 자세히 보니 제3가베는 가로, 세로, 위아래에 금이 하나씩 있어요. 그런데 제5가베에는 가로, 세로, 위아래에 금이 두 개씩 있군요.

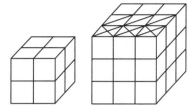

교사 : 세로로 난 금을 따라 잘라 보겠어요.

(제3가베와 제5가베를 나란히 각각 잘라 놓은 후) 제3가베는 둘로 잘리고, 제5가베는 셋으로 잘리는군요.

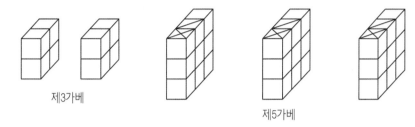

제3가베

제5가베

교사 : 이것을 통해서 제3가베는 2라는 짝수를 기본으로 이루어졌고, 제5가베는 3이라는 홀수를 기본으로 이루어졌다는 것을 알았어요.

이번에는 가로로 난 금을 따라 잘라 보겠어요. 제3가베는 두 개씩으로 잘리고, 제5가베는 세 개씩으로 잘리는군요.

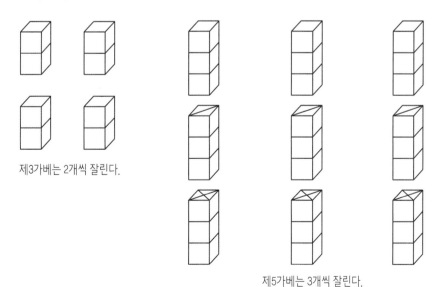

제3가베는 2개씩 잘린다.

제5가베는 3개씩 잘린다.

교사 : 이것을 다시 위아래로 잘라 보겠어요. 작은 정육면체의 수는 몇 개가 되었나요?
제3가베는 작은 정육면체가 8개군요. 그러나 제5가베는 모두 27개네요. 제3가베보다
훨씬 더 많군요.

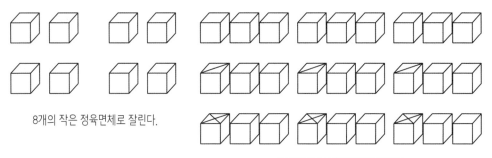

8개의 작은 정육면체로 잘린다.

27개의 작은 정육면체로 잘린다.

교사 : 제5가베의 작은 정육면체에 난 금을 따라 계속 나누면 훨씬 작은 삼각기둥으로 나눌 수
있어요. 그러나 이번에는 여기까지 하고 다시 역순으로 정육면체를 만들어 상자에 넣고
제자리에 갖다 놓도록 합시다.

활동2 제4가베와의 비교

✿ 준비

1. 제4가베와 제5가베를 준비한다.
2. 제4가베의 정육면체를 이용하여 제5가베의 정육면체와 전체적으로 비교해서 닮은 점과 다른 점을 밝히고, 제5가베의 성질을 제4가베를 바탕으로 소개하여 본다.

✿ 활동 방법

교사 : 제4가베와 제5가베를 비교하여 봅시다. 면과 모서리 그리고 각이 똑같은 것을 보니 둘 다 정육면체군요. 잘리는 금을 볼까요? 서로 다르군요.

제4가베   제5가베

교사 : 둘을 합해 보겠어요. 크기가 서로 다르군요. 제5가베의 정육면체가 길이, 폭, 넓이 모두 2.5cm인 작은 정육면체 한 개만큼씩 크군요.

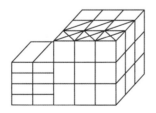

교사 : 제4가베와 제5가베 모두 잘리는 금이 있어요. 제4가베는 세로로 한 개, 위아래로 세 개가 있는데, 제5가베는 가로, 세로, 위아래 금이 두 개씩 있군요. 세로로 난 금을 따라 잘라 보아요.

● 흥미점
　제5가베의 크기와 모양을 제4가베에 비교하며 논다.

● 목적
1. 제5가베와 제4가베는 모두 정육면체이지만 자르는 금에 따라 다른 모양이 된다는 것을 안다.
2. 홀수와 짝수의 관계를 안다.

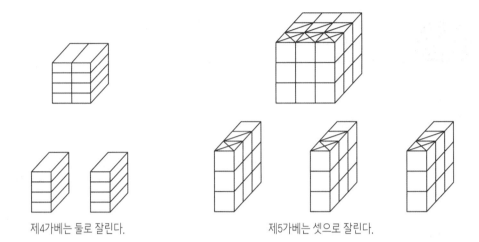

제4가베는 둘로 잘린다.   제5가베는 셋으로 잘린다.

교사 : 제4가베의 위아래로 난 금 중 가운데 금을 따라 자르면 직육면체는 2개가 더 늘어나 4개
　　　가 되는군요. 제5가베를 가로로 난 금을 따라 잘라 보면 3부분에서 3개씩 잘려서 모두 9
　　　개가 되었어요. 이것을 통해서 제4가베는 2라는 짝수를 제3가베처럼 기본으로 나뉘고,
　　　제5가베는 3이라는 홀수를 기본으로 나뉘어진다는 것을 알 수 있었어요.

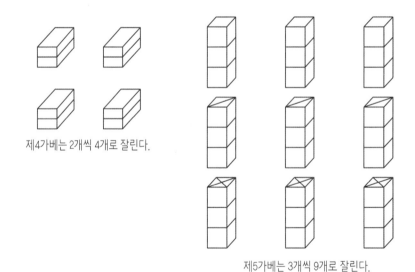

제4가베는 2개씩 4개로 잘린다.

제5가베는 3개씩 9개로 잘린다.

교사 : 2개씩 4개로 나누어 놓은 것을 다시 위아래로 자르니 제4가베는 작은 직육면체의 모양
　　　이 되었어요. 작은 직육면체의 수를 헤아려 봐요. 하나, 둘, 셋…… 모두 8개군요. 제5가
　　　베는 3개씩 갈라진 9개의 기둥을 모두 위아래로 잘랐더니 작은 정육면체 27개가 되었어
　　　요.

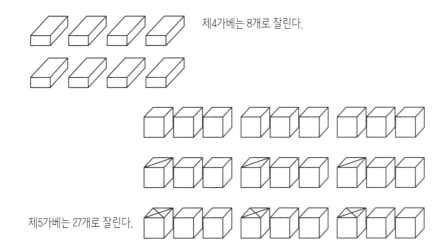

제4가베는 8개로 잘린다.

제5가베는 27개로 잘린다.

교사 : 제4가베는 직육면체의 모양으로 잘렸고, 제5가베는 정육면체의 모양으로 잘렸어요. 처음의 모습은 둘 다 정육면체였지만, 자르는 금에 따라 모습이 달라진다는 것을 알았어요.

유아 : (모두 만족하며) 네.

교사 : 다시 원래대로 정육면체를 만들어 상자에 넣고 제자리에 갖다 놓도록 합시다.

활동3 자르는 법

❀ 준비

1. 제5가베를 준비한다.
2. 가로, 세로, 높이의 금을 따라 차례대로 각 부분을 분해하면서 논다. 세로로 난금을 따라 자르는 것을 '세로 자르기'라 하고, 가로로 난금을 따라 자르는 것을 '가로 자르기', 위아래로 난금을 따라 자르기 시작하는 것을 '위아래 자르기'라 한다. 작은 부분으로 분해가 끝나면, 분해의 역순으로 다시 종합한다. 이렇게 해서 큰 정육면체의 작은 부분이 어떻게 해서 나오는지 알 수 있다.
3. 가로, 세로, 위아래 어떤 방법을 택하건, 한 번 자를 때마다 수를 세도록 한다. 이렇게 끝까지 다 분해하면 27개의 작은 정육면체가 된다. 더 나아가 삼각기둥으로 분해할 수도 있다. 분해가 끝나면 다시 본래의 정육면체로 종합한다.
4. 여기서는 세로 자르기의 모양만 제시한다.

❀ 활동 방법

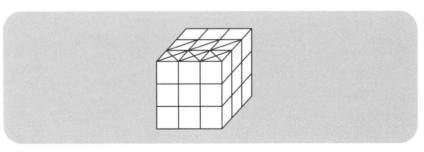

● 세로 자르기

●가로 자르기

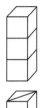

●위아래 자르기

 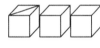 

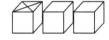 

활동4 분할에 의한 변화

❀ 준비

1. 제5가베를 준비한다.
2. 자연적이고 단순한 최초의 분할법은 같은 부분으로 나누는 것이다. 이때 부분의 모양은 전체의 모양과 최대한 닮아 있으면서 최소한의 수로 분할하는 것이다. 분할된 모습은 크기가 같은 세 개의 정사각형 판이 된다. 분할된 정사각형의 판은 각각 정육면체의 3분의 1이 된다. 간단한 최초의 분할에서부터 점차 많은 변화를 주어 가며 풍부한 표현을 하며 논다.

❀ 활동 방법

교사 : 위아래 수평으로 분할하여 널빤지 같은 모양을 3개 만들었어요. 이 부분은 평면 상태로 두어도 하나의 전체인 사각형 널빤지가 됩니다. 눕히거나 세워도 사각형 모양이 됩니다.

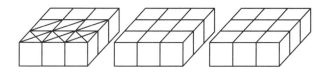

교사 : 사각형의 판은 다시 똑같은 각목 모양으로 3개로 나눌 수도 있어요. 이것은 위로 세워 수직으로 놓아도, 눕혀서 수평 위치에 놓아도 모두 각목이 됩니다.

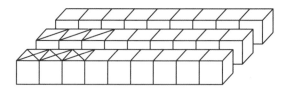

교사 : 3개씩 9개로 분할하여 보니 세우든 눕히든 모두 사각형이라는 것을 알 수 있어요.

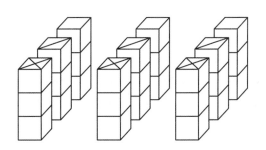

교사 : 직각 모양이던 것에 변화를 주었더니 평행사변형이 만들어졌어요.

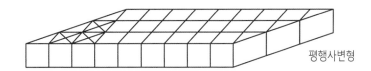

평행사변형

교사 : 평행사변형 모양에서 가운데 6개를 수평으로 3줄씩 모두 18개를 나란히 놓고 9개의 정육면체를 나누어 양쪽으로 배열해요. 이때 작은 삼각기둥 12개는 정육면체를 만들고 큰 삼각기둥 6개는 양쪽에 3개씩 맞추어 놓아요. 그러면 사다리꼴 모양이 되어요.

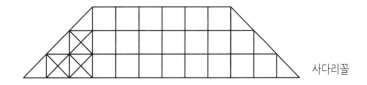

사다리꼴

놀이2

제5가베의 부분 소개……인식 형식
연령 : 3~7세, 개인 및 그룹 지도

활동1 작은 정육면체와 큰 삼각기둥의 비교

● 흥미점
작은 정육면체와 큰 삼각기둥을 비교하며 논다.

● 목적
1. 작은 정육면체와 큰 삼각기둥의 성질을 안다.
2. 모서리, 각, 면의 지식을 얻는다.

🦋 준비

1. 제5가베 중 작은 정육면체와 큰 삼각기둥을 준비한다.
2. 작은 정육면체와 큰 삼각기둥을 비교해서 이들의 관계를 명백히 한다. 또 그 성질을 비교해서 큰 삼각기둥의 성질을 소개한다.
3. 작은 정육면체와 큰 삼각기둥 2개로 어우러지는 작은 정육면체를 비교하여 서로 같다는 것을 알리고, 큰 삼각기둥 2개로 이루어지는 작은 정육면체에는 대각선으로 금이 나 있다는 것을 보여 준다. 또 그 금을 잘라 큰 삼각기둥 2개로 만들어 본다.

작은 정육면체

큰 삼각기둥 2개

작은 정육면체는 큰 삼각기둥 2개와 크기가 같다.

🦋 활동 방법

교사 : 작은 정육면체와 큰 삼각기둥을 비교해 보아요. 작은 정육면체와 큰 삼각기둥에는 면, 모서리, 각이 있어요.

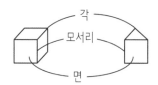

교사 : 작은 정육면체에는 면이 6개 있지만, 큰 삼각기둥에는 면이 5개 있어요. 두 가베에 같은 크기의 면이 있는지 비교해 볼까요? 서로 대어 보면 같은 크기의 면이 2개 있는 것을 알 수 있어요. 큰 삼각기둥에는 작은 정육면

체의 면보다 큰 면이 1개 있어요. 그 밖에 삼각형 모양의 면이 2개 있어요.

큰 삼각기둥은 작은 정육면체의
면과 같은 면이 2개 있다.

큰 면이 1개 있다.

큰 삼각기둥은 작은 정육면체
면의 반에 해당하는 삼각면이 있다.

교사 : 큰 삼각기둥의 모서리는 작은 정육면체와 똑같은 길이인 것이 7개, 그보다 긴 것이 2개
　　　있어 모두 9개의 모서리가 있어요.

교사 : 큰 삼각기둥의 삼각면 한쪽에 있는 각을 살펴봐요. 작은 정육면
　　　체와 같은 직각이 1개 있고, 직각의 반이 2개 있어요. 큰 삼각기
　　　둥에는 삼각면이 2면이 있으므로 모두 합하면 직각이 2개, 직각
　　　의 반이 4개 있어요.

삼각면에는 직각이 1개,
직각의 1/2이 2개 있다.

※이와 같은 것을 모두 교사가 설명하는 것이 아니라, 유아와 함께 가베를 분해하고 종합해 보
　면서 알도록 한다.

●흥미점
작은 정육면체와 작은 삼각기둥으로 논다.

●목적
1. 작은 정육면체와 작은 삼각기둥 4개는 같다는 것을 안다.
2. 면, 모서리, 각을 비교하여 지식을 얻는다.

활동2 작은 정육면체와 작은 삼각기둥의 비교

준비

1. 제5가베의 작은 정육면체와 작은 삼각기둥을 준비한다.
2. 작은 정육면체와 작은 삼각기둥 4개를 합쳐 만든 작은 정육면체를 비교해서 크기가 같다는 것을 알도록 한다. 작은 삼각기둥으로 이루어지는 작은 정육면체에는 대각선으로 금이 나 있음을 보여 주고, 그 금을 한 번 자르고 또 한 번 자르면 작은 삼각기둥 4개가 됨을 경험한다.

활동 방법

1. 작은 정육면체와 작은 삼각기둥의 면을 비교한다.

작은 정육면체

작은 삼각기둥 4개

작은 정육면체와 작은 삼각기둥 4개는 크기가 같다.

교사 : 작은 정육면체와 작은 삼각기둥에는 면이 몇 개 있는지 세어 보세요.

유아 : 작은 정육면체에는 면이 6개 있는데, 작은 삼각기둥에는 5개 있어요.

교사 : 이번에는 작은 정육면체와 작은 삼각기둥에는 같은 크기의 면이 몇 개 있는지 알아보아요.

유아 : 같은 크기의 면이 1개 있어요. 작은 정육면체의 면보다 작은 면은 2개 있어요. 그리고 삼각면이 2개 있어요.

작은 삼각기둥의 큰 면은 작은 정육면체의 면과 같다.

작은 삼각기둥의 직사각형 면은 작은 정육면체의 면보다 작다.

교사 : 작은 삼각기둥에 있는 삼각면을 작은 정육면체의 한 면에 올려놓아 보세요. 크기가 어떤가요?

삼각면은 작은 정육면체의 한 면의 1/4의 크기다.

유아 : 삼각면이 작은 정육면체의 한 면의 1/4의 크기예
　　　요. 삼각기둥의 직사각형의 면은 정육면체보다
　　　작아도 4개를 올릴 수 있겠어요.

삼각면 4개는 작은 정육면체의
한 면과 같다.

2. 작은 정육면체와 작은 삼각기둥의 모서리를 비교한다.

교사 : 작은 정육면체와 작은 삼각기둥의 모서리 수를 세어 보세요.

유아 : 작은 정육면체에는 모서리가 12개가 있고, 작은 삼각기둥은 모서리가 9개예요.

 정육면체의 모서리는 12개다.　　　 작은 삼각기둥 모서리는 9개이다.

교사 : 작은 삼각기둥의 모서리의 길이를 작은 정육면체의 모서리 길이와 비교해 보세요.

유아 : 작은 정육면체와 같은 길이의 모서리가 5개 있어요. 더 짧은 것은 4개 있네요.

3. 작은 정육면체와 작은 삼각기둥의 각을 비교한다.

 삼각면에는 직각이 1개 있다.　　　 직각의 1/2이 2개 있다.

교사 : 삼각기둥의 삼각면을 작은 정육면체의 면 위에 올려놓고 각을 비교해 보세요.

유아 : 삼각기둥의 각에 작은 정육면체와 같은 직각이 양쪽에 1개씩 2개 있어요.

교사 : 다른 각도 찾아보세요.

유아 : 직각의 반이 되는 각도 있어요. 2개씩 4개가 있어요. 삼각기둥의 삼각면에는 모두 6개
　　　의 각이 있네요.

활동3 큰 삼각기둥과 작은 삼각기둥의 비교

준비

1. 제5가베 중 큰 삼각기둥과 작은 삼각기둥을 준비한다.
2. 큰 삼각기둥은 작은 정육면체의 1/2이지만, 작은 삼각기둥은 작은 정육면체의 1/4이고 큰 삼각기둥의 1/2이다. 큰 삼각기둥과 작은 삼각기둥을 서로 대어 보며, 면의 크기, 각, 모서리를 비교한다.

작은 정육면체

대각선으로 1번 자른다.

대각선으로 2번 자른다.

활동 방법

교사 : 큰 삼각기둥과 작은 삼각기둥의 면의 크기, 각, 모서리를 비교해 보겠어요.

생긴 모양이 어떤가요?

큰 삼각기둥

작은 삼각기둥

유아 : 아주 닮았어요.

교사 : 그럼 어떻게 닮았는지 살펴볼까요?

유아 : 면이 똑같이 5개가 있어요. 각은 6개, 모서리가 9개가 있는 것도 똑같아요.

또 위아래에 삼각면이 있는 것도 똑같아요.

교사 : 그렇군요. 두 삼각기둥의 생김새는 똑같아요. 그럼 무엇이 다를까요?

유아 : 크기가 달라요.

교사 : 그럼 크기가 어떻게 다른지 큰 삼각기둥과 작은 삼각기둥을 비교해 보기로 해요.

유아 : (함께해 본다.)

●흥미점
큰 삼각기둥과 작은 삼각기둥으로 논다.

●목적
1. 큰 삼각기둥과 작은 삼각기둥을 비교해서 이 둘의 관계와 성질의 닮은 점과 다른 점을 안다.
2. 사고력을 키운다.
3. 크고, 작은 것에 대한 지식을 얻는다.

큰 삼각기둥의 사면과
작은 삼각기둥의 큰면은 같다.

큰 삼각기둥의 큰면이 작은
삼각기둥의 큰면보다 크다.

큰 삼각기둥의 사면이
작은 삼각기둥의 사면보다 크다.

작은 삼각기둥의 사면은
큰 삼각기둥의 큰면의 1/2이다.

작은 삼각기둥은 큰 삼각기둥의
1/2이다.

각의 크기는 같다.

교사 : 큰 삼각기둥과 작은 삼각기둥을 비교해 보았어요.
오늘은 정리하고 다음에 친구 혼자 여러 번 놀아 보세요.

놀이3 건축놀이……생활 형식
연령 : 3~7세, 개인 및 그룹 지도

활동1 큰 삼각기둥을 움직이는 건축놀이

●흥미점
큰 삼각기둥을 지붕으로 사용하며 논다.

●목적
1. 질서감을 기른다.
2. 집중력을 기른다.
3. 소근육이 발달한다.
4. 종합과 분리를 안다.
5. 건축의 아름다움에 만족해 한다.

🦋 준비

1. 제5가베를 준비한다.
2. 제5가베는 조각의 수가 39개로 많이 늘어났고, 모양도 작은 정육면체, 큰 삼각기둥, 작은 삼각기둥의 세 종류가 있어서 매우 복잡하게 되어 있다. 그러므로 처음에는 사용하는 조각의 종류를 적게, 혹은 개수를 줄여서 놀게 한다.
3. 큰 삼각기둥 부분을 내리고, 다른 윗부분은 작은 정육면체 모양대로 사용한다.

🦋 활동 방법

교사 : 제5가베가 있습니다. 정육면체와 큰 삼각기둥을 움직여 하나의 건축물을 만들어요.

유아 : (함께해 본다.)

1)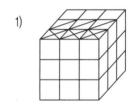

교사 : 건축물을 만드는 순서는 먼저 큰 삼각기둥을 내리고, 다음으로 뒷부분에 있는 정육면체를 앞쪽 아래 부분으로 옮겨요. 작은 삼각기둥으로 나뉘어진 정육면체 3개는 양손으로 꼭잡고 큰 삼각기둥이 있던 자리로 옮기세요. 마지막으로 큰 삼각기둥 3개를 지붕으로 하고, 다른 3개를 앞쪽의 정육면체 위에 올려놓아요. 이것을 세로 측을 따라 셋으로 나누어 3개의 건축을 만들었어요. 한 채는 영서네 집, 한 채는 지은이네 집, 그리고 다솜이네 집입니다.

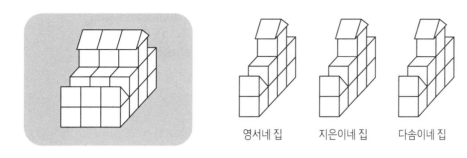

영서네 집   지은이네 집   다솜이네 집

교사 : 이것을 다시 옆으로 돌려 3개의 건축물을 옆에서 볼 수 있어요.

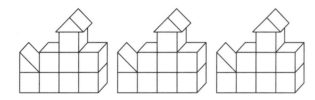

교사 : 다시 좌우 2개를 가운데 건축물에 붙여 다시 한 개의 건축물을 만들었어요.

교사 : 그러면 이제 다시 원래의 모양이 되도록 해 보아요. 그러면 동시에 정리도 될 수 있겠지요.

5)   4)   3)   2)   1)

※ 마지막 5)단계에서 재구성하여 더 재미있는 모양을 만들 수 있다. 단, 유아가 많이 숙달된 후에 할 수 있다.

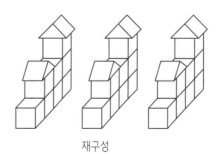

재구성

●흥미점
작은 삼각기둥으로 된 정육면체 3개를 움직여 만든다.

●목적
1. 작은 삼각기둥을 움직여 건축물을 만들 수 있음을 안다.
2. 질서감을 배운다.
3. 부분을 움직여서도 변화를 추구할 수 있다는 것을 안다.
4. 집중력을 기른다.
5. 구성력이 생긴다.

활동2 작은 삼각기둥을 움직이는 건축놀이

준비

1. 제5가베를 준비한다.
2. 전체 가운데 작은 삼각기둥으로 만들어진 정육면체를 움직여서 건축놀이를 하며 논다. 마지막 단계 5)에까지 가면 다시 역순으로 환원하며 논다.

활동 방법

교사 : 제5가베의 작은 삼각기둥을 움직여 건축물을 만들어 봅시다.
유아 : (함께해 본다.)

1)
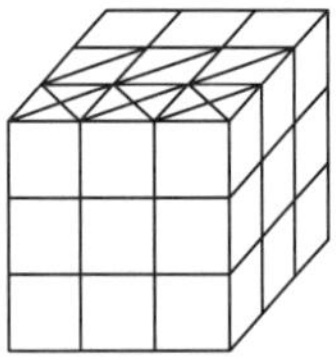

2)
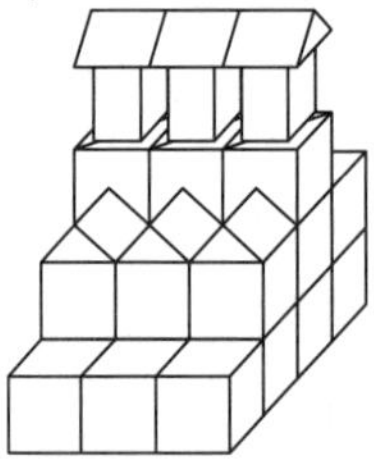

3)
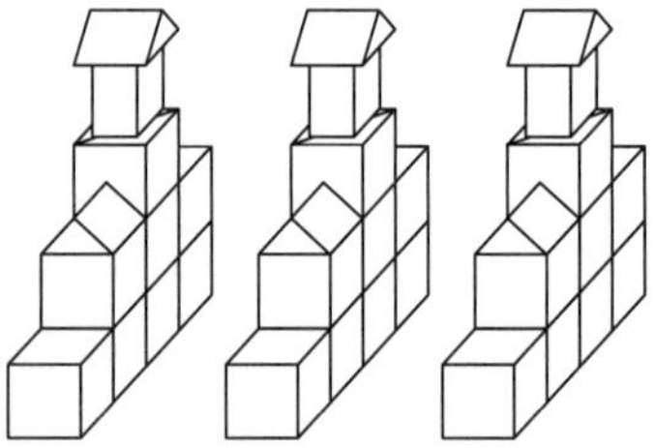

4)
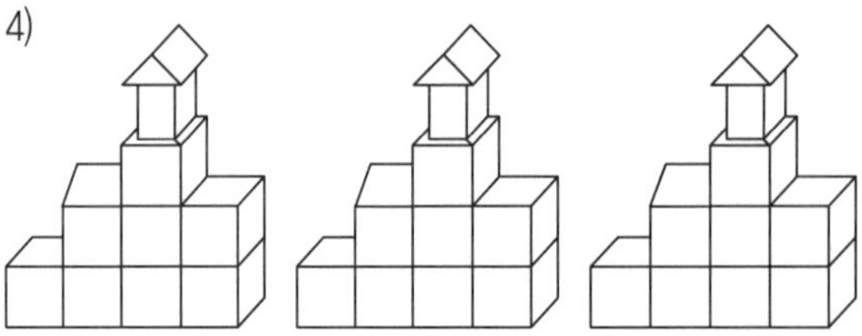

5)
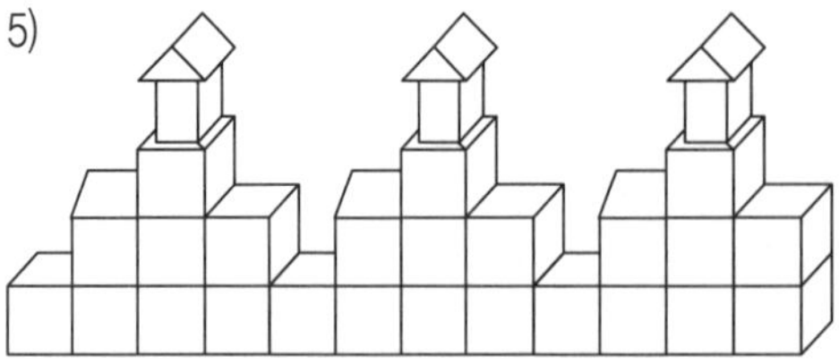

※ 마지막 단계에서 유아의 관심에 따라 계속해서 재구성할 수 있다.

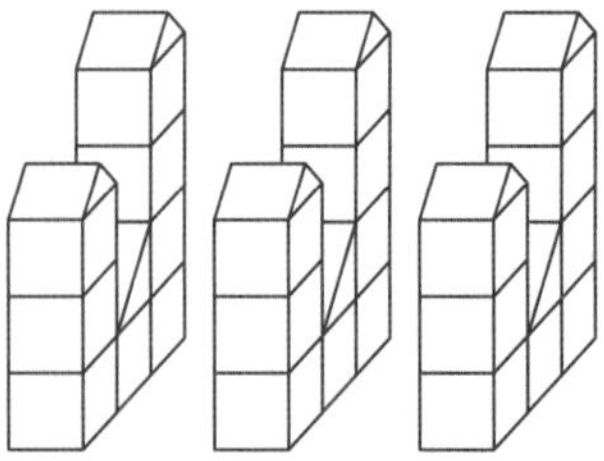

재구성

활동3 큰 삼각기둥과 작은 삼각기둥만 사용한 건축놀이

✤ 준 비

1. 제5가베를 준비한다.
2. 큰 삼각기둥과 작은 삼각기둥만을 움직이며 논다. 좀 복잡하므로 교사의 도움으로 한두 번 함께한 다음 유아 스스로 할 수 있도록 한다. 단, 유아가 너무 어려워하면 교사와 공동 작품을 만들 수도 있다.
3. 마지막 단계 5)에까지 가면 다시 역순으로 환원하여 원래의 큰 정육면체를 만들어 완성한다.

✤ 활동 방법

교사 : 큰 삼각기둥과 작은 삼각기둥을 움직여 멋있는 건축물을 만들어 봅시다.

유아 : (그림과 같은 모양으로 함께해 본다.)

1)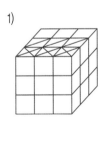

2)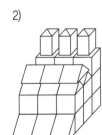

3)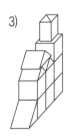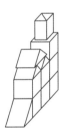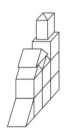

4)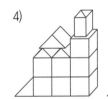

5)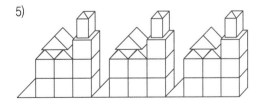

● 흥미점
큰 삼각기둥과 작은 삼각기둥을 움직이며 논다.

● 목 적
1. 질서를 안다.
2. 부분을 움직여 변화를 추구한다.
3. 집중력을 기른다.

활동4 3분의 1 건축놀이

✿ 준비

1. 제5가베를 준비한다.
2. 전체 정육면체를 세로로 삼등분 해서, 작은 정육면체 7개, 큰 삼각기둥 2개, 작은 삼각기둥 4개로 하나의 건축물을 만드는 것이다. 이 건축놀이는 작은 정육면체, 큰 삼각기둥, 작은 삼각기둥 몇 개만 가지고 연습한 다음 전부 사용할 수 있도록 하기 위한 놀이이다.
3. 부분만을 이용하더라도 복잡하므로 질서를 지키고 집중하여 놀이하도록 한다.

✿ 활동 방법

교사 : 제 5가베를 삼등분하여 한 부분만으로 여러 건축물을 만들어 보세요.
유아 : (교사의 설명을 들으면서 함께해 본다.)

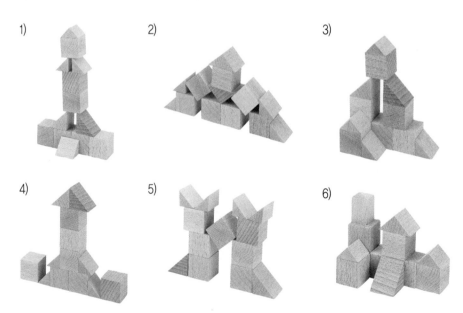

●흥미점
일부만 사용하여 간단한 놀이를 하며 논다.

●목적
1. 부분만으로도 건축물을 만들 수 있다는 것을 알도록 한다.
2. 부분의 연습을 통해 전체를 사용하며 놀 수 있는 놀이를 준비한다는 것을 안다.
3. 질서와 집중력을 기른다.

활동5 독립된 건축놀이

🦋준비

1. 제5가베를 준비한다.
2. 39개의 부분을 모두 사용하여 폭, 높이, 두께가 균형잡힌 실제에 가까운 건축물을 만들며 논다.
3. 교사의 지도하에 한두 번 만들어 본 다음 어린이 스스로 창의적인 활동을 하도록 교사는 돕는 입장에 있어야 한다. 교사와 공동 작품을 만들 수도 있다.
4. 질서를 지키고 열중하여 집 등 주위의 사물을 만들어 본다.
5. 만든 건축물에 이름을 붙여 봄으로 이미지를 뚜렷하게 하고 상상력을 높인다.

🦋활동 방법

교사 : 제 5가베를 사용하여 독립된 실제 모양을 만들어 봅시다.
유아 : (교사의 설명을 들으면서 함께해 본다.)

집

팔걸이 의자

침대

탁자와 의자

●흥미점
실제에 가까운 건축물을 만들며 논다.

●목적
1. 작은 부분을 질서있게 쌓으면 실제의 건축물이 만들어진다는 것을 알도록 한다.
2. 질서와 집중력을 기른다.

활동6 자유로운 건축놀이의 변화

❀준 비

1. 제5가베를 준비한다.
2. 제5가베를 모두 사용하여 자유롭게 상상하며 건축놀이를 한다.
3. 질서와 순서를 잘 익히며 놀고, 집중하여 건축놀이를 한다.

❀활동 방법

교사 : 제5가베로 여러분이 상상하는 건축물을 자유롭게 만들어 보세요.
유아 : (자유롭게 건축물을 만들어 본다.)
교사 : 선생님이 만든 자유로운 건축물도 감상해 보세요.(아래 그림)

쌍둥이 빌딩   집   경기장   국회의사당   탑   미술관

- ●흥미점
  자유롭게 상상하여 만들며 논다.

- ●목적
1. 아름다운 건축물을 만들고 감상해 본다.
2. 질서와 집중력을 기른다.
3. 미적 감각을 기른다.

놀이4 무늬놀이······미 형식
연령 : 3~7세, 개인 및 그룹 지도

활동1 중심무늬 놀이

🦋 준 비

1. 제5가베를 준비한다.
2. 정육면체와 삼각기둥(小, 大)을 이용하여 만드는 중심무늬 모양이므로 복잡하고 변화가 풍부한 놀이를 할 수 있다. 교사의 도움으로 함께 만들 수도 있고, 어린이 스스로 자유롭게 만들며 놀 수 있다.
3. 부분의 수가 3의 배수이므로 중심도 3, 6, 9와 같은 3의 배수이어야 한다. 그러나 중심이 9 이상이 되면, 중심에 대해서 주위의 배치하는 부분의 수가 적어져서 아름다운 무늬를 만들 수 없으므로 주의한다.

🦋 활동 방법

교사 : 중심에 3개의 정육면체를 서로의 꼭지점에 접하여 놓아 보세요.
교사 : 다음에 선생님을 따라 한번 놓아 보세요.
교사 : 예쁜 무늬가 만들어졌어요. 이제는 ○○이 원하는 대로 만들어 보세요.
유아 : (마음껏 놀이한 후 정리한다.)

●흥미점
중심을 만들고 계속 밖으로 퍼지도록 변화시키며 논다.

●목적
1. 단순한 무늬에서 시작되어 균형잡힌 아름다운 무늬가 만들어지는 과정을 안다.
2. 변화에서 오는 다양성을 인식한다.
3. 질서와 집중력을 기른다.

활동2 사각형을 중심으로 하는 무늬놀이

● 흥미점
 사각형판을 중심으로 변화시키며 논다.

● 목적
1. 사각형을 중심으로 변화되는 모양의 관계를 인식시킨다.
2. 질서와 집중력을 기른다.
3. 미적 감각을 기른다.
4. 대응관계를 인식시킨다.

🦋 준비

1. 제5가베를 준비한다.
2. 제5가베를 모두 사용하여 자유롭게 상상하며 건축놀이를 한다.
3. 질서와 순서를 잘 익히며 놀고, 집중하여 건축놀이를 한다.

🦋 활동 방법

교사 : 중심에 먼저 사각형(정육면체) 하나를 놓고 차례로 다른 나무토막들을 놓으면서 무늬를 만들어 보세요. 그런데 여기서 주의할 것은 나무토막은 서로 대응관계로 놓는다는 것을 기억하세요. 그리고 양손으로 나무토막을 동시에 사용하세요.

활동3 삼각형을 중심으로 하는 무늬놀이

✿ 준비

1. 제5가베를 준비한다.
2. 제5가베로 삼각형의 무늬를 만들고 이 무늬로부터 다양하게 변화시킨다.
3. 삼각형과 앞 무늬의 관계를 생각하며 논다.

✿ 활동방법

교사 : 정육면체 7개를 차례로 붙이고, 왼쪽 끝에 작은 삼각기둥으로 구성된 정
육면체를 놓고 오른쪽 끝에도 큰 삼각기둥으로 구성된 정육면체를 놓으
세요. 똑같은 것을 3개 만들어 삼각형 무늬로 만드세요.(계속 차례차례 해
본다.)

유아 : (함께해 본다.)

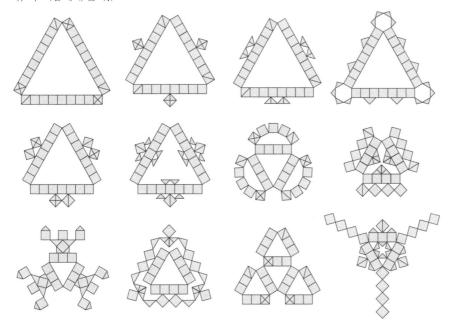

교사 : 열심히 잘했어요. 좀 어렵지요. 그러나 여러 번 반복해서 하면 잘할 수 있
을 거예요.

●흥미점
정삼각형의 무늬 중심
으로 변화시키며 논다.

●목적
1. 중심 삼각형과 다른 무
늬와의 조화를 인식시킨
다.
2. 미적 감각을 기른다.
3. 질서와 집중력을 기른
다.

활동2 방사선과 고리형을 중심으로 하는 무늬놀이

✿ 준 비

1. 제5가베를 준비한다.
2. 사방으로 퍼지는 방사형과 고리형을 중심무늬로 하여 균형잡힌 무늬를 만든다.
3. 대응되는 무늬와 고리 모양의 무늬를 주위 환경에서 볼 수 있었는지를 생각하며 만들어 본다.

✿ 활동 방법

교사 : 중심에 5개의 정육면체를 십자 모양으로 놓고, 둘씩 대응 관계로 양손을 이동하며 방사형 모양을 만들어 보세요.(차례로 설명하며 놓는다.)

유아 : (함께해 본다.)

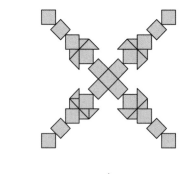

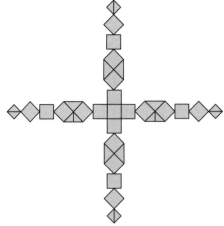

놀이5

지혜놀이……인식 형식
연령 : 3~7세, 개인 및 그룹 지도

활동1 정사각형 만들기

❀ 준비

1. 제5가베를 준비한다.
2. 작은 정육면체, 큰 삼각기둥, 작은 삼각기둥의 각 부분을 사용해서 크고 작은 기하학적 모양을 만들면서 논다. 이렇게 해서 만들 수 있는 모양에는 정사각형, 직사각형, 삼각형, 그 밖에도 평행사변형, 사다리꼴, 다각형 등의 모형이 있다.
3. 큰 삼각기둥 두 개와 작은 삼각기둥 4개는 모두 정육면체라는 것을 인식하며 논다.
4. 실제로는 입체이지만 여기에서는 평면적인 형으로 생각하며 논다.

❀ 활동 방법

교사 : 제5가베로 정사각형을 만들어 보세요.(설명하며 만든다.)
유아 : (함께해 본다.)

작은 정육면체 1/2개

작은 정육면체 1개

작은 정육면체 2개

작은 정육면체 2개

작은 정육면체 4개

작은 정육면체 4개와 1/2

작은 정육면체 8개

작은 정육면체 8개

작은 정육면체 9개

작은 정육면체 16개

교사 : 정사각형을 10가지 만들어 보았어요.
　　　　재미있지요! 여러 번 반복해서 해 보세요.
유아 : 네.

● 흥미점
작은 부분을 사용해서 도형을 만들며 논다.

● 목적
1. 작은 부분이 종합되면 새로운 형태의 기하학적 모양이 만들어진다는 것을 안다.
2. 사각 도형 형태를 안다.
3. 큰 삼각기둥 두 개를 합치면 정육면체가 된다는 것을 인식한다.
4. 작은 삼각기둥 네 개를 합치면 정육면체가 된다는 것을 인식한다.

●흥미점

큰 삼각기둥과 작은 삼각기둥을 맞대며 논다.

●목적

1. 삼각기둥의 큰 것과 작은 것을 모아 만든 모양이 모두 정육면체라는 것을 안다.
2. 작은 삼각형을 연결하면 직사각형이 된다는 것을 깨닫는다.

활동2 직사각형 만들기

준비

1. 제5가베의 작은 삼각기둥과 큰 삼각기둥, 작은 정육면체를 준비한다.

활동 방법

교사 : 작은 정육면체끼리 혹은 큰 삼각기둥과 작은 삼각기둥을 맞대며 직사각형을 만들어 보세요.

유아 : (함께 만들어 본다.)

1) 작은 정육면체 1개 크기

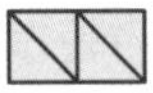

작은 삼각기둥 4개

큰 삼각기둥 1개, 작은 삼각기둥 2개

2) 작은 정육면체 2개 크기

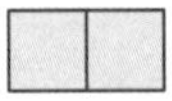

작은 정육면체 2개

큰 삼각기둥 4개

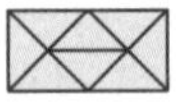

작은 삼각기둥 8개

3) 작은 정육면체 3개 크기

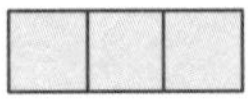

작은 정육면체 3개

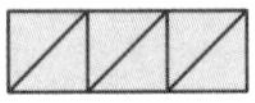

큰 삼각기둥 6개

4) 작은 정육면체 4개 크기

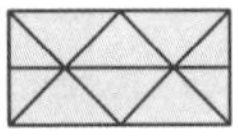

큰 삼각기둥 6개, 작은 삼각기둥 4개

5) 작은 정육면체 6개 크기

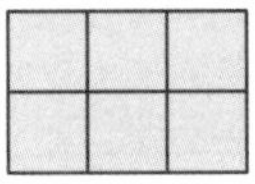

작은 정육면체 6개

교사 : 9개의 직사각형을 만들어 보았어요. 이제 정리하고 다음에 또 해 보도록 해요.

유아 : 네.

활동3 삼각형 만들기

❀ 준비

1. 제5가베의 큰 삼각기둥과 작은 삼각기둥, 작은 정육면체를 준비한다.
2. 여러 가지 크기의 삼각형을 만들며 논다.
3. 삼각형은 정육면체도 포함할 수 있다는 것을 알며 논다.
4. 직각이등변삼각형 두 개를 합치면 정삼각형이 될 수 있다는 것을 체험한다.

❀ 활동 방법

교사 : 여러 가지 크기의 삼각형을 만들어 보세요.

유아 : (함께 만들어 본다.)

작은 삼각기둥

큰 삼각기둥

큰 삼각기둥 2개

작은 삼각기둥 4개

큰 삼각기둥 4개

작은 정육면체 1개, 큰 삼각기둥 2개,
작은 삼각기둥 1개

작은 정육면체 4개, 큰 삼각기둥 4개,
작은 삼각기둥 1개

작은 정육면체 9개, 큰 삼각기둥 6개,
작은 삼각기둥 1개

● 흥미점
  삼각형을 작게, 크게 만든다.

● 목적
1. 작은 삼각형에서 큰 삼각형을 구성하기까지의 과정을 안다.
2. 삼각형의 성질을 안다.
3. 직각이등변삼각형 두 개를 합치면 정삼각형이 된다는 것을 인식한다.

교사 : 1), 2), 3)과 같이 차츰 크게 만들어 봅시다.

1)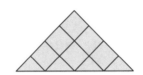

2)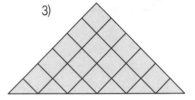

3)

교사 : 11개의 삼각형을 만들어 보았어요. 이제 정리하고 다음에 또 해 보도록
합시다.

유아 : 네.

●목적
4. 확대와 축소를 이해하
게 된다.

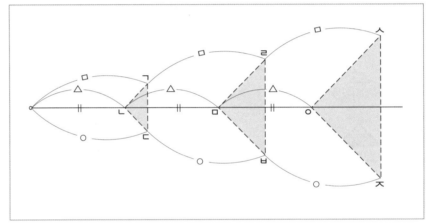

〈확대와 축소〉

활동4 평행사변형 만들기

✤ 준비

1. 제5가베의 큰 삼각기둥, 작은 삼각기둥, 작은 정육면체를 준비한다.
2. 삼각기둥과 정육면체를 이용하여 다양한 크기의 평행사변형을 만든다.

✤ 활동 방법

교사 : 평행사변형을 만들어 보세요.(유아에게 설명하며 함께해 본다.)

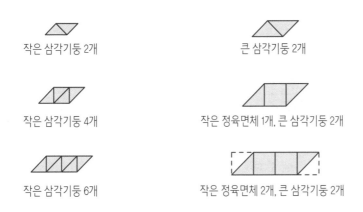

작은 삼각기둥 2개   큰 삼각기둥 2개

작은 삼각기둥 4개   작은 정육면체 1개, 큰 삼각기둥 2개

작은 삼각기둥 6개   작은 정육면체 2개, 큰 삼각기둥 2개

※ 정리하고 다음에 또 해 볼 것을 권유한다.

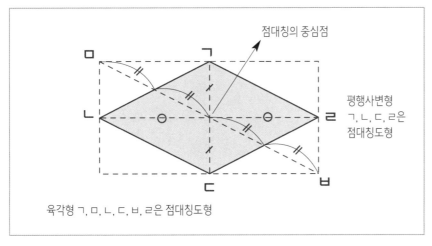

점대칭의 중심점

평행사변형
ㄱ, ㄴ, ㄷ, ㄹ은
점대칭도형

육각형 ㄱ, ㅁ, ㄴ, ㄷ, ㅂ, ㄹ은 점대칭도형

〈점대칭도형의 성질〉

●흥미점
 삼각기둥을 맞대어 평행
 사변형을 만든다.

●목적
1. 평행사변형의 성질을 안다.
2. 점대칭도형의 성질을 안다.

활동5 사다리꼴 만들기

❀준비

1. 제5가베의 큰 삼각기둥, 작은 삼각기둥, 작은 정육면체를 준비한다.
2. 삼각기둥과 정육면체를 이용하여 다양한 크기의 사다리꼴을 만든다.

❀활동 방법

교사 : 사다리꼴을 만들어 보세요.(유아에게 설명하며 함께해 본다.)

작은 삼각기둥 3개

작은 삼각기둥 4개

큰 삼각기둥 3개

작은 정육면체 1개, 큰 삼각기둥 2개

※ 정리하고 다음에 또 해 볼 것을 권유한다.

활동6 육각형 만들기

❀ 준비

1. 제5가베의 큰 삼각기둥, 작은 삼각기둥, 작은 정육면체를 준비한다.
2. 삼각기둥과 정육면체를 이용하여 다양한 크기의 육각형을 만든다.

❀ 활동 방법

교사 : 육각형을 만들어 보세요.(유아에게 설명하며 함께해 본다.)

작은 정육면체 1개, 작은 삼각기둥 2개

작은 삼각기둥 6개

큰 삼각기둥 6개

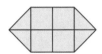

작은 정육면체 4개, 큰 삼각기둥 4개

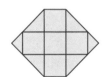

작은 정육면체 5개, 큰 삼각기둥 4개,
작은 삼각기둥 2개

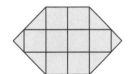

작은 정육면체 8개, 큰 삼각기둥 4개,
작은 삼각기둥 2개

※ 정리하고 다음에 또 해 볼것을 권유한다.

● 흥미점
삼각기둥으로 육각형을
만든다.

● 목적
육각형의 성질을 안다.

5B

프뢰벨의 제5B가베

제 5B가 베

1) 구성 및 특징

▶ 한쪽 모서리가 없는 요선정육면체 8개,
반원기둥 12개, 작은 정육면체 12개,
작은 삼각기둥 12개

제5B가베는 제5가베의 변형이다. 이는 프뢰벨에 의해 이미 만들어진 것이었으나 사용되지 않다가 프뢰벨 시대 이후에 건축양식이 다양해지면서, 어린이의 성장과 함께 점점 커 가는 새롭고 복잡한 것에 대한 욕구를 충족시키고 또 폭넓은 경험의 기회를 주기 위해서 골다머(Goldammer)가 다시 정리하여 준비한 교구이다. 제5B가베는 제5가베와 같이 큰 정육면체에서 분할된 형태이다. 제5B가베의 구성은 12개의 정육면체와 4개씩 두 쌍의 작은 정육면체의 모서리를 잘라내어 만든 4개의 반원기둥, 한쪽 모서리가 원기둥처럼 잘려 나간 정육면체 즉 요선정육면체 8개가 된다. 반원기둥은 따로 만든 지름 2.5cm의 원기둥 4개를 반으로 나누어서 8개

를 더 만들어 모두 12개의 반원기둥이 된다. 또한 제5가베처럼 12개의 작은 삼각기둥을 더하여 모두 44개의 작은 조각을 만들어 실제에 가까운 정교하고 웅장한 건축물을 만드는 데 충분하다.

반원기둥 2개를 합하면 제2가베에서 보여 준 원기둥의 형태로, 우아한 건축물을 만드는 데 아주 유용하게 사용할 수 있는 조각이 된다. 반원기둥은 위 · 아래 · 옆면의 3면을 가진 원기둥과 달리 절반으로 나뉘어진 면이 하나 더 있고, 그 면은 정육면체의 한 면과 그 크기가 같아서 다른 조각들과 쌓기놀이를 할 때 안정감이 있다. 원기둥은 옆면이 둥글어서 평지에 놓으면 굴러가지만 반원기둥은 둥근 옆면으로 놓으

면 시소처럼 흔들리다가 정지 상태로 된다.

모서리를 둥글게 잘라 낸 요선정육면체는 불완전해 보이지만 모서리가 잘려진 부분을 가운데로 하고 두 개를 붙여 놓으면 다리 모양이 되어 건축물 구성에 유용하게 쓰인다.

프뢰벨이 제작한 교구의 가장 큰 특징은 어린이가 스스로 놀이하고 작업하는 과정을 계속 반복하는 동안 자연스럽게 그 목적이 달성된다는 것이다. 정해진 규칙에 얽매이는 것보다 어린이 스스로 계획하고 규칙을 만들어 가는 과정이 더욱 긍정적이고 발전적인 결과를 나타낸다는 사실을 보여 준다.

2) 목적

1. 원과 반원, 원기둥과 반원기둥의 성질을 알수 있다.
2. 우아한 건축물 구성으로 미적 감각을 발달시킨다.
3. 창작력 발달을 돕는다.
4. 사물에 대한 정확한 인식력을 발달시킨다.
5. 어린이의 자발적인 활동을 촉진시킨다.
6. 수학적인 능력과 공간구성력을 발달시킨다.
7. 언어적 능력이 향상되도록 돕는다.
8. 스스로 정리, 정돈하고 해결하는 습관을 길러 준다.
9. 공간지각력을 키운다.

3) 프뢰벨이 구상한 놀이

1. 소 개
• 전체의 소개
• 부분의 소개

2. 건축놀이

3. 무늬놀이

4) 알아 둘 것

●전 체
1. 교구를 쌓을 때 반원기둥에 주의를 기울여야 한다.
2. 흐트러지기 쉬우므로 각별한 주의가 요구된다.

제5B가베의 전체 소개……인식 형식
연령 : 3~7세, 개인 및 그룹 지도

활동1 전체의 소개

✿ 준 비

1. 제5B가베를 준비한다.

요선 정육면체

반원기둥

작은 삼각기둥

✿ 활동 방법

● 흥미점
반원기둥과 아치형으로 건축물을 만든다.

● 목적
1. 반원의 성질을 안다.
2. 잘린 반원기둥과 정육면체의 관계를 안다.

1. 반원기둥을 소개한다.

교사 : 원기둥을 둘로 갈라 반원기둥으로 만든 것이 8개 있어요. 8개의 정육면체의 모서리에서 반원기둥 4개를 잘라낸 반원기둥은 모두 12개입니다. 반원기둥은 위, 아래, 옆면과 절반으로 나뉘어진 면이 하나 더 있습니다. 이 면은 정육면체의 한 면과 크기가 같습니다. 반원기둥은 둥근 옆면으로 놓으면 시소처럼 흔들거리다가 정지 상태가 됩니다.

2. 요선정육면체를 소개한다.

교사 : 한쪽 모서리가 둥글게 잘린 요선정육면체는 8개입니다. 불완전해 보이지만 모서리가 잘려진 부분을 가운데로 하여 두 개를 붙여 놓으면 다리 모양이 되어 아치형 건축물 구성에 유용하게 쓰입니다.

활동2 자르는 법

❀ 준 비

1. 제5B가베를 준비한다.
2. 가로, 세로, 위아래, 높이의 금을 따라 차례대로 각 부분을 분해하면서 논다.
3. 위, 중간, 아래의 교구 정리 순서를 익힌다.

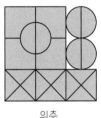
위층

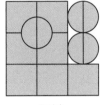
중간층

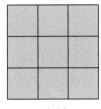
아래층

❀ 활동 방법

교사 : 위, 아래 자르기의 모양을 제시하겠어요. 여기 제5B가베의 정육면체가
　　　있어요.

교사 : 위아래로 난 금을 따라 세 부분으로 잘랐어요.

위층

중간층

아래층

● 흥미점
　금을 따라 자르며 논다.

● 목 적
1. 위층과 중간층, 아래층
　의 차이를 안다.
2. 요선 정육면체와 원기
　둥을 잘라 반원기둥을
　만드는 과정을 인식한
　다.
3. 작은 삼각기둥을 인식한다.
4. 질서감이 발달한다.
5. 집중력이 발달한다.

교사 : 세 부분을 각각 세로로 난 금을 따라 잘라요. 위층은 요선정육면체, 반원기둥, 작은 삼각
기둥으로 구성되어 있어요.

중간층에는 위층의 작은 삼각기둥이 있는 자리에 작은 정육면체가 있어요.

아래층은 작은 정육면체 9개로 구성되어 있어요.

└── 위층 ──┘   └── 중간층 ──┘   └── 아래층 ──┘

교사 : 각 부분을 금을 따라 자르면, 위층은 작은 정육면체를 요선으로 잘라 요선정육면체와 원
기둥을 만들어 내고, 원기둥을 반으로 잘라 반원기둥을 만들어요. 정육면체는 대각선으
로 잘라 작은 삼각기둥을 만들어요.

중간층은 위층의 요선 정육면체와 반원기둥을 똑같이 만들어 내고, 정육면체 3개는 더
이상 자르지 않아요.

아래층은 9개의 작은 정육면체로 잘랐어요.

└── 위층 ──┘   └── 중간층 ──┘   └── 아래층 ──┘

교사 : 다시 거꾸로 합해 가면서 원래의 모양으로 만들고, 제자리에 갖다 놓아요.

※ 자르는 법이 조금 복잡하므로 세심한 주의가 요구된다.

활동3 의 부분 건축놀이

준비

1. 제5B가베를 준비한다.
2. 제5B가베의 정육면체, 원기둥, 요선정육면체, 삼각기둥의 성질과 특징을 살려 건축한다.

활동 방법

교사 : 요선 정육면체와 반원기둥을 사용하여 육갑차 두 대를 만들어 보세요.
    (유아에게 설명하며 함께해 본다.)

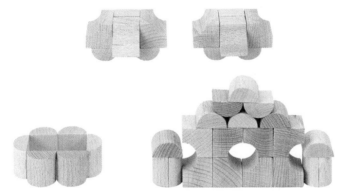

•반원기둥 6개에 의한 건축물   •반원기둥과 요선정육면체 8개에 의한 건축물

•작은 정육면체 12개를 이용한 건축물   •삼각기둥 12개를 이용한 건축물

※ 정리하고 또 해 볼 것을 권유하고 끝마친다.

●흥미점
여러 가지 모양의 부분으로 건축하며 논다.

●목적
1. 원기둥과 요선정육면체, 삼각기둥, 정육면체의 성질을 이해한다.
2. 미적 감각을 증진시킨다.

놀이2

제5B가베의 전체 소개······생활 형식
연령 : 3~7세, 개인 및 그룹 지도

활동1 독립된 건축놀이

●흥미점
곡선을 이용한 건축물
을 만들며 논다.

●목적
1. 곡선과 직선의 조화를
이해시킨다.
2. 미적 감각을 증진시킨
다.
3. 균형 있는 건축물을 만
든다.

준비

1. 제5B가베를 준비한다.
2. 제5B가베를 모두 사용하여 다양하면서도 우아한 건축물을 만들며 논다.
3. 실제로 본 건축물을 상상하고 이미지를 살려서 건축하며 논다.

활동 방법

교사 : 제5B가베 모두를 사용해서 신전을 만들어 보세요. 먼저 9개의 정육면체
를 밑에 붙여 놓으세요. 양쪽에 한 개의 나무토막을 남기고 두 번째 나무
토막 위에 정육면체를 3개씩 각각 쌓아 올리세요. 다음에 가운데 한 칸씩
건너 기둥을 3개씩 각각 올려놓고 그 위에 8개의 요선정육면체를 요선이
아래로 향하도록 하고, 차례로 놓아 지붕을 만드세요.(같은 방법으로 설명
하며 각각의 건축물을 만들어 본다.)

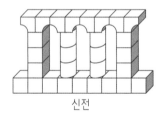

신전

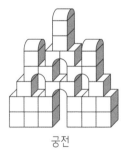

궁전

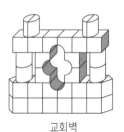

교회벽

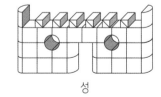

성

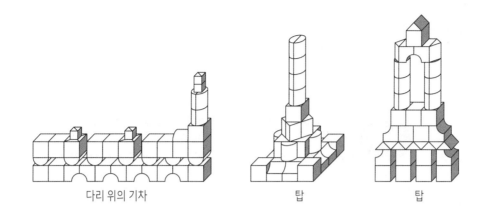

다리 위의 기차   탑   탑

※ 유아의 정도에 따라 1회에 한 건물 또는 두 건물씩만 건축할 수 있다.

※ 정리하고 다음에 할 것을 권유하고 끝낸다.

놀이3 무늬놀이……미 형식
연령 : 3~7세, 개인 및 그룹 지도

● 흥미점
   곡선과 직선을 이용하
   여 논다.

● 목적
1. 미적 감각을 기른다.
2. 질서와 집중력을 기른
   다.
3. 대칭관계를 안다.
4. 균형 있는 형태를 안다.

활동1 반원기둥과 요선정육면체, 삼각기둥, 정육면체가 어울리는 무늬놀이

✿ 준비

1. 제5B가베를 준비한다.
2. 반원기둥과 삼각기둥, 요선정육면체 그리고 정육면체가 서로 어울리는 무늬
   를 만들어 봄으로써 서로의 차이점을 이해하며 논다.
3. 4가지 요소 즉 삼각형, 사각형, 반원, 요선을 사용하므로 질서와 집중력이 요
   구되는 놀이이다.

✿ 활동 방법

교사 : 제5B가베를 모두 사용해서 무늬를 만들어 봅시다.(유아에게 설명하며 차례
   로 해 본다.)

※ 정리하고 다음에 할 것을 권하고 마친다.

6

프뢰벨의 제6가베

제 6 가 베

1) 구성 및 특징

▶ 높이 1.25cm, 길이 5cm, 폭 2.5cm의 직육면체 18개.
▶ 높이 1.25cm, 길이 2.5cm, 폭 2.5cm의 작은 직육면체(받침) 12개.
▶ 높이 1.25cm, 길이 5cm, 폭 1.25cm의 긴 직육면체(기둥) 6개.

제6가베는 제3, 4, 5가베와 같이 쌓을 수 있는 나무로서 4종류이지만 모두 상호 관련성이 있다. 제6가베는 제4가베를 발전시킨 것이며, 제5가베와 같은 7.5cm로 된 정육면체이다. 이것을 가로, 세로, 위아래로 잘라 높이 1.25cm, 길이 5cm, 폭 2.5cm의 직육면체로 나뉘었다. 이것은 제4가베의 직육면체와 같은 크기이다. 이들 중 3개를 세로로 둘로 잘라, 길이 5cm, 높이와 폭이 1.25cm인 직육면체(기둥) 6개로 만들고, 나머지 6개를 가로로 둘로 잘라 높이1.25cm 길이와 폭이 모두 2.5cm인 받침 12개를 만든다. 이것을 모두 합치면 전체의 부분 수는 36개가 된다.

제5가베의 부분 수는 39개이고, 제6가베의 부분의 수는 36개로 구성되어 있다. 개수만으로 생각하면, 제5가베가 더 복잡하게 보이고, 제6가베가 먼저 나와야 할 것처럼 생각된다. 그러나 프뢰벨 가베는 연속성을 고려하여 선택되고 만들어진 교구이므로 반복해서 나오도록 되어 있다. 그러므로 정육면체는 먼저 경험한 형태이므로, 순서로 보더라도 제5가베 다음에 오는 것이 당연하다. 또 직육면체를 잘라 새로이 만든 기둥, 받침 부분은 모양은 간단하지만 이것을 사용해서 다양하고 공간이 충분한 아름답고 이상적인 건축을 할 수 있다. 그러므로 이 제6가베가 건축 슈필가베 마지막에 오게 된 것이다.

건축에 있어서 기둥이 6개보다 적으면 건축하기가 어렵고, 이보다 많으면 받침의 수도 많아야 하기 때문이다. 그렇게 되면, 작게 잘린 부분의 수가 잘리지 않은 직육면체에 비해 너무 많아져서 전체의 조화를 깨뜨리게 된다. 그래서 기둥 6개와 받침 12개가 가장 적당한 수가 되는 것이다. 제6가베는 서로 다른 세 가지 부분으로 면은 사각형, 각은 전부 직각으로 구성되어 있는 육면체이다. 또 기둥과 받침은 꼭 기둥과 받침으로만 사용해야 된다는 것은 아니다. 기둥을 옆으로 해 보기도 하고 받침을 위로 가지고 가도 좋다.

이와 같은 간단한 재료를 사용해서 복잡하고 멋진 작품을 만들기란 오히려 복잡한 재료를 사용해서 멋진 작품을 만들기보다 더 어려운 것이다. 그러나 제6가베의 부분은 매우 단순하면서도 복잡하고 멋진 건축을 하기에 충분한 요소가 들어 있다. 제5가베에서도 예술적, 미적 창작을 주로 한 건축이었는데, 제6가베에서는 기둥과 받침이라고 하는 새로운 재료를 써서 공간이 충분히 미적일 뿐 아니라 실제 건축 이상에 가까운 작품을 만들 수 있다.

수적으로 제5가베에 이어 3을 기본으로 하는 홀수를 다루게 되었다. 건축은 공간을 많이 가지는 것이기 때문에, 항상 균형을 잃지 않는 것이 중요하다.

이상과 같이 어려운 조건에 의해서 건축을 하고, 또 여러 가지 놀이로 어린이들의 욕구를 만족시킴으로써 지적으로, 정신적으로 발달시키기에 충분하다.

2) 목적

1. 이상적이고 균형잡힌 건축을 만들게 한다.
2. 건축의 주요소인 기둥과 받침의 서로 다른 성질을 이해시키고 그 중요성을 안다.
3. 홀수 3이라는 숫자를 다시 한 번 잘 인식시킨다.
4. 단순한 재료로도 복잡한 것을 만들 수 있다는 것을 안다.
5. 건축과정에서 생기는 공간의 미를 안다.
6. 수적 관념을 익힘과 동시에 지적 활동을 활발히 한다.
7. 풍부한 상상력과 창작력을 기른다.
8. 논리적이고 계획적인 사고와 행동을 기른다.
9. 활동을 통해서 집중력을 향상시킨다.

3) 프뢰벨이 구상한 놀이

1. 소 개
• 전체의 소개 – 제4가베를 사용한 비교
• 전체의 소개 – 제5가베를 사용한 비교
• 전체의 소개 – 자르는 법
• 부분의 소개 – 직육면체와 기둥의 비교
• 부분의 소개 – 직육면체와 받침의 비교
• 부분의 소개 – 기둥과 받침의 비교
• 부분의 소개 – 기둥 면의 소개
• 부분의 소개 – 받침 면의 소개

2. 건축놀이
• 부분을 사용한 독립된 건축
• 전부를 사용한 독립된 건축
• 제5가베와 제6가베의 연합 건축

4) 알아 둘 것

●전 체

1. 상자에서 꺼냈을 때 직육면체의 기둥 그리고 받침이 잘 보이도록 놓는다.
2. 부분의 수에 주의하고, 3의 배수라는 것을 항상 기억하도록 한다.
3. 상자에 넣을 때는 꺼낼 때 편하도록 하고, 꺼낼 때는 흩어지지 않도록 조심하게 한다.
4. 놀이를 할 때 어린이 스스로 생각하게 하고, 조용한 가운데 집중하게 한다.

●소 개

1. 항상 닮은 점을 먼저 보이고, 후에 다른 점을 보여 준다.
2. 자르는 법 한 가지는 한 번의 활동으로 충분하다.

●건축놀이

1. 직육면체, 기둥, 받침의 특성을 살려서 놀이한다.
   기둥이나 받침을 2개 포개어서, 직육면체로 사용하지 않는다.
   받침 2개를 포개어서 직육면체로 사용하지 않는다.
2. 평면적인 건축이 되지 않도록 주의한다.
3. 건축물을 만들 때 전체를 모두 사용한다.
4. 무너지기 쉬운 건축은 되도록 피하는 것이 좋다.
5. 어린이 스스로 창작하며 놀도록 이끈다.
6. 선생님은 가능한 한 어린이의 창작력이 발달하도록 도와준다.

놀이1 제6가베의 소개……인식 형식
연령 : 3~7세, 개인 및 그룹 지도

활동1 제4가베와의 비교 소개

✿ 준비

1. 제4가베와 제6가베를 준비한다.
2. 제4가베의 5cm 정육면체를 이용하여 제6가베의 정육면체와 전체적으로 비교해서 닮은 점과 다른 점을 밝히고, 제6가베의 새로운 성질을 제3가베를 바탕으로 소개하며 논다.

✿ 활동 방법

교사 : 오늘은 제6가베에 대해 알아보겠습니다. 먼저 배웠던 제4가베와 비교하면서 알아보기로 해요. 제6가베라고 말해 보세요.

유아 : 이것은 제6가베입니다.

교사 : 제4가베와 제6가베는 모두 정육면체입니다. (실제로 비교하면서) 그러면 정말 정육면체인지 면, 모서리, 각을 비교해 보겠어요. (손가락으로 금을 쓸어 보면서) 또 양쪽 정육면체에는 모두 자를 수 있는 금도 있어요.

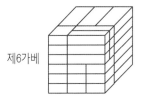
제6가베

제4가베

교사 : 이제 이 두 개의 정육면체를 갖다 대어 보겠어요. 대어 보니 가로, 세로, 높이 모두 제6가베가 크군요.

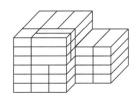

제6가베가 제4가베보다 세로, 가로, 높이가 2.5cm씩 크다. 제6가베는 7.5cm의 정육면체, 제4가베는 5cm의 정육면체.

●흥미점
제4가베를 기초로 해서 제6가베의 성질을 파악한다.

●목적
1. 양쪽 다 정육면체라는 것을 안다.
2. 양쪽 나무토막에 모두 금이 있음을 안다.
3. 금은 처음에는 같은 모양으로 잘라지지만 중도에 다르게 잘라진다는 것을 이해한다.
4. 제4가베보다 제6가베의 수가 더 많다는 것을 안다.

교사 : 이제 양쪽 정육면체에 있는 금을 자세히 보도록 합시다. (손가락으로 쓰다듬으면서) 금을
자세히 보니 결합된 방법이 서로 다르다는 것을 알 수 있어요. 그러면 금을 따라 잘라
보겠어요. (자르면서) 처음에는 같은 모양으로 잘라지지만 중간에는 다르게 잘라지는군
요.

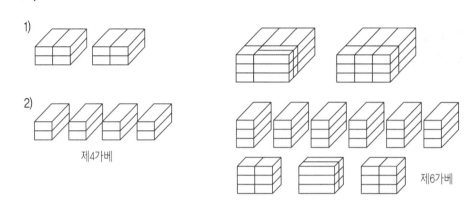

교사 : 제4가베는 2개씩 잘라지고 제6가베는 3개씩 자르게 되어 있군요. 이제 직육면체가 되기
까지 모두 잘라 보았어요. 그러면 이제 제4, 6가베의 수를 세어 보도록 하겠어요. 하나,
둘…… 제4가베는 8개밖에 안 되는군요. 그런데 제6가베는 27개나 되는 것을 알 수 있군
요.

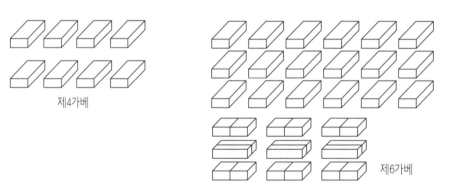

교사 : 제6가베를 더 작게 잘라 보니 기둥과 받침이 만들어졌어요.

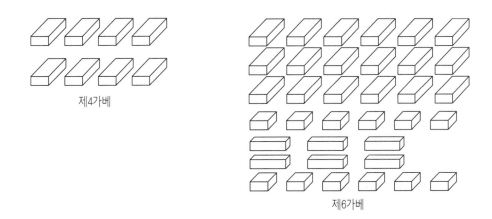

제4가베

제6가베

※다시 역순으로 쌓아 정육면체를 만들고 상자에 넣어 제자리에 갖다 놓도록 권한다.

활동2 제5가베와의 비교 소개

●흥미점
제5, 6가베의 정육면체와 전체 비교하며 논다.

●목적
1. 제5, 6가베의 크기가 같다는 것을 안다.
2. 부분의 특징을 안다.
3. 질서감을 기른다.
4. 집중력을 기른다.

🦋준비

1. 제5, 6가베를 준비한다.
2. 제5가베를 이용해서 제6가베의 정육면체와 전체적으로 비교하여, 닮은 점과 다른 점을 경험시키고 둘의 관계를 알게 한다. 서로 맞대어 보거나 면, 모서리, 각의 수를 세어 보면서 제5가베와 제6가베의 크기가 같다는 것을 안다.

🦋활동 방법

교사 : 제5가베와 제6가베의 닮은 점을 살펴보면, 둘 다 나무로 만들어졌어요. 상자에 있고, 7.5cm의 정육면체로 되어 있어요. 그리고 분해할 수도 있고, 다시 자른 수가 18개입니다. 직각도 모두 같고, 2.5cm의 변, 사각의 면으로 구성되어 있으며 전체가 3의 배수로 되어 있어요.

1)

제5가베

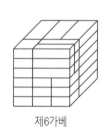
제6가베

2)
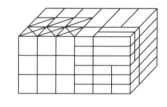
제5가베와 제6가베는 모두 7.5cm이다.

교사 : 이번에는 다른 점은 무엇이 있을까? 제5가베는 부분의 수가 39개이고, 부분의 모양은 정육면체, 큰 삼각기둥, 작은 삼각기둥이 있군요. 또 5면체와 6면체가 있어요. 각은 직각과 예각으로 되어 있어요. 삼각면과 사각면이 있으며, 정육면체로 된 부분이 21개입니다. 그러면 이번에는 제6가베를 보기로 하겠어요. 제6가베는 부분의 수가 36개이며, 부분의 모양은 직육면체, 기둥, 받침으로 되어 있군요. 또 6면체뿐이군요. 각은 직각뿐이고, 직사각면과 정사각면이 있고 직육면체로 된 부분이 18개로 되어 있군요.

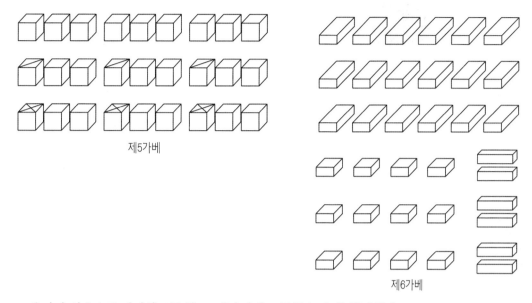

제5가베

제6가베

※ 유아가 역순으로 정리하도록 하고, 제자리에 교구를 놓은 후 끝마친다.

●**흥미점**
금을 따라 잘라 가며 논다.

●**목적**
1. 한 번 자를 때마다 부분의 수가 많아진다는 것을 안다.
2. 제6가베는 직육면체 18개와 기둥 6개, 받침 12개를 모두 합한 36개의 작은 부분으로 구성되어 있다는 것을 안다.
3. 질서감을 기른다.
4. 집중력을 기른다.

활동3 자르는 법

준비

1. 제6가베를 준비한다.
2. 세로, 가로, 위아래로 새겨진 금을 따라 차례로 분해한다. 끝나면 역순으로 환원하며 논다.
3. 한 가지 자르는 법으로 한 번의 놀이로 삼는다. 자르는 법에 따라 여러 가지 모방 놀이를 하면서 재미있게 잘라 나간다. 한 번 자를 때마다 잘린 부분의 수를 세어, 부분의 수가 많아진다는 것을 알면서 분해해 나가면, 18개의 직육면체와 6개의 기둥, 12개의 받침, 모두 36개의 작은 부분으로 구성되어 있다는 것을 알게 된다.

활동 방법

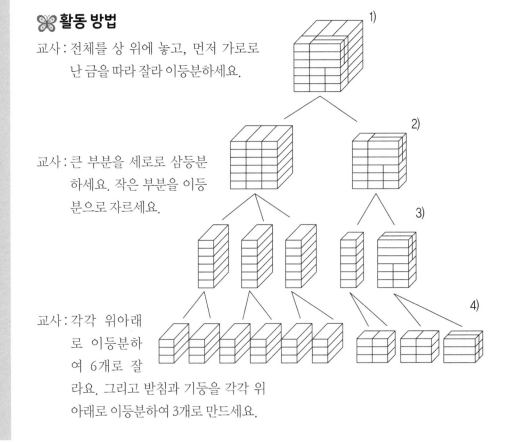

교사 : 전체를 상 위에 놓고, 먼저 가로로 난 금을 따라 잘라 이등분하세요.

교사 : 큰 부분을 세로로 삼등분하세요. 작은 부분을 이등분으로 자르세요.

교사 : 각각 위아래로 이등분하여 6개로 잘라요. 그리고 받침과 기둥을 각각 위아래로 이등분하여 3개로 만드세요.

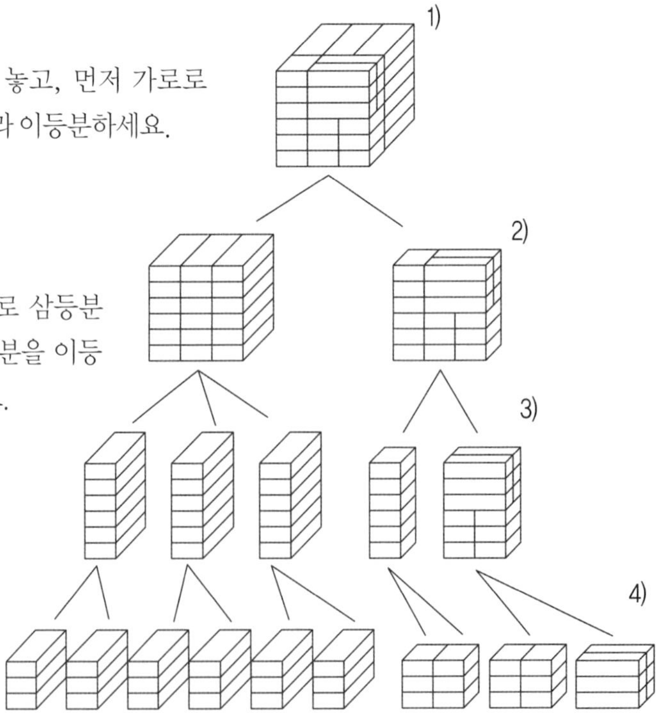

교사 : 직육면체 기둥 6개를 모두 위아래로 난 금을 따라 3등분씩 나누면 18개의 작은 직육면체 모양이 되어요. 작은 부분도 위아래로 난 금을 따라 3등분씩 다시 자르니 9개의 직육면체가 만들어지네요.

5)

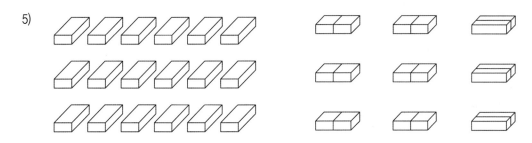

교사 : 작은 부분의 직육면체 9개를 금 따라 더 자르면 각각 받침이 12개, 기둥이 6개로 만들어져요. 이를 다시 역순으로 환원하여 큰 정육면체를 만들어 보기로 합시다.

6)

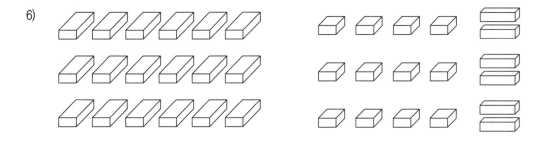

※ 정리하여 제자리에 놓고 끝마친다.

활동4 부분 소개(직육면체와 기둥의 비교)

✿준비

1. 제6가베의 직육면체와 기둥을 준비한다.
2. 직육면체와 기둥의 크기를 비교하며, 직육면체와 기둥면의 관계를 알게 하며 논다.

✿활동 방법

※ 직육면체 위에 기둥면을 올려놓고, 직육면체의 여러 면과 기둥의 면을 비교한다.

1) 직육면체의 중간 크기 면과 기둥의 큰 면의 크기가 같다.

교사 : ○○아, 여기 직육면체의 중간 크기 면이 있지요?

교사 : 이번에는 기둥의 큰 면을 이 직육면체 중간 크기 면에 갖다 대어 봅시다. 같은가요? 다른가요?

유아 : 같아요.

교사 : 그래요. 직육면체의 중간 크기 면과 기둥의 큰 면은 같지요?

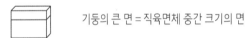

기둥의 큰 면 = 직육면체 중간 크기의 면

2) 직육면체의 중간 크기의 면과 기둥의 작은 면 4개는 크기가 같다.
   즉, 기둥의 작은 면은 직육면체 중간 크기 면의 1/4이 된다.

교사 : 직육면체 중간 크기 면에 기둥의 작은 면을 포개 놓아 봅시다. 이번엔 어떤가요?

유아 : 같지 않아요.

교사 : 1개를 더 포개 볼까요? 그래도 빈자리가 있어요. 다시 한 개를 더 올려놓아 봐요.

교사 : 자, 또 하나. 이번엔 어떻게 됐어요?

유아 : 같아졌어요.

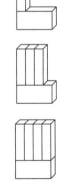

교사 : 그래요. 기둥의 작은 면은 몇 개입니까?

유아 : 4개입니다.

교사 : 직사각형의 중간 크기 면과 기둥의 작은 면 4개는 같은가요?

유아 : 네, 같아요.

※ 3), 4), 5), 6)도 같은 방법으로 해 보세요.

 기둥의 작은 면 4개 = 직육면체 중간 크기 면

3) 직육면체의 작은 면과 기둥의 작은 면 2개는 같다. 즉 기둥의 작은 면은 직육면체 작은 면의 1/2이 된다.

 기둥의 작은 면 2개 = 직육면체 작은 면

4) 직육면체의 작은 면 2개와 기둥의 큰 면은 같다. 즉 기둥의 큰 면은 직육면체 작은 면의 2배 크기가 된다.

 기둥의 큰 면 = 직육면체 작은 면 2개

5) 직육면체 큰 면과 기둥의 큰 면 2개가 같다. 즉 기둥의 큰 면은 직육면체 큰 면의 1/2이 된다.

 기둥의 큰 면 2개 = 직육면체 큰 면

6) 직육면체의 큰 면은 기둥의 작은 면 6개를 포개어도 2개만큼의 자리가 남는다. 결국 기둥의 작은 면 8개가 같다는 것을 알게 된다.

 기둥의 작은 면 8개 = 직육면체 큰 면

※ 정리하여 제자리에 놓고 끝마친다.

활동5 부분 소개 (직육면체와 받침의 비교)

❀ 준비

1. 제6가베의 직육면체와 받침을 준비한다.
2. 직육면체 위에 받침을 올려놓으면서 비교하고, 그 결과를 어린이에게 묻거나 대화를 통해 직육면체와 받침의 체적과 면의 관계를 알아 가도록 한다.

❀ 활동 방법

※ 활동 4의 방법으로 교사와 유아가 함께 활동한다.

1) 직육면체의 큰 면은 받침의 큰 면 2개와 크기가 같다.

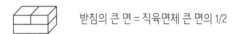
받침의 큰 면 = 직육면체 큰 면의 1/2

2) 직육면체의 큰 면은 받침의 작은 면 4개와 크기가 같다.

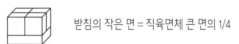
받침의 작은 면 = 직육면체 큰 면의 1/4

3) 직육면체의 중간 크기의 면은 받침의 작은 면 2개와 크기가 같다.

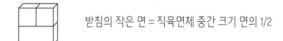
받침의 작은 면 = 직육면체 중간 크기 면의 1/2

4) 직육면체 중간 크기의 면 2개 위에 받침의 큰 면 2개가 꼭 맞게 포개지기 때문에 직육면체의 중간 크기 면과 받침의 큰 면은 크기가 서로 같다.

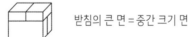
받침의 큰 면 = 중간 크기 면

5) 직육면체의 작은 면과 받침의 작은 면은 크기가 같다.

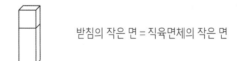
받침의 작은 면 = 직육면체의 작은 면

6) 직육면체의 작은 면 2개와 받침의 큰 면은 크기가 같다.

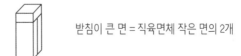
받침이 큰 면 = 직육면체 작은 면의 2개

활동6 부분 소개 (기둥과 받침의 비교)

❀ 준비

1. 제6가베의 기둥과 받침을 준비한다.
2. 기둥과 받침을 비교하면서 면의 관계, 성질의 차이를 알도록 한다.

❀ 활동 방법

※ 활동 4의 방법으로 교사와 유아가 함께 활동한다.

1) 기둥의 큰 면과 받침의 작은 면 2개는 크기가 같다.

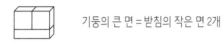 기둥의 큰 면 = 받침의 작은 면 2개

2) 기둥의 큰 면 2개와 받침의 큰 면 2개는 크기가 같다.

 기둥의 큰 면 = 받침의 큰 면

3) 받침의 작은 면과 기둥의 작은 면 2개는 크기가 같다.

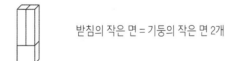 받침의 작은 면 = 기둥의 작은 면 2개

4) 받침의 큰 면과 기둥의 작은 면 4개는 크기가 같다.

 받침의 큰 면 = 기둥의 작은 면 4개

● 흥미점
  받침과 기둥을 비교하
  며 논다.

● 목적
  기둥이나 받침은 다같
  이 직육면체 반 크기이
  므로, 모양은 다르지만
  크기는 같다는 것을 알
  도록 한다.

활동7 부분 소개 (기둥의 면)

●흥미점
기둥의 큰 면과 작은 면을 비교하며 논다.

●목적
기둥의 형태에 대한 지식을 안다.

준비

1. 제6가베의 기둥을 준비한다.
2. 기둥의 큰 면과 작은 면을 알게 하고, 그 크기를 비교하면서 소개한다.
3. 기둥의 큰 면과 작은 면을 보여 주고, 큰 면이 4개 있고, 작은 면이 2개 있음을 세어 보며 알도록 한다. 면의 모양을 살펴보면 큰 면은 직사각형이고, 작은 면은 정사각형임을 알 수 있다.

활동 방법

※ 활동 4의 방법으로 교사와 유아가 함께 활동한다.

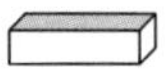

큰 면은 가로 5cm, 세로 1.25cm의 직사각형이다. 기둥에는 이런 면이 4개 있다.

작은 면은 1.25cm의 정사각형이다. 기둥에는 이런 면이 2개 있다.

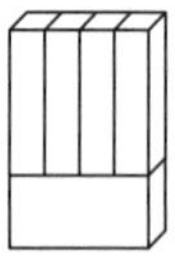

큰 면 위에 작은 면 4개가 올려진다. 큰 면은 작은 면 4개를 합친 것과 크기가 같다.

활동8 부분 소개 (받침의 면 소개)

준비

1. 제6가베의 받침을 준비한다.

2. 받침의 큰 면과 작은 면을 이해시키고, 그 관계를 비교·소개한다.

3. 받침의 큰 면과 작은 면의 모양을 살펴보게 하여 큰 면은 정사각형이고, 작은 면은 직사각형임을 알도록 한다. 받침의 면의 수도 세어 보도록 하여, 큰 면은 2개이고, 작은 면은 4개 있음을 알도록 한다.

4. 유아에게 큰 면 위에 작은 면을 포개어 보도록 한다. 작은 면이 2개 올려지는 것을 보고 큰 면의 크기는 작은 면의 2배임을 알 수 있다.

활동 방법

※ 활동 4의 방법으로 교사와 유아가 함께 활동한다.

큰 면은 2.5cm의 정사각형이다.
받침에는 이런 면이 2개 있다.

작은 면은 2.5cm, 1.25cm의 직사각형이다. 받침에는 이런 면이 4개 있다.

큰 면 위에 작은 면 2개가 올려진다.
큰 면은 작은 면 2개를 합친 것과 크기가 같다.

●흥미점
받침의 큰 면과 작은 면을 비교하여 논다.

●목적
1. 받침에는 정사각형과 직사각형이 함께 있다는 것을 안다.
2. 큰 면은 작은 면 2개를 합친 것과 크기가 같다는 것을 안다.

놀이2

건축놀이……생활 형식
연령 : 3~7세, 개인 및 그룹 지도

● 흥미점
　공간의 변화를 느끼며 논다.

● 목적
1. 공간 변화의 다양성을 깨닫게 한다.
2. 미적 감각을 증진시킨다.
3. 질서와 집중력을 기른다.

활동1　부분을 사용한 독립된 건축

❀ 준비

1. 제6가베 전부를 사용하지 않고, 처음에는 적은 수의 나무토막으로 다양한 공간을 변화시키며 건축물을 만든다.
2. 다양한 실제 건물을 모방하여 가며 점차 수를 늘려 가며 논다.

❀ 활동 방법

교사 : 받침과 기둥을 이용해서 간단한 형태부터 만들어 보세요. 먼저 받침 위에 기둥을 올려 보세요. 어떤 모양이 되었나요?

유아 : 받침 위의 기둥탑 같아요.

받침 위의 기둥탑

※ 교사와 유아는 함께 활동을 계속한다.

받침 위의 기둥,
기둥 위의 보

큰 직육면체로 만든
튼튼한 받침

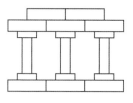

튼튼한 받침문

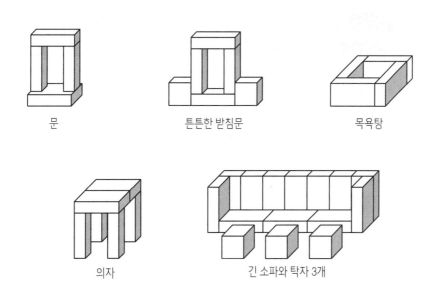

문   튼튼한 받침문   목욕탕

의자   긴 소파와 탁자 3개

※ 유아의 발달 정도에 따라 제시된 건축물 이외에도 다양한 형태의 건축물을 만들어 본 후 정
리하고 끝마친다.

활동2 전부를 사용한 독립된 건축, 다양한 건축놀이

❀준비

1. 제6가베를 준비한다.
2. 제6가베 전부, 즉 18개의 직육면체와 6개의 기둥, 12개의 받침으로 공간이 충분한 실제 건축을 하며 논다.

❀활동 방법

교사 : 탑은 많이 생각하며 만들어야 해요. 1층은 직육면체 9개와 받침 3개, 기둥 3개로 생각하세요. 2층은 직육면체 3개와 받침 6개, 기둥 3개로 만들고, 지붕은 직육면체 6개와 받침 3개로 만드세요.

교사 : 비행기도 만들어 보세요.

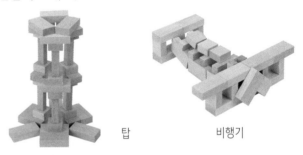

탑   비행기

교사 : 아래에 제시된 건축물을 만들어 보세요.

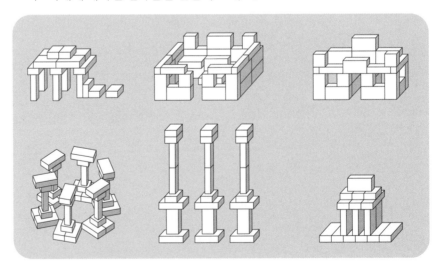

●흥미점
실제 건축물을 만들어 본다.

●목적
1. 미적 감각을 증진시킨다.
2. 받침과 기둥의 역할을 실제 건물에서 이해하게 한다.
3. 건축물 전체에 나무토막을 알맞게 배분하는 능력을 키운다.
4. 사고력을 키운다.
5. 집중력과 질서감을 향상시킨다.

활동3 제5가베와 제6가베의 연합 건축

❀ 준비

1. 제5, 6가베를 준비한다.
2. 제5가베와 제6가베를 함께 사용해서 건축물을 만들어 본다. 이 놀이는 어린이에게 있어서 가장 복잡한 놀이가 된다.
3. 박물관 사진을 먼저 제시하고 자세히 관찰하게 한다.

❀ 활동 방법

교사 : 박물관을 만들어 봐요. 제5, 6가베를 모두 사용하므로 잘 관찰하고 생각해야겠어요. 먼저 건물을 a건물과 b건물로 나누어 생각합시다. 그다음에 1층, 2층 그리고 지붕 순으로 관찰해 봐요. 어휴~! 굉장하네요. 자, 그럼 하나하나씩 만들어 보기로 해요.

유아 : (함께해 본다.)

교사 : 와~! 다 완성되었어요. 만든 건물을 부수기 전에 함께 감상해 봐요.

※ 유아의 감상을 교사는 들어 준다.

●흥미점
제5, 6 가베를 연합하여 논다.

●목적
1. 제5, 6가베의 특징을 조화롭게 이용할 때 보다 실용적인 건물이 된다는 것을 안다.
2. 사고력, 집중력, 질서를 향상시킨다.
3. 관찰력을 기른다.
※ 제6가베의 미(美) 형식은 제4가베를 참조하여 어린이 스스로 창작 활동을 하게 한다.

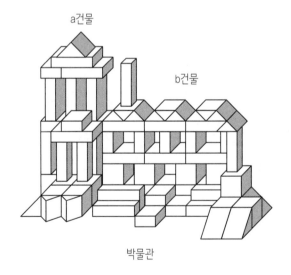

a건물

b건물

박물관

활동4 제5,5B,6가베의 연합건축

❀ 준비

1. 제5, 5B, 6가베를 준비한다.
2. 제5, 5B, 6가베를 함께 사용한 건축물을 만들어 본다.

❀ 활동 방법

교사 : 여러분이 원하는 형태의 건축물을 자유롭게 만들어 보세요.
유아 : (교사와 함께해 본다.)

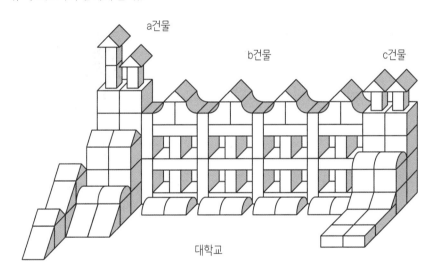

a건물
b건물
c건물
대학교

※ 6세 이상 어린이에게 권해 보세요.

활동5 도미노 놀이

🦋 준비

1. 제4, 6가베를 준비하고, 일정한 간격을 두고 나란히 세운다.

🦋 활동 방법

교사 : 자, 직육면체를 모두 세워 봅시다.

가장 끝에 있는 직육면체를 건드려요. 톡, 쪼르륵.

우와! 세워졌던 직육면체가 차례차례로 모두 쓰러졌어요.

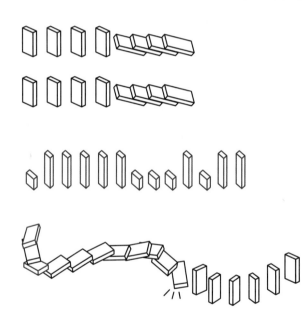

7

프뢰벨의 제7가베

제 7 가베

1) 구성 및 특징

정사각형

직각이등변삼각형

정삼각형

직각부등변삼각형

둔각이등변삼각형

원

반원

마름모

▶ 한 변의 길이가 2.5cm인 정사각형, 정사각형을 대각선으로 나눈 직각이등변삼각형, 세 변의 길이가 2.5cm로 같은 정삼각형, 직각부등변삼각형, 둔각이등변삼각형, 지름 2.5cm인 원, 지름 2.5cm인 반원, 한 변의 길이가 2.5cm인 마름모

제7가베는 형태를 구성하는 최대 요소인 면을 나타낸 가베이다. 정사각형, 정삼각형, 직각이등변삼각형, 직각부등변삼각형, 둔각이등변삼각형, 원, 반원, 마름모의 여덟 가지로 구성되어 있다. 제6가베까지는 면을 입체의 한 성질로만 경험하던 것을 제7가베에서는 독립된 면으로 다루게 된다.

면이라는 개념은 수학에서는 넓이는 있지만 두께가 없는 것으로 생각하고 있다. 이것은 평면과 측면으로 나뉜다. 평면 위에는 어느 방향으로도 직선을 그을 수 있다. 그러나 곡면은 어느 방향으로도 직선을 그을 수 없는 곡면이 있고(　), 일정한 방향으로만 직선을 그을 수 있는 곡면(　)이 있다. 그러나 일반적으로 면은 추상적인 개념을 지니고 있기 때문에 이것을 실제로 경험하기 위해서는 종이, 판자, 타일 등으로 구체화해서 사용한다. 그리고 이들 양면에는 각각 채색되어 있기 때문에 보다 예쁜 실물 및 예술적인 무늬를 만들 수 있다.

만약에 제7가베에서도 입체적인 가베를 소개한다면 이전의 것보다 훨씬 더 복잡하고 진보된 것이어야 할 것이다. 그러나 유아가 진보된 가베를 가지고 실제로 놀이를 할 경우 유아의 수준에서는 너무 복잡하고 어렵게 되어 놀이에 대한 흥미를 잃어버릴 수 있다.

이미 제5가베와 제6가베를 연합할 때에도 유

아의 정도에서는 한계점에 이르렀다고 볼 수 있다. 그러므로 프뢰벨은 그가 고안한 가베의 분해적 요소를 더욱 발전시켜, 지금까지 경험한 입체에서 면만을 따로 떼어 놓은 것이다.

면의 모양과 크기는 2.5cm 정육면체의 면인 정사각형을 기초 모양으로 택했다. 다음에는 정사각형을 대각선으로 이등분하여 직각 이등변삼각형을 만들었다. 이것은 제5가베에서 이미 경험한 삼각기둥의 윗면이나 아랫면과 같은 모양이다.

다음에는 여러 가지 삼각형을 이해하는 준비 단계가 되는 정삼각형을 선택했다. 정삼각형은 세 변과 세 각이 같고, 한 변은 정사각형의 한 변과 같으며, 각은 60°이다. 다음으로는 세 변, 세 각이 같은 정삼각형에 비하여 세 변과 세 각이 모두 다른 직각부등변삼각형을 선택했다.

직각부등변삼각형의 한 변은 정사각형의 변과 같고, 빗변은 정사각형 한 변의 2배, 다른 한 변은 정사각형보다는 길지만 빗변보다는 짧다. 각은 직각, 60°, 30°의 3종류가 있다.

위에서 본 형상 4가지는 각이 직각이거나 아니면 직각보다 작은 각이었다. 그러나 이번에는 직각보다 큰 각인 둔각을 가진 둔각이등변삼각형을 다섯 번째 형상으로 선택하였다. 둔각을 끼는 한 변은 정사각형의 한 변과 같고, 둔각을 마주 보는 변은 직각부등변삼각형의 중간 크기 변과 길이가 같다. 둔각은 120°나 되기 때문에, 지금까지 경험한 어떤 각보다도 큰 각이다. 나머지 두 각은 30°로 되어 있다. 둔각은 제5가베에서 삼각기둥을 맞붙이는 과정에서 경험을 하기는 했지만 둔각 그 자체를 다루기는 이번이 처음이다.

다음은 마름모이다. 이것은 정삼각형 두 개를 맞붙여 놓았을 때 형성되는 모양이다. 두 변은 둔각으로 되어 있고 다른 두 변은 30°로 되어 있다. 그다음으로 제2가베의 입체에서 경험한 원과 이를 반으로 자른 반원의 면을 택했다.

위에서 본 바와 같이 제7가베는 정사각형과 그것을 바탕으로 해서 생겨난 4종류의 삼각형과 사각형, 마름모, 원, 반원으로 구성된 것이다. 제7가베는 수의 제한이 없다. 왜냐하면 면을 나타내는 것이기 때문에 한 조각이든 여러 조각을 이어 붙이든 한 자리를 차지하는 평면을 이루기 때문이다.

그러나 유아의 수준에 따라 그 수를 늘려 가는 것이 바람직하다.

제7가베는 이와 같이 8가지 면을 자유로이 사용해서 평면적으로 실물이나 아름다운 무늬를 만들며 놀 수 있다. 이 가베는 색채가 있기 때문에 미적 무늬의 다양한 변화를 시도해 볼 수 있다. 이 놀이에서 유아는 모양과 빛깔 그리고 수의 배합에 따라 아름다운 무늬가 어떻게 이루어져 나아가는지를 경험하게 되고, 이로 인해 미적 감정을 한층 더 고양시킬 수 있다. 또한 이 놀이는 여러 가지 모양과 수를 경험시킴으로써 모양이나 수에 대한 지식을 발달시키고 창조력을 기르는 가베이기도 하다.

제7가베에서는 독립된 면을 다루는 것이기 때문에, 구체적인 입체의 면으로부터 추상적인 면으로 상승하는 것이 된다. 따라서 이 놀이는 앞으로 다루게 될 더욱 추상화된 놀이로 향하는 한 단계가 된다. 이런 점에서 제7가베의 깊은 뜻이 담겨 있다고 하겠다.

2) 목적

1. 면의 종류를 알게 하고, 면을 구체화하여 알 수 있다.
2. 4종류의 삼각형과 그 특징을 알도록 한다.
3. 직각, 예각, 둔각을 이해시킨다.
4. 원, 반원, 마름모 개념을 알도록 한다.
5. 평면에서의 각과 변의 관계를 알도록 한다.
6. 색채 관념과 미적 감정을 키운다.
7. 수리적 능력을 키우고 탐구와 창작의 의욕을 자극한다.
8. 중심무늬와 물건을 평면적으로 만들게 한다.
9. 모양, 수, 색의 배합을 통해 미를 경험시킨다.
10. 구체적인 것에서부터 추상적인 것으로 나아가는 한 단계를 경험한다.

3) 프뢰벨이 구상한 놀이

1. 정사각형
• 정사각형 소개
• 실물놀이 – 연관 있는 것 – 1매, 2매, 3매, 4매, 5매, 6매
• 독립된 실물 – 7매, 8매, 9매, 10매, 12매, 14매, 16매, 24매, 32매
• 무늬놀이 – 가로무늬
• 무늬놀이 – 중심무늬 – 1매, 3매, 4매, 5매, 6매, 7매, 8매, 9매 중심

2. 직각이등변삼각형
• 직각이등변삼각형 소개
• 실물놀이 – 연관 있는 것 – 1매, 2매, 3매, 4매, 5매, 6매

• 독립된 실물 – 7매, 8매, 9매, 10매, 12매, 14매, 16매, 24매, 32매
• 무늬놀이 – 중심무늬 – 3매, 4매, 5매, 6매, 7매, 8매, 9매 중심

3. 정삼각형
• 정삼각형 소개
• 실물놀이 – 연관 있는 것 – 1매, 2매, 3매, 4매, 5매, 6매
• 독립된 실물 – 7매, 8매, 9매, 10매, 12매, 14매, 16매, 24매, 32매
• 무늬놀이 – 중심무늬 – 3매, 4매, 5매, 6매, 7매, 8매, 9매 중심

4. 직각부등변삼각형
• 직각부등변삼각형 소개
• 실물놀이 – 연관 있는 것 – 1매, 2매, 3매, 4매, 5매, 6매
• 독립된 실물 – 8매, 10매, 12매, 14매, 16매, 24매
• 무늬놀이 – 중심무늬 – 3매, 4매, 5매, 6매, 7매, 8매, 9매 중심

5. 둔각이등변삼각형
• 둔각이등변삼각형 소개
• 실물놀이 – 연관 있는 것 – 1매, 2매, 3매, 4매, 5매, 6매
• 독립된 실물 – 7매, 8매, 9매, 10매, 12매, 14매, 16매, 22매, 32매
• 무늬놀이 – 중심무늬 – 3매, 4매, 5매, 6매, 7매, 8매, 9매 중심

**6. 정사각형, 직각이등변삼각형, 직각부
등변삼각형, 둔각이등변삼각형**
• 비교 소개
• 무늬놀이 – 중심무늬 – 1매, 3매, 4매, 5매, 6
매, 7매, 8매, 9매 중심

7. 마름모
• 실물놀이
• 무늬놀이

8. 원과 반원

4) 알아 둘 것

● 전 체
1. 평면을 다루는 것이므로, 세워서 사용하지
않는다.
2. 공중에 들고 설명하지 않는다.
3. 놀이할 때 처음부터 많이 주어서는 안 된다.
4. 삼각형 명칭은 놀이 중에 익히는 것이 바람
직하다.
5. 가베의 수가 많으므로 난잡해지지 않도록
하고, 수를 자주 확인한다.
6. 종이, 널빤지, 타일 등을 이용하여 재미있
게 놀도록 이끈다.

● 소 개
1. 닮은 점을 먼저 소개한다.
2. 각을 비교할 때는 큰 것을 밑에 깔고 그 위
에 작은 것을 포갠다.
3. 두 개를 비교하고자 하면, 소개하려는 쪽
을 움직인다.

● 실물놀이
1. 한 개의 면을 다루려 하는 것이므로, 두 가
지 이상의 색깔을 쓰지 않는다.
2. 직각이등변삼각형을 서로 붙일 때 정사각
형이 되지 않도록 한다. 그러나 유아가 자
신의 의사대로 그렇게 하고자 하면 간섭하
지 않는 것이 바람직하다.
3. 사이가 떨어지지 않도록 하고, 실물의 이
름을 붙이며 놀도록 한다.

● 무늬놀이, 중심무늬
1. 중심은 바르게 놓고, 챙길 때는 역순으로
바깥쪽으로부터 차례로 떼어 낸다.
2. 무늬는 마주 보는 것끼리 동시에 움직여 나
간다.
3. 중심의 수가 뚜렷하지 않은 것은 피한다.
4. 색채 배합과 모양, 수, 색의 조화에 유의해
야 한다.

놀이1

제7가베의 소개……인식 형식
연령 : 3~7세, 개인 및 그룹 지도

활동1 전 체 의 소 개

❀ 준 비

1. 정사각형, 직각 이등변 삼각형, 정삼각형, 직각 부등변 삼각형, 둔각 이등변
   삼각형, 원, 반원, 마름모를 준비한다.

2. 교구를 각각 소개할 때 검지 손가락으로 변과 각을 만져 보게 한다.

3. 교사가 먼저 길이를 자로 재어 cm를 유아에게 알려 준다.

4. 종이 위에 교구를 놓고 그려 본 후 변과 각이 같은지를 다시 한 번 설명한다.

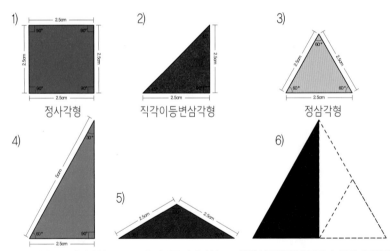

1) 정사각형
2) 직각이등변삼각형
3) 정삼각형
4) 직각부등변삼각형 밑변과 빗변의 비율은 1:2이다.
5) 둔각이등변삼각형
6) 직각부등변삼각형의 높이와 둔각이등변삼각형의 밑변은 길이가 같으며, 정삼각형 한 개와 둔각이등변삼각형 한 개를 맞추면 직각부등변삼각형이 된다.

6) 원

7) 반원

8) 마름모

✿ 활동 방법

1. 도형의 이름 소개

교사 : 책상 위에 있는 도형의 이름을 소개하겠어요.(교구를 3단계 방법으로 소개한다.)

교사 : 이것은 정사각형입니다.

유아 : (따라 하며) 이것은 정사각형입니다.

교사 : (여러 교구의 이름 중 한 이름을 부르면서) 정사각형은 어느 것입니까?

유아 : (유아는 교구 중 정사각형을 집어 든다.) 이것이 정사각형입니다.

교사 : (손가락으로 교구를 가리키면 유아가 교구의 이름을 말하도록 한다.) 이것은 무엇입니까?

유아 : 이것은 정사각형입니다.

※ 교사는 같은 방법으로 모든 도형의 이름을 익히게 한다.

2. 도형의 성질 소개

1) 사각형이란 4개의 선분으로 둘러싸인 도형 또는 4개의 점을 선분으로 차례대로 이었을 때 생기는 안쪽 도형이다. 사각형에는 꼭지점, 각, 변이 각각 4개씩 있다.

2) 삼각형이란 세 선분으로 둘러싸인 도형이다. 또 한 직선 위에 있지 않은 세 점을 선분으로 이었을 때 생기는 도형이다. 삼각형은 그 성질에 따라 직각이등변삼각형, 정삼각형, 직각부등변삼각형, 둔각이등변삼각형이 있다.

3) 원이란 정해진 한 점에서 떨어진 거리가 같은 점들을 이은 곡선으로 둘러싸인 도형을 말한다. 이때 처음에 정한 점을 원의 중심, 원의 둘레인 선을 원주라고 한다. 한 원에는 중심이 한 개 있다.

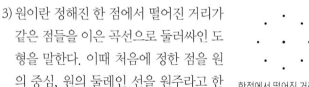

한점에서 떨어진 거리가 같게 점을 찍는다.　　더 많은 점을 찍는다.　　점을 이어서 곡선을 그린다. 이 것을 원이라고 한다.

4) 반원이란 원을 반으로 자른 것이다. 반원의 중심이 구의 중심이 된다.

5) 마름모란 네변의 길이가 모두 같다. 마주 보는 변은 서로 평행한다. 마주 보는 각의 크기는 같다. 대각선은 서로 이등분한다. 대각선은 서로 수직으로 만나는 사각형이다.

3. 각의 성질

한 점에서 그은 두 직선으로 이루어진 도형을 각이라고 한다. 이때, 끝점을 각의 꼭지점, 두 직선을 각의 변이라고 한다.

둔각〉90°
예각〈90°

활동2 8가지 모양의 비교

❀ 준 비

1. 8가지 모양의 도형을 준비한다.
2. 8가지 모양을 서로 조화롭게 놓아 봄으로써 서로의 차이점을 발견하며 논다.
3. 8가지 색깔을 서로 비교하며 예술성 있는 무늬를 만들어 본다.

❀ 활동 방법

교사 : 제7가베는 8가지 아름다운 색 즉, 빨강, 노랑, 파랑, 보라, 초록, 주황, 검
정, 하얀색을 가지고 있어요. 이것으로 예쁜 실물 모양이나 예술성 있는
무늬를 만들 수 있어서 구체적인 모양에서 창조적인 모양까지 사고를 발
전시킬 수 있어요. 다음에 예를 보여 드리겠어요.

유아 : (함께해 본다.)

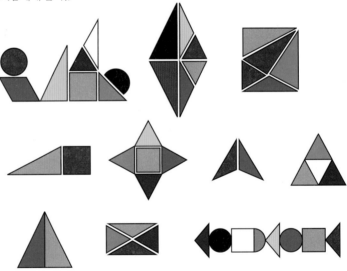

※ 어린이의 능력에 따라 그 수를 점점 늘려서 제공해 주고 어린이가 무엇을 만
들고자 하는지 들어 주고 자신의 생각을 표현하도록 격려해 줍니다.

● 흥미점
  서로 다른 모양과 색을 비교하며 논다.

● 목 적
1. 각각의 모양이 지닌 특성을 인식시킨다.
2. 8가지 색을 조화롭게 표현하도록 한다.
3. 미적 감각을 증진시킨다.

놀이2 정사각형⋯⋯인식 형식
연령 : 3~7세, 개인 및 그룹 지도

활동1 정사각형 소개

❀ 준비

1. 제2가베의 정육면체, 제3가베의 작은 정육면체 8개, 제7가베의 정사각형을 준비한다.

❀ 활동 방법

교사 : 제3가베의 작은 정육면체의 면과 각(직각), 변의 길이(2.5cm)가 같아요. 작은 정육면체의 면을 정사각형 6개로 둘러쌀 수 있어요. 작은 정육면체에는 높이가 있지만, 정사각형에는 엄밀히 말해 높이가 없어요.(입체와 면의 차이점을 소개한다.) 제2가베의 정육면체에는 정사각형 4개가 올라갑니다.

1)

작은 정육면체 1개, 정사각형 1개

2)

제2가베 정육면체 1개, 정사각형 4개

교사 : 제3가베 정육면체를 모아 제2가베 정육면체와 같게 만들면, 한 면에는 정사각형이 4개 있어요. 이것을 둘로 자를 수 있어요. 또다시 넷으로 자를 수 있어요.

3)

제3가베 1개,
정사각형 4개

4)

5)

● 흥미점
색채가 있는 정사각형으로 논다.

● 목적
1. 작은 정육면체의 면, 각, 변(2.5cm)이 정사각형과 같다는 것을 안다.
2. 정사각형은 높이가 없는 면이라는 것을 안다.
3. 입체를 자르면 면이 된다는 것을 이해시킨다.

교사 : 제3가베를 위에서 내려다본 모양처럼 만들 수 있고, 또 자를 수도 있어요.

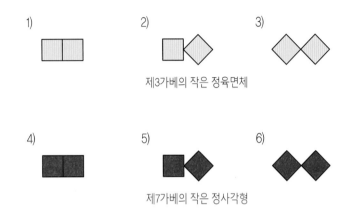

제3가베의 작은 정육면체

제7가베의 작은 정사각형

교사 : 가로무늬와 중심무늬를 만들어 보아요.

유아 : (함께해 본다.)

1. 가로무늬

2. 중심무늬

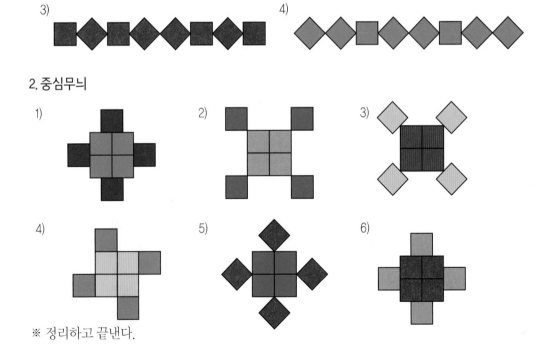

※ 정리하고 끝낸다.

활동2 실물놀이 -연관 있는 놀이

❀준비

1. 제7가베의 정사각형 5매를 준비한다.
2. 적당한 수의 모양판을 사용해서 실물을 만들고, 다시 1매씩 연관지어 움직이면서 여러 가지 실물에 변화를 준다. 한 번 움직일 때마다 이름을 붙이며 이야기를 하며 논다.

   이 놀이를 통해서, 같은 수의 모양판이라 하더라도 다양한 용도가 있다는 것을 알게 된다. 또 다음 과정인 독립된 실물에서 판의 특징을 살려 자유로이 창작할 수 있는 준비가 된다. 모양판의 수도 1매부터 시작해서 점차 늘려 간다.

❀활동 방법

교사 : 자, 정사각형을 같은 색으로 5매를 준비하세요. 먼저 1매만 사용하겠어요. 바로 놓으면 방석이 되고, 변화를 주었더니 손수건이 되었어요.(계속 2, 3, 4, 5매로 늘려 가며 연관된 실물을 만들고 이름을 붙인다.)

유아 : (함께해 본다.)

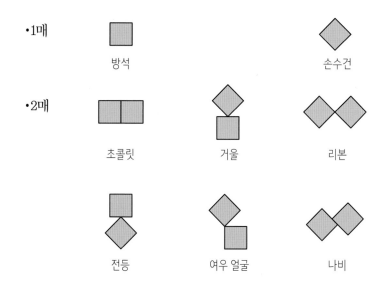

・1매 방석   손수건

・2매 초콜릿   거울   리본

      전등   여우 얼굴   나비

•3매

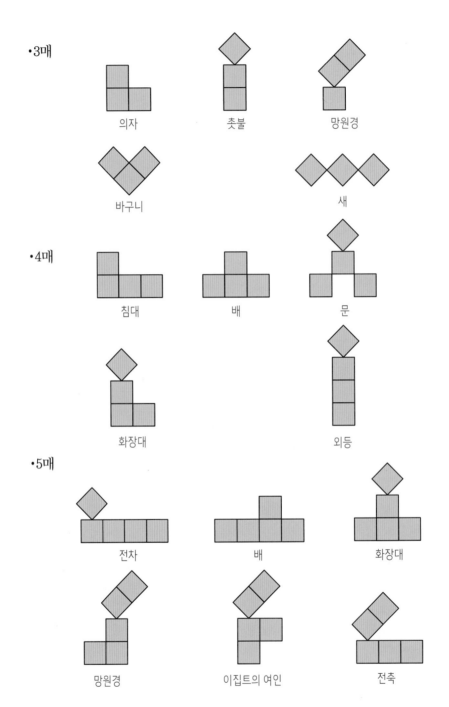

의자   촛불   망원경

바구니   새

•4매

침대   배   문

화장대   외등

•5매

전차   배   화장대

망원경   이집트의 여인   전축

※ 정리하고 끝낸다.

활동3 독립된 실물놀이

❀ 준 비

1. 제7가베의 정사각형 32매를 준비한다.
2. 정해진 수의 판을 사용해서, 일상 생활에서 경험한 실물을 평면적으로 만드
   는 놀이이다.

   적은 수로부터 늘려 가면서 진보된 물건을 만들게 하는 이 놀이는, 일상생활
   에서 경험해 온 사물을 재인식시키고 사물에 대해 예민한 관찰을 하도록 이
   끌어 준다. 가급적 유아 자신이 자유로이 창작해서 자신의 창작력을 발달시
   키도록 한다.

❀ 활동 방법

교사 : 정사각형 7매로 무엇을 만들까요? 자동차와 칠면조를 만들어 볼까요?
　　　먼저 자동차를 만들어요.(계속 8매,… 32매를 늘려 가며 일상생활에서 경험한
　　　사물을 만든다.)

유아 : (함께해 본다.)

• 7매

자동차

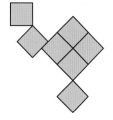

칠면조

• 8매

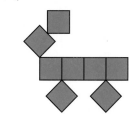

유모차

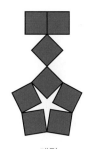

메달

•9매

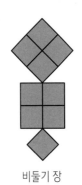

비둘기 장

문

•10매

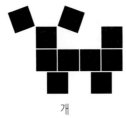

개

전차

•12매

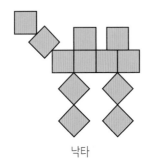

낙타

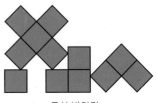

풍차 방앗간

•14매

놀이동산 문

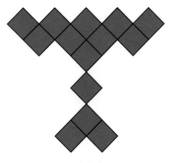

빙수잔

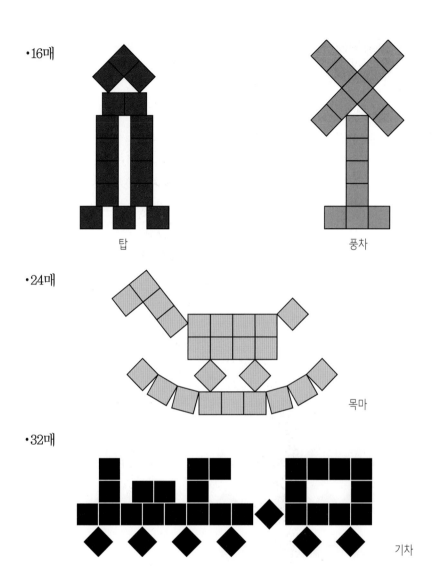

•16매

탑

풍차

•24매

목마

•32매

기차

※ 정리하고 끝낸다.

활동4 무늬놀이 -가로무늬

❃ 준비

1. 제7가베의 정사각형을 준비한다.

2. 여러 장의 판을 사용해서 좌우로 균형 있는 긴 가로무늬를 만들면서 논다. 먼저 단순한 가로무늬를 만든 다음, 좌우를 균형 있게 변화시킨다.

　이렇게 해서 점점 복잡한 무늬로 변화시킬 수도 있고, 아니면 처음부터 자유창작에 의해서 단일작품을 만들 수도 있다.

　이 놀이는 미적 초보놀이인데, 도안 무늬의 기초가 되기도 하고, 중심무늬의 준비과정이 되기도 한다.

❃ 활동 방법

교사 : 정사각형 8개를 준비하고, 옆으로 길게 무늬를 만드세요.

유아 : (함께해 본다.)

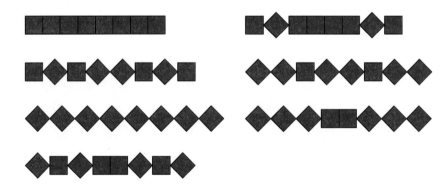

※ 정리하고 끝낸다.

활동5 무늬놀이 -중심무늬

❀ 준비

1. 제7가베의 정사각형을 준비한다.

2. 여러 장의 판을 사용해서 전후 좌우로 균형 있는 한 개의 모양을 만들며 논다. 이 경우 모양
의 짜임, 색깔의 배합 등을 생각해 가면서 가장 아름다운 작품을 만든다. 이 놀이를 통해서
미적 감정 및 예술적인 창작력을 양성할 수 있게 된다.

3. 먼저 정해진 수의 중심을 만들고, 그 둘레에 판을 무제한 늘어놓아 아름다운 무늬를 만든다.
또 판의 수를 제한해서 만들 수도 있다.

4. 처음에는 중심의 수만 차츰 늘려 가다가 다음에 수를 늘리는 등 쉬운 것부터 점차 복잡한 것
으로 옮겨 간다.

5. 직각이등변삼각형, 정삼각형, 직각부등변삼각형, 둔각이등변삼각형도 마찬가지이기는 하
나, 1개의 중심이 될 수 있는 것은 정사각형과 정삼각형뿐이다.

6. 점차 향상되어감에 따라 제7가베 전체 모양을 사용해서 만든다.

❀ 활동 방법

교사 : 정사각형 25매를 가지고 중심무늬 놀이를 합시다. 먼저 정사각형 하나를 중심에 놓아
요.(설명하면서 계속 전개해 나간다.)

유아 : (함께해 본다.)

•1매 중심

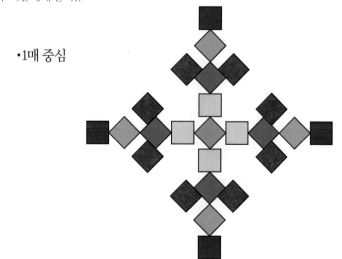

•3매 중심 　　　　　　　　　　　　•4매 중심

•5매 중심 　　　　　　　　　　　　•7매 중심

•6매 중심

•8매 중심

•9매 중심

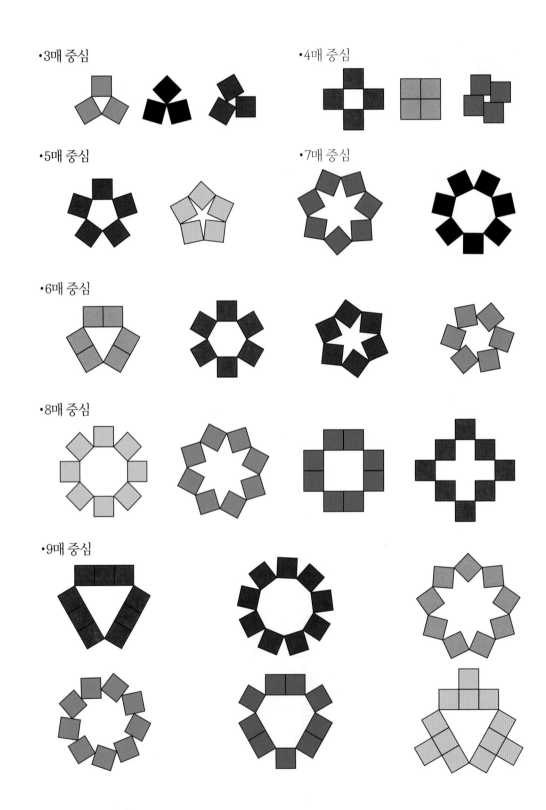

놀이3 직각이등변삼각형……생활 형식

연령 : 3~7세, 개인 및 그룹 지도

활동1 직각이등변삼각형의 소개

준비

1. 직각이등변삼각형과 정사각형을 준비한다.
2. 정사각형과 직각이등변삼각형에는 변과 각 그리고 면이 있다는 것을 소개하며 논다.
3. 직각이등변삼각형을 정사각형과 작은 정육면체, 큰 삼각기둥과 비교하며 소개한다.

활동 방법

교사 : (손가락으로 가리키며)정사각형과 직각이등변삼각형에는 변과 각, 면이 있어요.

직각이등변삼각형

정사각형

교사 : 정사각형에는 변이 네 개 있고, 직각이등변삼각형에는 변이 세 개 있어요.

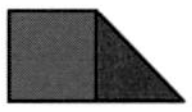
직각을 끼는 두 변은 정사각형의 변과 같다.

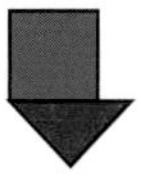
직각을 마주 보는 변은 정사각형의 변 (2.5cm)보다 길다.

교사 : 정사각형에는 각이 네 개 있지만, 직각이등변삼각형에는 각이 세 개 있어요.

각 1개는 정사각형의 각(직각)과 같고, 다른 2개는 직각보다 작다.

작은 각을 2개 합치면 직각이 되므로, 작은 각은 직각의 1/2이 된다.

●흥미점
직각이등변삼각형의 특징을 알며 논다.

●목적
직각이등변삼각형은 세 변과 세 각이 있고 면이 있다는 것을 안다.

교사 : 제3가베의 작은 정육면체 위에는 직각이등변삼각형 두 개가 올려진다.

제3가베의 작은 정육면체

교사 : 제5가베의 큰 삼각기둥과 크기가 같고, 또 함께 움직일 수 있다.

제5가베의 큰 삼각기둥

※ 정리하고 마친다.

활동2 　실물놀이 –연관 있는 놀이

❀준비

1. 직각이등변삼각형을 준비한다.
2. 적당한 수의 모양판을 사용해서 실물을 만들고, 다시 1매씩 연관지어 움직이면서 여러 가지 실물에 변화를 준다. 한 번 움직일 때마다 이름을 붙이며 이야기를 하며 논다.

•4매

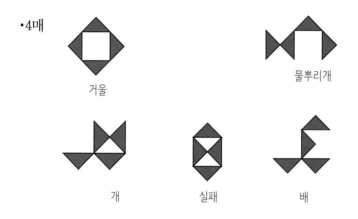

거울　　　　　　　　　물뿌리개

개　　　　실패　　　　배

※ 정리하고 마친다.

●흥미점
　네 개의 직각이등변삼각형을 움직이며 논다.

●목적
　네 개의 직각이등변삼각형으로 다양한 변화를 할 수 있다는 것을 안다.

활동3 독립된 실물놀이

●흥미점
매수를 늘려가며 논다.

●목적
한 가지 모양판으로도 다양한 변화를 이끌어 낼 수 있다는 것을 안다.

🦋 준 비

1. 직각이등변삼각형 16매를 준비한다.

🦋 활동 방법

교사 : 직각이등변삼각형의 매수를 늘려 가며 실물에 가까운 형태를 만들며 논다.

유아 : (함께 활동한다.)

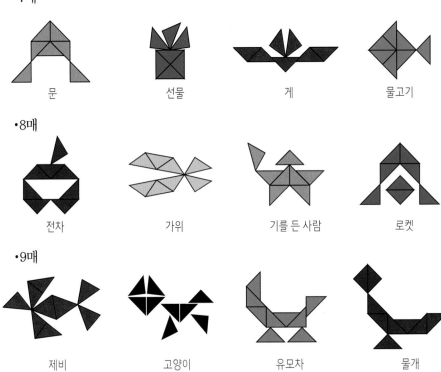

•7매

문　　선물　　게　　물고기

•8매

전차　　가위　　기를 든 사람　　로켓

•9매

제비　　고양이　　유모차　　물개

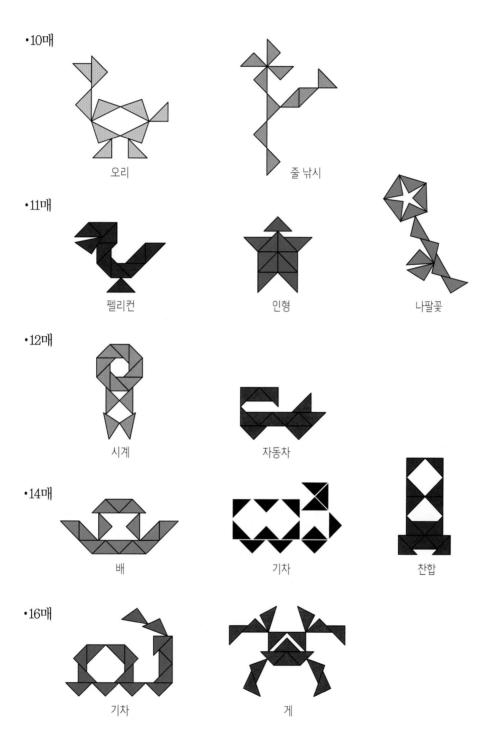

• 10매

오리

줄 낚시

• 11매

펠리컨

인형

나팔꽃

• 12매

시계

자동차

• 14매

배

기차

찬합

• 16매

기차

게

※ 정리하고 마친다.

활동4 무늬놀이 -중심무늬

준비

1. 직각이등변삼각형을 준비한다.
2. 여러 장의 판을 사용해서 전후 좌우로 균형 있는 한 개의 모양을 만들며 논다. 이 경우 모양의 짜임, 색깔의 배합 등을 생각해 가면서 가장 아름다운 작품을 만든다.
3. 먼저 정해진 수의 중심을 만들고, 그 둘레에 판을 무제한 늘어놓아 아름다운 무늬를 만든다. 또 판의 수를 제한해서 만들 수도 있다.
4. 중심의 매수를 늘려 가며 서로 마주 보는 대응관계를 만들며 논다.

활동 방법

교사 : 직각이등변삼각형 36매를 준비하고, 중심에 먼저 3매를 놓고, 시작해 보세요. (설명하며 하나씩 무늬를 만든다.)

유아 : (함께해 본다.)

• 3매 중심

흥미점
매수를 늘려 가며 논다.

목적
1. 매수에 따라 대응관계가 복잡하며, 다양하게 변화한다는 것을 안다.
2. 미적 감각을 향상시킨다.
3. 질서와 집중력을 기른다.

※ 5매, 8매를 중심으로 계속 무늬를 만든다.

•5매 중심

•8매 중심

※ 정리하고 마친다.

놀이4

정삼각형······생활 형식

연령 : 3~7세, 개인 및 그룹 지도

●흥미점
정삼각형, 정사각형, 직각이등변삼각형으로 논다.

●목적
정삼각형과 정사각형, 직각이등변삼각형의 차이점을 안다.

활동1 정삼각형

❀ 준비

1. 정삼각형, 정사각형, 직각이등변삼각형을 미리 준비한다.

정삼각형   정사각형   직각이등변삼각형

❀ 활동 방법

교사 : 정삼각형을 정사각형과 비교해 보아요.

유아 : (함께해 본다.)

교사 : 정사각형에는 변이 네 개 있지만, 정삼각형에는 변이 세 개가 있어요.
정삼각형의 어떤 변이나 정
사각형의 변과 같네요.
정삼각형은 직각보다 작은
각이 세 개 있어요.

교사 : 정삼각형을 직각이등변삼각형과 비교해 보아요.
정삼각형의 변은 직각이등변삼각형의 짧은 변 두 개와 같고, 긴 변보다
는 짧아요.
정삼각형의 각은 직각이등변삼각형의 직각보다 작고, 작은 두 각보다는
커요.

교사 : 정삼각형의 성질은 무엇일까요?
정삼각형은 세 변과 세 각이 모두 같아요.

※ 정리하고 마친다.

활동2 　독립된 실물놀이

❀ 준비

1. 정삼각형 24매를 준비한다.

❀ 활동 방법

교사 : 정삼각형의 매수를 늘려 가며 다양한 형태의 실물을 만들며 놀아 보아요.
유아 : (함께해 본다.)

●흥미점
　매수를 늘려 가며 논다.

●목적
　매수의 증가에 따라 다
　양하고 좀더 아름다운
　형태가 창조된다는 것
　을 안다.

•5매

컵

새

물고기

딸랑이

흙운반차

과자그릇

트로피

•6매

개구리

나비

선풍기

너구리

•7매

전기 스탠드

거북

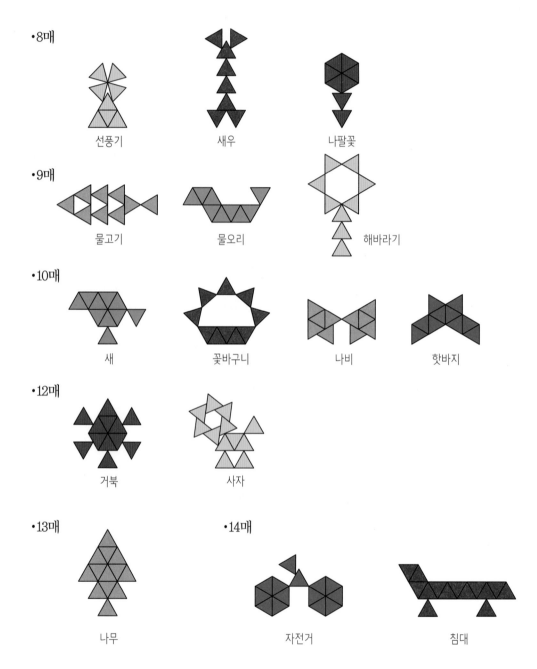

•8매

선풍기 새우 나팔꽃

•9매

물고기 물오리 해바라기

•10매

새 꽃바구니 나비 핫바지

•12매

거북 사자

•13매

나무

•14매

자전거 침대

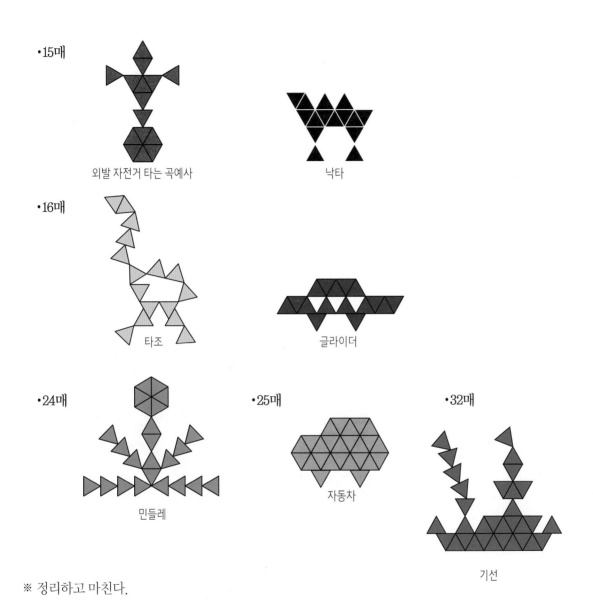

•15매

외발 자전거 타는 곡예사

낙타

•16매

타조

글라이더

•24매

민들레

•25매

자동차

•32매

기선

※ 정리하고 마친다.

활동3 무늬놀이 -중심무늬

✽ 준비

1. 정삼각형 48매를 준비한다.
2. 중심에 정삼각형을 1매, 3매 늘려 가며 무늬를 만들며 논다.
2. 색을 이용하여 변화를 더해 가면 더욱 재미있게 놀 수 있다.

✽ 활동 방법

교사 : 정삼각형 40매로 무늬를 만들어 보세요. 먼저 1매를 중심에 놓으세요.(설
　　　명하며 무늬를 만든다.)

유아 : (함께해 본다.)

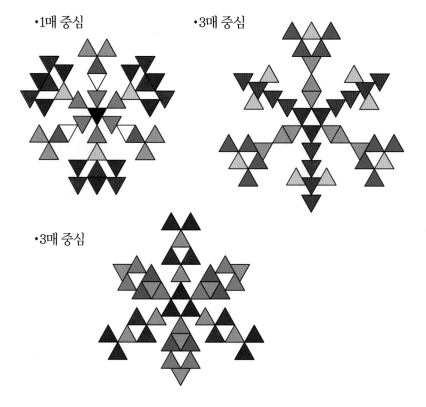

•1매 중심　　　•3매 중심

•3매 중심

※ 정리하고 마친다.

●흥미점
　매수를 늘려 가며 논다.

●목적
1. 매수가 늘어 갈수록 더욱 아름다운 무늬가 만들어진다는 것을 안다.
2. 미적 감각을 증진시킨다.

놀이5 직각부등변삼각형
연령 : 3~7세, 개인 및 그룹 지도

활동1 직 각 부 등 변 삼 각 형

✿ 준 비

1. 직각부등변삼각형과 정사각형, 직각이등변삼각형, 정삼각형을 준비한다.

직각부등변삼각형　　정사각형　　직각이등변삼각형　　정삼각형

2. 직각부등변삼각형을 정사각형, 직각이등변삼각형, 정삼각형과 비교한다.

✿ 활동 방법

교사 : 직각부등변삼각형을 정사각형의 변과 비교해 보아요.

※ 정사각형의 변과 같은 변, 2배가 되는 변, 또 정사각형의 한 변보다는 길지만 두 변보다
　는 짧은 변 등을 찾아 냄으로써 직각부등변삼각형과 정사각형의 변의 관계를 안다. 또,
　직각부등변삼각형은 세 개의 변의 길이가 다르다는 것도 알게 된다.

교사 : 직각부등변삼각형을 정사각형의 각과 비교해 보아요.

교사 : 각 하나는 직각과 같고, 다른 두 개는 그보다 작아요.

교사 : 직각이등변삼각형의 변과 비교해 보아요.

※ 흥미점: 직각부등변삼각형과 정사각형, 직각이등변삼각형, 정삼각형을 가지고 논다.

※ 목적: 직각부등변삼각형의 변, 각을 안다.

교사 : 직각이등변삼각형의 모양과 비교해 보아요.

교사 : 정삼각형의 변과 비교해 보아요.

교사 : 정삼각형의 각과 비교해 보아요.

교사 : 직각부등변삼각형의 세 변을 서로 비교해 보아요.

교사 : 정삼각형은 세 변의 길이가 같아요. 그러므로 어떤 변을 늘어놓더라도 같은 모양이 되지요. 직각부등변삼각형은 세 변이 서로 달라요. 그러므로 늘어놓는 방법에 따라 세 가지 모양이 되어요.

※ 정리하고 마친다.

활동2 독립된 실물놀이

❀ 준비

1. 직각부등변삼각형 24매를 준비한다.
2. 직각부등변삼각형의 매수를 늘려 가며 실물과 가까운 모양을 만들며 논다.

❀ 활동 방법

교사 : 직각부등변삼각형 24매를 준비하고, 먼저 6매부터 만들어 볼까요? 먼저 보트를 만들어 봐요.

유아 : (함께해 본다.)

※ 같은 방법으로 24매까지 사용해 만들어 본다.

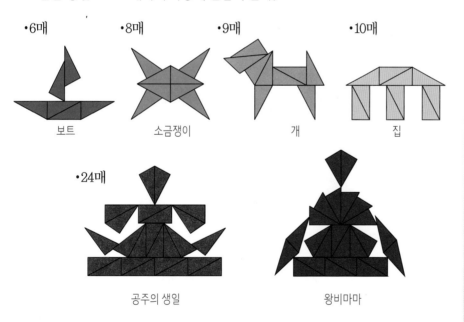

•6매 보트 •8매 소금쟁이 •9매 개 •10매 집

•24매 공주의 생일   왕비마마

※ 정리하고 마친다.

● 흥미점
  직각부등변삼각형으로 논다.

● 목적
1. 세 변과 세 각이 각각 다른 직각부등변삼각형의 성질을 안다.
2. 한 가지 모양판으로도 많은 변화를 줄 수 있다는 것을 안다.

활동3 무늬놀이 -중심무늬

✿ 준비

1. 직각부등변삼각형 36매를 준비한다.
2. 중심 매수를 늘려 가며 논다.

✿ 활동 방법

교사 : 직각삼각형 32매를 준비하고, 먼저 중심에 4매를 바람개비 모양으로 놓고 무늬를 만들어 보세요.(설명하며 만든다.)

유아 : (함께해 본다.)

•4매 중심   •6매 중심

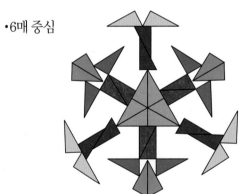

•6매 중심

※ 정리하고 마친다.

놀이6 둔각이등변삼각형

연령 : 3~7세, 개인 및 그룹 지도

> **활동1** 둔각이등변삼각형 소개

❃ 준비

1. 둔각이등변삼각형과 정사각형, 직각이등변삼각형, 정삼각형, 직각부등변삼각형을 준비한다.

둔각이등변삼각형　정사각형　직각이등변삼각형　정삼각형　직각부등변삼각형

2. 둔각이등변삼각형을 정사각형, 직각이등변삼각형, 정삼각형, 직각부등변삼각형과 비교한다.

❃ 활동 방법

교사 : 정사각형의 변과 비교해요. (손가락으로 가리키며 설명한다.)
　　　같은 변(2.5cm)이 두 개 있고, 그보다 긴 변이 한 개 있네요.

교사 : 정사각형의 각과 비교해요.

※한 각은 직각보다 크고,
　두 각은 직각보다 작다.

교사 : 직각이등변삼각형의 변과 비교해요.

※두 변은 직각이등변삼각형의 두 변과
　길이가 같고, 긴 변은 직각이등변삼각형의
　긴 변보다 길다.

교사 : 직각이등변삼각형의 각과 비교해요.

※ 두 각은 직각이등변삼각형의 두 각보다 작고, 한
　각은 직각이등변삼각형의 직각보다 크다.

교사 : 직각이등변삼각형과 둔각이등변삼각형은 모양은 다르지만 둘 다 두 변이 같은 이등변
　　　 삼각형이에요.

교사 : 정삼각형의 변과 비교해요.

※ 둔각이등변삼각형의 길이가 같은 두 변은 정삼각형의 한
　변과 같다. 둔각이등변삼각형의 긴 변은 정삼각형이 한 변
　보다 길고, 두 변을 합친 길이보다는 짧다.

교사 : 정삼각형의 각과 비교해요.

※ 두 각은 정삼각형의 각보다 작고,
　한 각은 정삼각형의 각보다 크다.

교사 : 직각부등변삼각형의 변과 비교해요.

교사 : 직각부등변삼각형의 각과 비교해요.

활동2 독립된 실물놀이

❀ 준 비

1. 둔각이등변삼각형 32매를 준비한다.
2. 매수를 늘려 가며 실물에 가까운 모양을 만들며 논다.

❀ 활동 방법

교사 : 둔각이등변삼각형 32매를 준비하고, 먼저 7매부터 시작해서 실물을 만
드세요. (설명하며 만든다.)
유아 : (함께해 본다.)

● 흥미점
둔각이등변삼각형의
조각으로 실물을 만들
며 논다.

● 목적
둔각이등변삼각형으로
여러 가지 실물을 만들
수 있다. 즉 변화를 가
져올 수 있다는 것을 안
다.

•7매

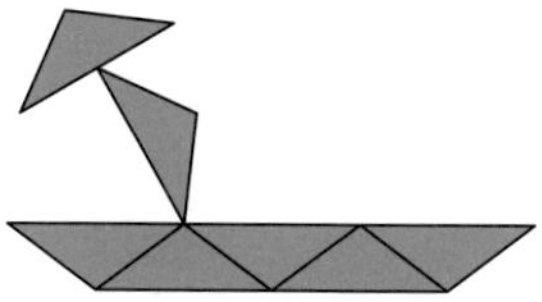

배와 사람

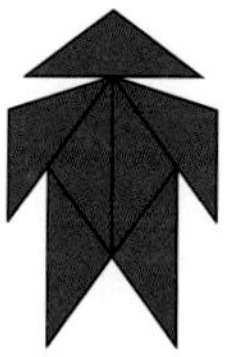

인형

•9매

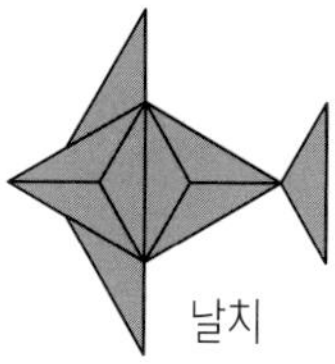

날치

로켓

꽃

•10매

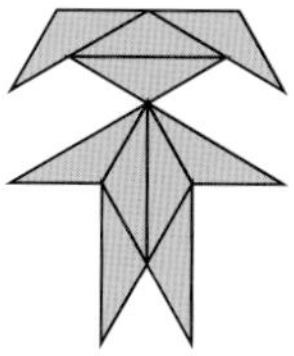

인형

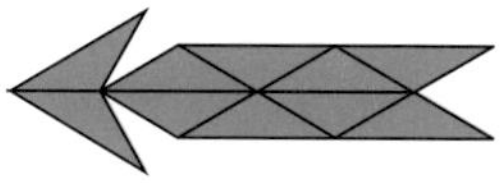

화살

항아리

•13매

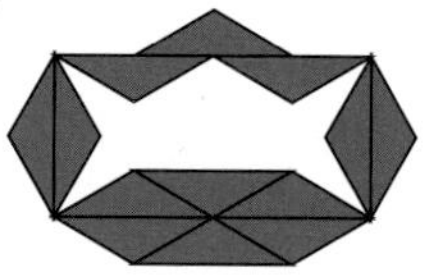

과자 그릇

•17매

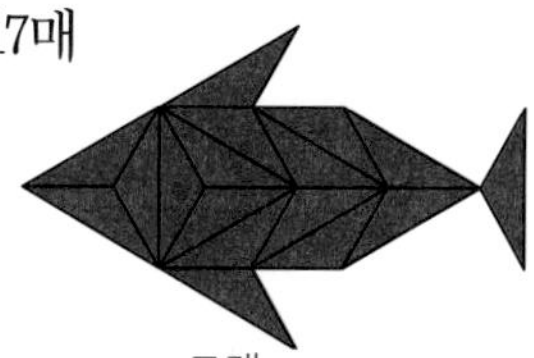

고래

•18매

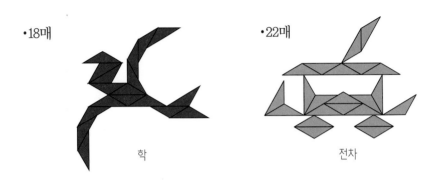

학

•22매

전차

•32매

학

※ 정리하고 마친다.

활동2 무늬놀이 중심무늬

❀ 준비

1. 이등변삼각형 80매를 준비한다.
2. 중심무늬의 매수를 늘려 가며 변화시켜 아름다운 무늬를 만들며 논다.

❀ 활동 방법

교사 : 6매를 중심으로 무늬를 만드세요. (함께 설명하며 만든다.)

유아 : (함께해 본다.)

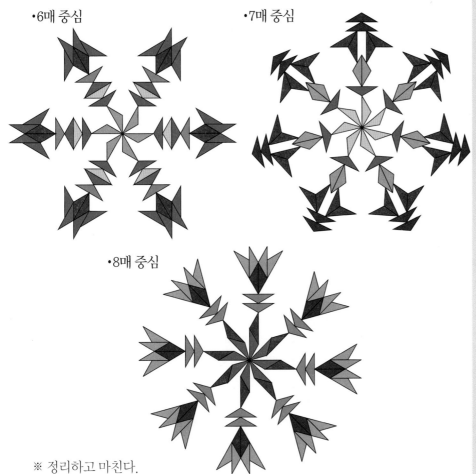

•6매 중심

•7매 중심

•8매 중심

※ 정리하고 마친다.

●흥미점
  중심무늬에서 바깥으
  로 변화하며 논다.

●목 적
1. 중심에서부터 시작하여
   다양한 변화의 무늬를
   만들 수 있다는 것을 안
   다.
2. 미적 감각을 키운다.
3. 대응관계를 안다.

놀이7

정사각형, 직각이등변삼각형, 정삼각형, 직각부등변삼각형, 둔각이등변삼각형······인식 형식

연령 : 3~7세, 개인 및 그룹 지도

● 흥미점
도형의 차이를 알며 논다.

● 목적
1. 각 도형의 특징을 안다.
2. 각 도형의 같은 점과 다른 점을 인식한다.

활동1 정사각형을 기준으로 하여 비교하는 예

❀준비

1. 정사각형, 직각이등변삼각형, 정삼각형, 직각부등변삼각형, 둔각이등변삼각형을 준비한다.

둔각이등변삼각형   정사각형   직각이등변삼각형   정삼각형   직각부등변삼각형

❀활동 방법

교사 : 정사각형의 변, 각을 직각이등변삼각형, 정삼각형, 직각부등변삼각형, 둔각이등변삼각형의 변, 각과 비교해 보아요.

유아 : (함께해 본다.)

1) 정사각형의 변(2.5cm)과 같은 변을 여러 가지 삼각형에서 찾아본다.

2) 정사각형의 각(직각)과 같은 각이 들어 있는 삼각형을 찾아본다.

3) 정사각형의 변(2.5cm)보다 긴 변을 삼각형에서 찾아본다.

4) 정사각형의 각(직각)보다 작은 각을 삼각형에서 찾아본다.

5) 정사각형의 각(직각)보다 큰 각을 가지고 있는 삼각형을 찾아본다.

활동2 무늬놀이 -중심무늬

❧ 준비

1. 둔각이등변삼각형 24개, 정사각형 9개, 직각부등변삼각형 6개, 정삼각형 12개, 직각이등변삼각형 15개를 준비한다.
2. 각각 다른 모양의 도형을 조화롭게 배열하여 아름다운 무늬를 만들어 본다.

❧ 활동 방법

교사 : 9매를 중심에 놓고 서로 대응시키며 무늬를 만드세요.(설명하며 만든다.)

유아 : (함께해 본다.)

•9매 중심

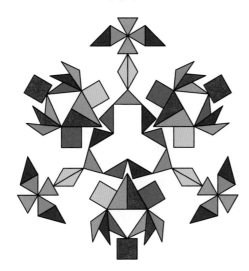

※ 정리하고 마친다.

놀이8

마름모
연령 : 3~7세, 개인 및 그룹 지도

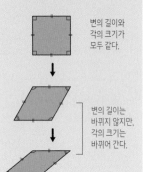
활동1   실 물 놀 이

🦋 준 비

1. 마름모 16매를 준비한다.
2. 마름모는 정삼각형의 형태를 담고 있으면서도 독특한 도형으로 드러난다.
3. 마름모로 실물에 가까운 모양을 만들어 본다.

🦋 활동 방법

교사 : (간단한 무늬부터 시작하여 유아와 함께 만든다.)

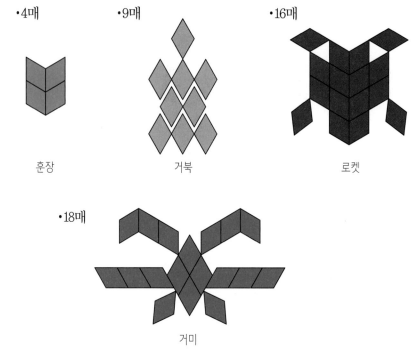

•4매

훈장

•9매

거북

•16매

로켓

•18매

거미

※ 정리하고 마친다.

활동2　중심무늬놀이

🦋 준비

1. 마름모 52매를 준비한다.
2. 마름모 4매를 중심으로 서로 대응관계를 갖는 무늬를 만들어 본다.

🦋 활동 방법

교사 : 중심에 마름모 4매를 십자 모양으로 놓으세요. 그리고 서로 마주 보는 대
　　　응관계를 생각하며 무늬를 만드세요.(설명하여 만든다.)

유아 : (함께해 본다.)

※ 정리하고 마친다.

●흥미점
　대응관계를 만들며 논
　다.

●목적
1. 마름모 4매의 변화를 인
　식한다.
2. 미적 감각을 증진시킨
　다.
3. 논리적 사고를 키운다.

놀이9 원과 반원
연령 : 3~7세, 개인 및 그룹 지도

●흥미점
　원과 반원을 조화롭게 나열하며 논다.

●목적
1. 원과 반원에서 곡선과 직선의 조화를 일깨운다.
2. 곡선미를 안다.

활동1 무늬놀이-직선,곡선

✽ 준 비

1. 원과 반원을 준비한다.
2. 원과 반원으로 직선과 곡선의 조화를 일깨우며 논다.

✽ 활동 방법

교사 : 원, 반원 모양을 검지손가락으로 쓰다듬어 보고, 둥근 곡선과 직선을 느껴 보세요. 느낌이 어때요?
유아 : 좋아요.
교사 : 그러면 원 하나를 놓아 보세요. 무엇이라고 이름을 지을까요?
유아 : 동전이요.
교사 : 자, 원과 반원 배수를 늘려 가며 무늬를 만들어 보세요.(설명하며 만든다.)
유아 : (함께 계속 해 본다.)

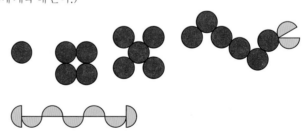

※ 정리하고 마친다.

8

프뢰벨의 제8가베

제 8 가베

1) 구성 및 특징

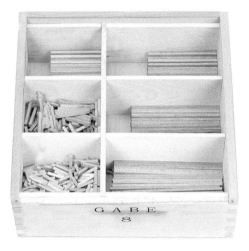

▶ 2.5cm 막대 약 250개, 5cm 막대 약 250개, 7.5cm 막대 약 250개,
10cm 막대 약 250개, 12.5cm 막대 약 250개, 15cm 막대 약 250개

제8가베는 정육면체와 면을 모서리와 선으로 나타내고 있다. 면은 넓이는 있고 두께가 없는 것이지만, 선은 길이는 있지만 나비는 없는 것이기 때문에 막대에 의해서 나타낸다. 또 선은 무한의 길이를 갖고 있다. 그러나 이것을 표현하기는 어렵기 때문에 이 놀이에서는 한도를 정하고 길이가 다른 막대 여섯 종류를 준비하여 선분으로 경험시킨다. 여기에서도 기본은 정육면체의 한 변의 길이 즉 2.5cm이다. 선은 이 가장 작은 막대의 2배, 3배, 4배, 5배, 6배, 즉 5cm, 7.5cm, 10cm, 12.5cm, 15cm의 길이로 다양하게 되어 있다. 선의 종류가 이보다 적으면 수의 관념을 정확히 파악하기가 어렵고 또 이보다 많으면 너무 복잡해서 어린이에게 이해시키기가 어렵게 된다. 이러한 점으로 볼 때, 여섯 종류의 선을 선택한 것은 어린이가 정확한 수의 관념을 파악하는 데 도움을 주기에 매우 적절하다 하겠다. 이것을 실제로 경험시키기 위해서는 나무나 대나무를 가느다랗게 깎아서 사용하는 것이 더 바람직하다.

또 프뢰벨은 여섯 가지의 다양한 색이 있는 휘어지는 막대를 모두 그 길이를 25cm로 하여 자유롭게 구성할 수 있게 했다.

예를 들면 아래 도안과 같다.

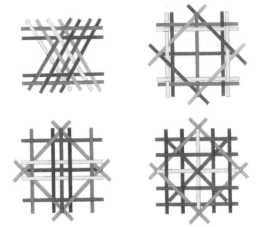

이것은 현재 많이 쓰이고 있지 않으므로 이곳에서 더 많이 다루지 않겠다.

지금까지는 정육면체나 면의 모서리를 통해서만 선을 경험해 왔지만, 제8가베에서는 독립된 선을 다룬다. 이들 서로 다른 선을 서로 비교함으로써 길다, 짧다 그리고 길이와 기수, 분수, 수학적인 지식을 지금까지보다 명확하게 인식시킬 수가 있다.

선분이란 동일 평면상에 있는 두 점을 잇는 최단거리다. 또, 직선 두 개가 한 점에서 만날 때 각이 생기고, 직선 세 개 이상으로 둘러싸면 면이 되는 것이다.

이런 성질을 갖고 있는 막대를 수의 제한 없이 어린이에게 내주어, 직선으로 둘러싸인 실물의 윤곽을 그리게 하고, 선에 의한 미술적인 도안 무늬를 만들면서 놀게 한다.

제8가베로 놀게 되면, 물건의 장단과 거리의 관념을 터득하게 되어 물체의 정확한 형체를 알게 되고 관찰력을 키워 주며, 또 물체의 윤곽만을 나타내는 경험을 할 수도 있게 된다. 또 미술적으로는 도안 무늬를 만듦으로써 창작력을 발달시키고, 아름다움에 대한 감정을 세련되게 할

수 있다.

2) 목적

1. 여섯 가지 다른 길이의 직선을 구체화해서 경험시키고, 길이의 수적 관계를 알도록 한다.
2. 물건의 긴 것과 짧은 것의 차이를 명확하게 안다.
3. 두 직선이 만날 때 각이 생긴다는 것을 안다.
4. 선으로 둘러싸면 면이 된다는 것을 안다.
5. 선을 이용하여 물체를 그릴 수 있다는 것을 안다.
6. 수리적 능력을 키우고 미적 정서를 함양한다.
7. 물체의 윤곽을 명확히 인식시킨다.
8. 관찰력을 키우고, 창작력을 왕성하게 한다.
9. 선분, 직선, 반직선의 개념을 안다
10. 정다면체가 만들어지는 다섯 가지 이유를 설명한다.

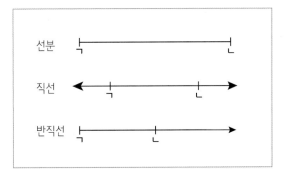

3) 프뢰벨이 구상한 놀이

1. 소 개
• 2.5cm, 5cm, 7.5cm, 10cm, 12.5cm, 15cm 전체를 사용한 복습

2. 실물놀이
• 연관 있는 놀이 – 1개, 2개, 3개, 4개, 5개
• 독립된 실물 – 9개(긴 것과 짧은 것 2종), 14개(긴 것, 짧은 것, 중간 것 3종), 전체를 섞어서 30개 이상

3. 무늬놀이
• 중심무늬 – 4개 중심, 3개 중심, 5개 중심, 6개 중심, 7개 중심

4) 알아 둘 것

●전 체
1. 서로 다른 다섯 가지의 길이를 확실히 구별하면 다음 놀이로 옮기도록 한다.
2. 선을 사용하는 것이므로 포개지 않도록 한다.
3. 수의 제한은 없지만 어린이 수준에 맞게 한다.
4. 교구를 소중히 다룬다.
5. 어린이의 자유로운 창작을 허용하고 충분한 시간을 준다.

●실물놀이
1. 연관 있는 놀이에서는 한 가지 놀이를 할 때 길이가 같은 막대만을 사용한다.
2. 실물은 독립된 것이어야 한다.
3. 사이가 떨어진 실물은 피한다.
4. 어린이 스스로 할 수 있도록 한다.

●중심무늬
1. 중심무늬는 흩어지기 쉬우므로, 정확하게 맞춘다.
2. 중심을 정확하게 만든다.
3. 정리할 때는, 만든 순서의 역순으로 바깥쪽부터 정리한다.

놀이1 제8가베의 소개……인식 형식
연령 : 3~7세, 개인 및 그룹 지도

활동1 2.5cm 막대

🦋준비

1. 제3가베의 작은 정육면체, 제7가베의 정사각형, 제8가베를 준비한다.

🦋활동 방법

교사 : 제3가베의 작은 정육면체와 비교해 볼까요? 대어 보면 가로, 세로, 길이가 같다는 것을 알 수 있어요.

유아 : (함께해 본다.)

교사 : 제7가베의 정사각형과 비교해 봅시다. 제7가베의 정사각형 둘레에 2.5cm 막대를 대어 보세요. 이것은 정사각형의 한 변과 같다는 것을 알 수 있어요. 정사각형의 판을 들어 내면, 판의 모양과 같은 윤곽이 드러납니다.

교사 : 제7가베의 정삼각형 및 다양한 삼각형과 비교해 봅시다.

교사 : 막대 2개를 맞대어 놓으면 각이 생겨요. 직각으로부터 시작해서 점차 각을 벌리며, 결국에는 직선이 됩니다. 또 직각으로부터 시작해서 점차 좁혀 가면 결국 직선이 된다는 것을 알 수 있어요. (이 사이에 여러 종류의 각이 포함된다. 제7가베에서 경험한 각을 모두 만들 수 있다.)

교사 : 2.5cm 세 개의 직선을 끝부분끼리 맞대어 모으면 하나의 면을 만들 수 있어요. 세 개 이상의 직선으로 다양한 면을 만들어 실물에 가까운 모양이나 아름다운 무늬를 만들어 보세요.

●흥미점
짧은 막대로 변화를 준다.

●목적
2.5cm의 막대의 가능성을 안다.

활동2   5cm 막대 (선)

❀ 준비

1. 2.5cm 막대, 5cm 막대, 제2가베의 정육면체, 제3가베의 작은 정육면체, 제7가베의 정사각형
   을 준비한다.

❀ 활동 방법

교사 : 2.5cm 막대와 비교해 보아요.

유아 : (함께해 본다.)

교사 : 5cm 막대를 앞에서 경험한 2.5cm 막대로 재려면, 2개가 있어야 되네요.
　　　2.5cm 2개로 5cm가 된다는 것을 알 수 있어요.

교사 : 제2가베의 정육면체와 비교해 보아요.
　　　5cm 막대는 제2가베의 정육면체의 한 모서리와 길이가 같아요.

교사 : 제3가베의 작은 정육면체와 비교해요.
　　　5cm 막대는 작은 정육면체 2개의 길이와도 같아요.

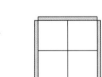

교사 : 제7가베의 정사각형과 비교해 보아요.
　　　정사각형 2개의 길이와 같네요. 5cm 막대 4개로 둘러싼 사각형 안
　　　에는 정사각형이 4매 들어가요.

교사 : 제7가베의 다양한 삼각형과도 비교해 보아요.

활동3 75cm 막대 (선)

❧ 준비

1. 2.5cm 막대, 5cm 막대, 7.5cm 막대, 작은 정육면체를 준비한다.

❧ 활동 방법

교사 : 2.5cm 막대와 비교해요. 2.5cm 막대 3개는 7.5cm 막대와 길이가 같아요.

유아 : (함께해 본다.)

교사 : 5cm 막대는 7.5cm 막대보다 짧네요. 똑같아지려면 5cm 막대에 2.5cm 막대를 더해야 해요.

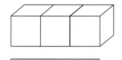

교사 : 작은 정육면체와 비교해요. 작은 정육면체 3개와 7.5cm 막대는 길이가 같아요.

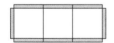

교사 : 2.5cm 막대 8개로 만든 직사각형 안에는 작은 정육면체 3개가 들어가요.

교사 : 7.5cm 막대 2개와 2.5cm 막대 2개로 만든 직사각형 안에는 작은 정육면체 3개가 들어가요.

활동4 전체를 사용한 놀이

❀ 준비

1. 2.5cm, 5cm, 7.5cm, 10cm, 12.5cm, 15cm 막대를 준비한다

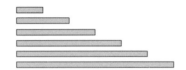

❀ 활동 방법

교사 : 2.5cm 막대를 기준으로 해서 전체를 비교해 보아요.

유아 : (함께해 본다.)

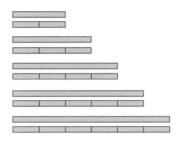

- 2.5cm 막대 2개는 5cm 막대 1개와 같다.
- 2.5cm 막대 3개는 7.5cm 막대 1개와 같다.
- 2.5cm 막대 4개는 10cm 막대 1개와 같다.
- 2.5cm 막대 5개는 12.5cm 막대 1개와 같다.
- 2.5cm 막대 6개는 15cm 막대 1개와 같다.

교사 : 5cm 막대를 기준으로 해서 전체를 비교해 보아요.

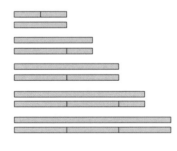

- 5cm 막대 1개는 2.5cm 막대 2개와 같다.
- 5cm 막대 1개에 2.5cm 막대 1개를 더하면 7.5cm 막대 1개와 같다.
- 5cm 막대 2개는 10cm 막대 1개와 같다.
- 5cm 막대 2개와 2.5cm 막대 1개는 12.5cm 막대 1개와 같다.
- 5cm 막대 3개는 15cm 막대 1개와 같다.

교사 : 7.5cm 막대를 기준으로 해서 전체를 비교해 보아요.

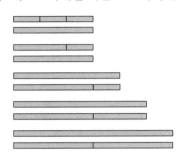

- 7.5cm 막대 1개는 2.5cm 막대 3개와 같다.
- 7.5cm 막대 1개는 5cm 막대 1개에 2.5cm 막대 1개를 더한 것과 같다.
- 7.5cm 막대 1개에 2.5cm 막대 1개를 더하면 10cm 막대 1개와 같다.
- 7.5cm 막대 1개에 5cm 막대 1개를 더하면 12.5cm 막대 1개와 같다.
- 7.5cm 막대 2개는 15cm 막대 1개와 같다.

교사 : 10cm 막대를 기준으로 해서 전체를 비교해 보아요.

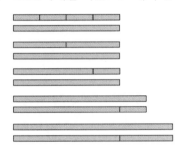

- 10cm 막대 1개는 2.5cm 막대 4개와 같다.
- 10cm 막대 1개는 5cm 막대 2개와 같다.
- 10cm 막대 1개는 7.5cm 막대 1개에 2.5cm 막대 1개를 더한 것과 같다.
- 10cm 막대 1개에 2.5cm 막대 1개를 더하면 12.5cm 막대 1개와 같다.
- 10cm 막대 1개에 5cm 막대 1개를 더하면 15cm 막대 1개와 같다.

교사 : 막대를 길이 순서대로 늘어놓았어요. ○○야, 눈을 감아 보세요. 선생님이 막대 1개를 감추면, 없어진 막대가 무엇인지 알아 맞혀 보세요.

※ 단, 어린아이에게는 반을 떼어 다른 곳에 놓고 찾아 오며 놀게 한다.

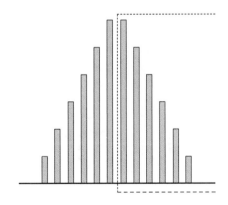

※ 정리하고 마친다.

놀이2

실물놀이……생활 형식
연령 : 3~7세, 개인 및 그룹 지도

활동1 연관 있는 놀이

●흥미점
직선을 연결하며 논다.

●목적
1. 직선의 변화를 안다.
2. 직선 매수를 늘림으로써 실용성 있는 모양을 만들 수 있다는 것을 안다.

❀준비
1. 같은 길이의 막대를 12개 준비한다.
2. 막대의 개수를 정하고 이를 연관시켜서 만들며 논다.

❀활동 방법
교사 : 한 종류의 막대를 모두 사용해서 여러 가지 모양을 만들어 보세요. 처음에는 적은 수의 막대를 여러 가지 모양을 만들어 보고, 점차 막대의 수를 조금씩 늘려 가며 해 보세요. (이때 바닥에 모눈종이를 깔고 하면 더 효과적이다.) 그럼 먼저 2개부터 시작해 보세요.

유아 : (함께해 본다.)

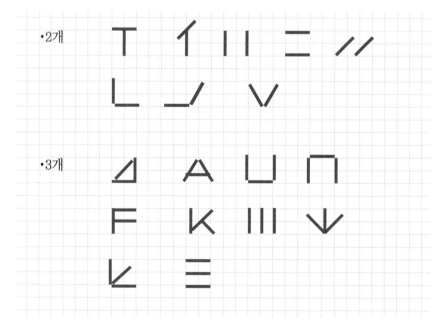

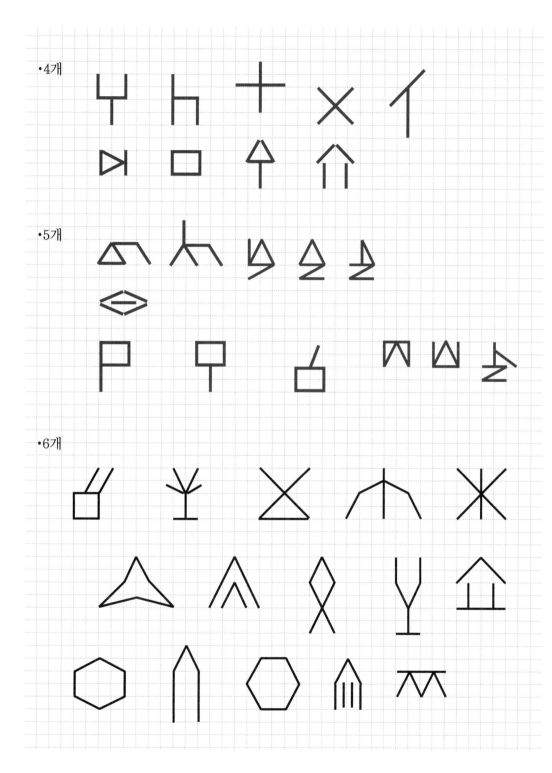

- 4개
- 5개
- 6개

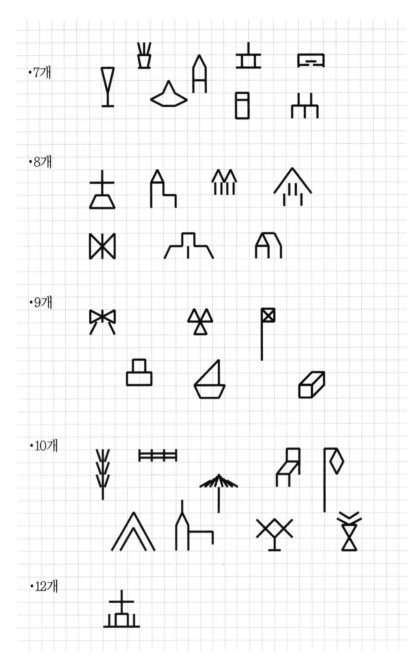

- 7개
- 8개
- 9개
- 10개
- 12개

교사 : 오늘은 정리하고 제자리에 놓아요.

유아 : 네.(정리한다.)

※ 이외에도 막대의 수를 늘리면서 다양하게 만들어 볼 것을 권유한다.

활동2 독립된 실물놀이

✾ 준비

1. 제8가베를 준비한다.
2. 막대의 긴 것과 짧은 것 그리고 중간 것을 연결하면서 실물에 가까운 모양을 만들며 논다.

✾ 활동 방법

교사 : 서로 다른 5개의 모양을 가지고 다양한 실물을 만들며 논다.

유아 : (함께해 본다.)

•9개 (긴 것과 짧은 것) 배
•15개 (긴 것, 짧은 것, 중간 것) 미끄럼틀
•18개 (긴 것, 짧은 것, 중간 것) 나무
•11개 (긴 것, 짧은 것, 중간 것) 우산
•7개 (긴 것, 짧은 것, 중간 것) 배
•24개 (긴 것, 짧은 것, 중간 것) 풍차
•17개 (긴 것, 짧은 것, 중간 것) 학교
•15개 (짧은 것, 중간 것) 강아지

교사 : 전체를 섞어서(30개 이상) 실물을 만들어 보세요.

코끼리

●흥미점

길고 짧은 막대로 실제의 물건을 만들며 논다.

●목적

막대를 이용해서 무슨 물건이든 만들 수 있음을 안다.

교사 : 모든 막대를 사용하여 실물을 만들어 보세요.

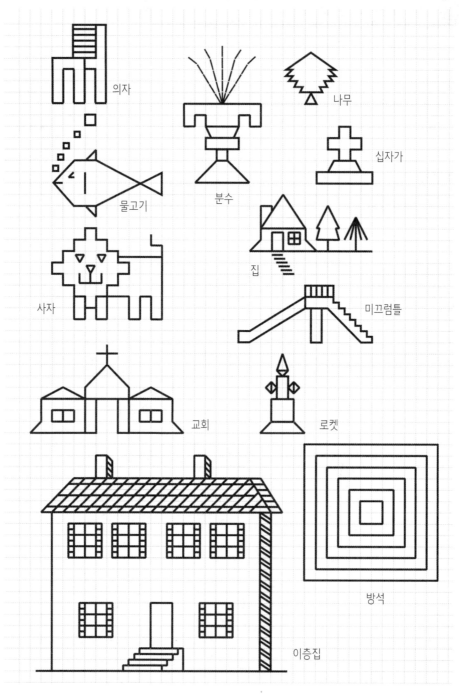

의자

나무

십자가

물고기

분수

집

사자

미끄럼틀

교회

로켓

방석

이층집

교사 : 정리하고 제자리에 놓아요.

놀이3 무늬놀이······미 형식

연령 : 3~7세, 개인 및 그룹 지도

활동1 중심무늬

❀ 준비

1. 제8가베를 준비한다.
2. 짧고 긴 막대를 중심 무늬로 이용함으로써 다양한 아름다운 형태를 만들며 논다.

❀ 활동 방법

교사 : 먼저 짧은 막대 4개를 중심에 놓으세요. 그리고 긴 막대로 서로의 대응관계를 생각하며 양손을 동시에 사용하여 만드세요.(설명하며 만든다.)

•4개 중심

●흥미점
선을 나열하면서 변화를 추구한다.

●목적
막대의 길고 짧음의 조화를 안다.

•5개 중심

•6개 중심

•8개 중심

•16개 중심

※ 5, 6, 16개를 중심으로 계속해 본다.
※ 정리하고 마친다.

9

프뢰벨의 제9가베

제 9 가 베

1) 구성 및 특징

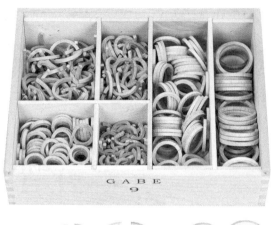

▶ 지름 5cm 고리, 지름 3.75cm 고리, 지름 2.5cm 고리,
지름 5cm 반고리, 지름 3.75cm 반고리, 지름 2.5cm 반고리

제9가베는 사물의 성질을 보다 구체적으로 나타내 주는 곡선으로 만들어진 것이다. 곡선은 구부러진 선을 말한다. 종류는 3가지 크기의 원과 원을 반으로 나눈 3가지 반원으로 모두 6가지이며, 나무로 만들어져 있다.

곡선은 전혀 새로운 것이 아니고, 이미 제1가베의 공, 제2가베의 구와 원기둥에서 경험한 것이다. 지금까지는 간접적으로 경험한 것을 여기서는 구체적인 고리로 만든 것이다. 곡선은 동적이고도 자유로운 선이므로, 이렇게 한정된 곡선 이외에도 여러 가지 곡선이 있게 마련이다. 그러나 프뢰벨은 어린이가 이미 경험한 것을 토대로 새로운 교구를 소개해 나가는 교육적 방침에 따라서, 제1가베와 제2가베의 곡선을 기초로

해서 제9가베에 이르도록 한 것이다. 또 어린이에게도 일정한 순서에 의해 상호 관련된 선을 차례로 소개하는 편이 이해하기 쉽다.

크기도 제1가베의 공, 제2가베의 구의 지름 5cm의 큰 고리와 2.5cm의 작은 고리를 만들고, 이들의 중간 크기인 3.75cm 고리를 만들었다. 이러한 길이를 선택한 것은 프뢰벨이 어린이를 관찰하여 그들이 관심을 많이 가지는 길이를 선택한 것이다. 완전한 고리로만 물체의 윤곽을 만들기 어려우므로 고리를 반으로 잘라 대, 중, 소의 반고리를 만들었다. 프뢰벨은 이 밖에도 고리를 4등분하여 곡선을 만들었으나 오늘날에는 사용되지 않고 있다. 프뢰벨은 이와 같이 이해하기 쉬운 곡선을 써서 곡선을 경험하게 하

고, 여러 가지 놀이를 통해서 곡선을 이해시키려 했다.

제9가베를 사용하면 곡선 윤곽으로 되어 있는 여러 가지 물건 또는 곡선으로 만들어지는 아름답고 추상적인 무늬를 만들 수 있다. 제8가베에서 보이는 직선은 두 점의 최단거리이므로, 곡선은 직선보다 길다. 그런 만큼 곡선을 사용하면 동물이나 나뭇잎, 사람 얼굴 등 지금까지는 표현하기 불가능했던 것을 사실적으로 표현할 수 있는 놀이교구이다.

2) 목 적

1. 곡선을 경험하고, 곡선의 미를 안다.
2. 직선과 곡선의 관계를 안다.
3. 구의 한 성질을 구체화해서 경험시킨다.
4. 원과 반원의 관계를 경험시킨다.
5. 지름과 반지름의 관계를 보여 준다.
6. 미적 감각과 창작력을 기른다.
7. 곡선의 미와 물건의 모양을 안다.
8. 이해하기 쉬운 곡선을 기본으로 해서 여러 가지 곡선을 이해시킨다.
9. 수 관념과 주의력을 기른다.

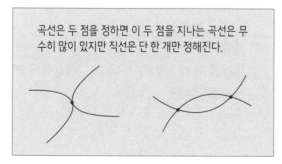

곡선은 두 점을 정하면 이 두 점을 지나는 곡선은 무수히 많이 있지만 직선은 단 한 개만 정해진다.

〈직선과 곡선의 관계〉

3) 프뢰벨이 구상한 놀이

1. 소개 – 고리
• 고리, 반고리
• 큰 고리
• 작은 고리
• 중간 고리

2. 실물놀이 – 고리
• 연관 있는 놀이
  – 큰 고리 – 1개, 2개, 3개, 4개, 5개
  – 큰 고리와 작은 고리 – 1개씩, 2개씩, 3개씩
  – 큰 고리, 작은 고리, 중간 고리 – 1개씩, 2개씩, 3개씩
• 독립된 실물놀이
  – 큰 고리 – 6개, 7개, 10개, 14개
  – 큰 고리와 작은 고리 – 5개씩, 10개씩
  – 큰 고리, 작은 고리, 중간 고리 – 4개씩

3. 무늬놀이 – 고리
• 가로무늬 – 큰 고리
        – 큰 고리와 작은 고리
        – 큰 고리와 작은 고리와 중간 고리
• 중심무늬 – 큰 고리 – 1개, 3개, 4개, 5개, 6개, 7개 중심
        – 큰 고리와 작은 고리 – 4개, 5개, 6개, 7개 중심
        – 큰 고리, 작은 고리, 중간 고리 – 3개, 4개, 5개, 6개, 7개 중심

4. 소개 – 반고리

• 큰 반고리

• 작은 반고리

• 중간 반고리

5. 실물놀이 – 반고리

• 연관 있는 놀이

  – 큰 반고리 – 1개, 2개, 3개, 4개, 5개

  – 큰 반고리와 작은 반고리 – 1개씩, 2개씩, 3개씩

  – 큰 반고리, 작은 반고리, 중간 반고리 – 1개씩, 2개씩

• 독립된 실물놀이

  – 큰 반고리 – 6개, 9개, 10개, 12개, 14개, 16개

  – 큰 반고리와 작은 반고리 – 4개씩, 5개씩, 6개씩, 7개씩, 10개씩, 14개씩

  – 큰 반고리, 작은 반고리, 중간 반고리 – 4개씩, 5개씩, 6개씩

6. 무늬놀이 – 반고리

• 가로무늬 – 큰 반고리, 작은 반고리, 중간 반고리

• 중심무늬 – 큰 반고리 – 3개, 4개, 5개, 6개, 7개 중심

  – 큰 반고리와 작은 반고리 – 3개, 4개, 5개, 6개, 7개 중심

  – 큰 반고리, 작은 반고리, 중간 반고리 – 3개, 4개, 5개, 6개, 7개 중심

7. 실물놀이 – 고리와 반고리의 혼합

• 연관 있는 놀이

  – 고리와 반고리 혼합– 1개씩

• 독립된 실물놀이

  – 고리와 반고리 혼합 – 3개씩, 4개씩, 5개씩

8. 무늬놀이 – 고리와 반고리의 혼합

• 가로무늬

• 중심무늬 – 1개, 3개, 4개, 5개, 6개, 7개 중심

4) 알아 둘 것

● 전 체

1. 고리와 반고리의 대, 중, 소를 확실히 구별시킨다.

2. 곡선의 종류는 이 6가지 이외에도 수없이 많다는 것을 생각하고 논다.

3. 고리는 겹치지 않도록 한다.

4. 반고리 2개를 맞추어서 고리를 만들어 쓰지 않는다.

5. 수의 제한은 두지 않으나 어린이의 수준에 맞게 한다.

6. 교구는 소중히 다루고, 정리할 때는 질서를 지키게 한다.

7. 어린이의 자유 창작에 중점을 둔다.

8. 교사와 함께 놀이를 하더라도 어린이가 먼저 놓게 한다.

●소 개

1. 닮은 점을 먼저 소개한다.
2. 지름과 원둘레를 혼동하지 않도록 한다.

●모방놀이

1. 폭이 너무 넓어지지 않도록 한다.
2. 쉬운 것에서부터 어려운 것으로 해 나간다.
3. 너무 복잡한 것은 피한다.

●중심무늬놀이

1. 중심이 뚜렷한 놀이여야 한다.
2. 중심을 정확하게 만들게 한다.
3. 무늬가 기울지 않도록 간격에 주의한다.
4. 여러 종류의 고리를 사용할 때는 한 가지 종류에만 치우쳐서도 안 되고, 같은 종류의 고리가 한 군데만 몰려도 안 된다.
5. 흩어지지 않도록 주의하고, 정리할 때는 둘레부터 역순으로 거두어들인다.

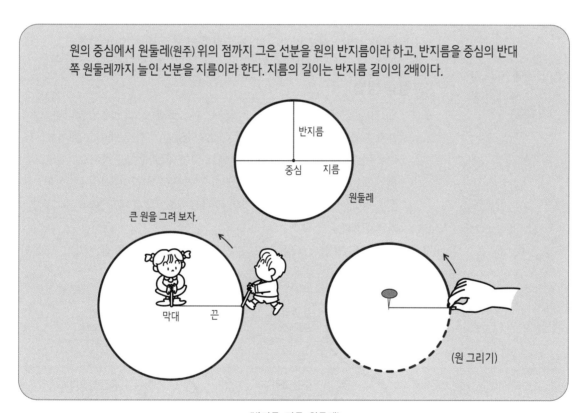

원의 중심에서 원둘레(원주) 위의 점까지 그은 선분을 원의 반지름이라 하고, 반지름을 중심의 반대쪽 원둘레까지 늘인 선분을 지름이라 한다. 지름의 길이는 반지름 길이의 2배이다.

큰 원을 그려 보자.

(원 그리기)

〈반지름, 지름, 원둘레〉

놀이1

제9가베의 소개 –고리……인식 형식
연령 : 3~7세, 개인 및 그룹 지도

활동1 고리와 반고리 –종류 분류

- **흥미점**
  고리의 크기와 지름이 다른 것을 비교하며 논다.

- **목적**
  고리의 크기에 따라 지름이 다르고, 둘레의 길이도 다름을 안다.

🦋 준비

1. 제9가베의 고리(大, 中, 小)와 반고리(大, 中, 小)를 준비한다.
2. 자와 예쁜 실을 준비한다.
3. 고리와 반고리를 서로 비교하여, 지름과 둘레의 길이를 알아본다.

🦋 활동 방법

교사 : 제9가베에는 원으로 된 고리 3개와 반원으로 된 고리 3개 있습니다.

교사 : 먼저 지름이 어떤지 알아보기로 해요. 선생님이 자로 재어 보겠어요.
지름이 5cm이군요. 그러면 이번에는 원둘레를 알아보겠어요.
원둘레는 자로 잴 수 없기 때문에 실을 이용해서 길이를 알아보겠어요.
실을 둘레에 돌려 길이만큼 가위로 자르세요. 다시 자로 재어 볼까요?

유아 : (함께해 본다.)

교사 : 이와 같은 방법으로 중간 고리, 작은 고리의 지름과 둘레를 각자 계속 알아보기로 해요.

큰 고리
지름 5cm
원둘레 15.7cm

큰 고리
지름 5cm
반원둘레 7.85cm

중간 고리
지름 3.75cm
원둘레 11.775cm

중간 반고리
지름 3.75cm
반원둘레 5.89cm

작은 고리
지름 2.5cm
원둘레 7.85cm

작은 반고리
지름 2.5cm
반원둘레 3.925cm

※ 정리하고 제자리에 놓고 끝낸다.

활동2 큰 고리

❧ 준비

1. 큰 고리, 제8가베의 5cm 막대 4개, 제2가베의 구, 원기둥, 정육면체를 준비한다.
2. 큰 고리를 정사각형, 구, 원기둥, 정육면체와 비교하며 논다.
3. 겨냥도를 그려 다음과 같이 표시한다.

❧ 활동 방법

교사 : 큰 고리에 5cm 막대를 올려놓아 보세요.
　　　그러면 큰고리의 지름은 5cm짜리 막대
　　　길이와 같다는 것을 알 수 있어요.

유아 : (함께해 본다.)

교사 : 또 큰 고리의 가장 긴 지름은 5cm예요.

교사 : 5cm의 막대로 만든 정사각형 안에 큰
　　　고리를 넣으면, 네 군데에서 닿게 되어요.

교사 : 제2가베의 구와 비교해 보세요.
　　　구의 둘레는 큰 고리의 둘레와 같죠.

교사 : 제2가베의 원기둥과 비교해 보세요.
　　　큰 고리는 원기둥의 둘레와 같아요.

교사 : 제2가베의 정육면체와 비교해 보세요.
　　　정육면체 위에 큰 고리를 올려놓으면,
　　　큰 고리의 지름은 정육면체
　　　한 변의 길이와 같아요.

※ 같은 방법으로 여러 번 반복하기를 유아에게 권하고, 정리한 후 끝낸다.

활동3 작 은 고 리

❀준비

1. 작은 고리와 제8가베의 2.5cm의 막대 4개, 제7가베의 정사각형, 제3가베의 작은 정육면체를 준비한다.

❀활동 방법

교사 : 작은 고리 막대와 정사각형, 작은 정육면체와 비교해 보세요.

교사 : 작은 고리의 지름은 2.5cm 막대의 길이와 같아요.

교사 : 2.5cm짜리 막대로 만든 정사각형에 작은 고리를 넣으면 네 군데에서 서로 닿게 되는군요.

교사 : 작은 고리를 제7가베의 정사각형 위에 올려놓으면 네 군데에서 서로 닿게 되죠.

교사 : 작은 고리 2개의 지름은 5cm 막대의 길이와 같이요.

교사 : 작은 정육면체 위에 작은 고리를 올려놓으면, 작은 고리의 지름과 정육면체의 한 변이 같음을 알 수 있어요.

교사 : 작은 고리 2개와 큰 고리 1개의 지름은 같아요. 큰 고리와 작은 고리의 원둘레를 노끈으로 재어서 비교해 보면 2 : 1의 관계가 되어요.

―― 작은 고리의 지름 2.5cm

――― 큰 고리의 지름 5cm

――――― 작은 고리의 원둘레 7.85cm

―――――――― 큰 고리의 원둘레 15.7cm

> ※ 수식 : 지름 X 3.14 = 원둘레
> 반지름 X 반지름 X 3.14 = 원넓이

※ 정리하고 마친다.

활동4 중간 고리

🦋 준 비
1. 중간 고리, 큰 고리, 작은 고리, 제8가베의 5cm 막대와 2.5cm 막대를 준비한다.

🦋 활동 방법
교사 : 중간 고리를 5cm 막대와 2.5cm 막대와 비교해 보아요.
유아 : (함께해 본다.)

교사 : 중간 고리의 지름이 막대 5cm 보다 짧아요.
　　　중간 고리의 지름은 2.5cm 보다 길어요.

교사 : 중간 고리를 큰 고리와 비교해 보세요.
유아 : (함께해 본다.)
　　　큰 고리의 원둘레는 15.7cm이고, 중간 고리의 원둘레는 11.775cm이다.

교사 : 중간 고리를 작은 고리와 비교해 보세요. 중간 고리의 원둘레는 11.775cm이고, 작은 고리의 원둘레는 7.85cm입니다.

교사 : 큰 고리, 중간 고리, 작은 고리를 비교해 보세요.

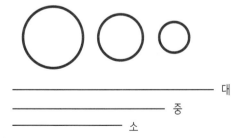

중간 고리는 큰 고리와 작은 고리의 중간 크기이군요.
여기 큰 고리, 중간 고리, 작은 고리의 원둘레 길이의 막대가 있어요.
이 중에서 중간 고리를 고르세요.

유아 : (생각하고 고른다.)
※ 정리하고 마친다.

놀이2

실물놀이 –고리……생활 형식
연령 : 3~7세, 개인 및 그룹 지도

● **흥미점**
고리의 크기와 지름이 다른 것을 비교하며 논다.

● **목적**
고리의 크기에 따라 지름이 다르고, 둘레의 길이도 다름을 안다.

활동1 연관 있는 놀이 –큰 고리

준 비

1. 큰 고리를 준비한다.

활동 방법

교사 : 큰 고리를 연결하여 여러 가지 실물을 만들어 보고, 이름도 붙여 보세요.

유아 : (함께해 본다.)

•1개

 달, 지구, 호떡, 공, 쟁반

•2개

안경   나비   눈사람   오뚝이   자전거

※ 정리하고 마친다.

활동2 독립된 실물놀이 -큰 고리, 작은 고리

❀ 준비

1. 큰 고리와 작은 고리를 준비한다.
2. 큰 고리와 작은 고리의 조화를 추구하며 논다.
3. 곡선의 크기에 따라 또 매수에 따라 더욱 실물에 가까운 모양을 만들며 논다.

❀ 활동 방법

교사 : 큰 고리와 작은 고리로 먼저 간단한 놀이부터 해 보고, 점차 복잡한 실물
　　　을 만들어 보세요.
유아 : (함께해 본다.)

(큰 고리와 작은 고리)

•1개씩

 눈사람

•5개씩

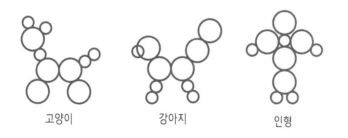

고양이　　　　　강아지　　　　　인형

•10개씩

해바라기

•큰 고리 6개, 작은 고리 9개

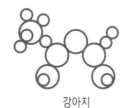

강아지

활동3 · 독립된 실물놀이 -큰 고리, 작은 고리, 중간 고리

✿ 준비

1. 큰 고리, 작은 고리, 중간 고리를 준비한다.
2. 곡선의 크기에 따라 또 매수에 따라 더욱 실물에 가까운 모양을 만들며 논다.

✿ 활동 방법

교사 : 큰 고리와 작은 고리로 먼저 간단한 놀이부터 해 보고, 점차 복잡한 실물
　　　을 만들어 보세요.

유아 : (함께해 본다.)

(큰 고리, 작은 고리, 중간 고리)

•4개씩

다람쥐

•큰 고리 4개, 중간 고리 6개, 작은 고리 5개

곰

※ 여러 번 반복할 것을 권유하고 정리한다.

놀이3

무늬 놀이 – 고리······미 형식
연령 : 3~7세, 개인 및 그룹 지도

활동1 가로무늬 –큰 고리,작은 고리,중간 고리

❀준비

1. 큰 고리, 작은 고리, 중간 고리를 준비한다.
2. 큰 고리, 작은 고리, 중간 고리를 서로 조화롭게 연결하면서 논다.

❀활동 방법

교사 : 큰 고리를 일정한 패턴으로 만들어 보세요.

교사 : 큰 고리와 작은 고리를 일정한 패턴으로 만들어 보세요.

교사 : 큰 고리, 작은 고리, 중간 고리를 일정한 패턴으로 만들어 보세요.

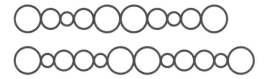

※ 정리하고 마친다.

●흥미점
 큰 고리, 작은 고리, 중간 고리를 가지고 논다.

●목적
1. 같은 형태이나 크기에 따라 다양한 변화를 추구할 수 있다는 것을 안다.
2. 일정한 패턴의 중요성을 안다.
3. 미적 감각이 향상 된다.

활동2 중심무늬 –큰 고리, 작은 고리, 중간 고리

❀ 준비

1. 큰 고리와 작은 고리를 준비한다.
2. 중심에 고리 형태를 변화 있게 나열함으로써 더욱 화려한 무늬를 만들며 논다.

❀ 활동 방법

교사 : 큰 고리 24개와 작은 고리 48개로 무늬를 만들어 보세요.

　　　먼저 작은 고리와 큰 고리 3개를 겹쳐서 중심에 놓고 발전시켜 보세요.(설명하며 만든다.)

유아 : (함께해 본다.)

　　• 3개 중심

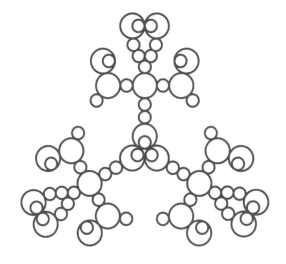

●흥미점

　크기가 다른 고리로 논다.

●목적

1. 곡선의 아름다움을 안다.
2. 크기의 다양함이 주는 변화를 안다.

교사 : 큰 고리 10개와 작은 고리 45개로 무늬를 만들어 보세요. 먼저 작은 고리 5개를 중심에 두고 차례차례 전개해 보세요.

유아 : (함께해 본다.)

•5개 중심

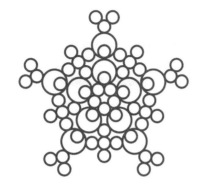

교사 : 큰 고리 14개, 중간 고리 21개, 작은 고리 59개로 무늬를 만들어 보세요. 먼저 작은 고리 7개를 중심에 두고 발전시켜 보세요.(설명하며 만든다.)

유아 : (함께해 본다.)

•7개 중심

※ 비슷한 고리가 많기 때문에 정리 정돈하는 것이 중요하다. 처음 시작할 때 무늬의 중심을 정확히 잡는 것이 중요하다. 전체적으로 무늬가 기울어지거나 흩어지지 않도록 간격을 맞추도록 주의한다.

※ 정리하고 마친다.

놀이4 제9가베의 반고리 소개……인식 형식

연령 : 3~7세, 개인 및 그룹 지도

활동1 큰 반고리

❀ 준 비

1. 큰 반고리, 큰 고리, 제8가베의 5cm 막대, 제7가베의 정사각형 2개, 실을 준비한다.
2. 큰 반고리를 큰 고리, 5cm 막대, 정사각형과 비교한다.

❀ 활동 방법

교사 : 큰 고리 하나와 큰 반고리 2개로 원을 만드세요. 원이 되었군요. 그런데 반고리로 만든 것은 다시 갈라지는군요. 큰 반고리 2개로 큰 고리를 만들 수 있다는 것을 알았어요.

교사 : 제8가베의 5cm자리 막대로 큰 반고리를 재어 보세요. 큰 반고리의 양끝을 잇는 직선이 5cm가 되는군요.

교사 : 제7가베의 정사각형 2개 위에 큰 반고리를 올려놓아요. 직사각형 가로의 길이가 큰 반고리의 지름과 같고, 세로의 길이가 반지름과 같아요.

1)

2)

교사 : 또, 실을 큰 반고리의 지름만큼(5cm) 자르고, 또 큰 반고리의 반원둘레 길이만큼 잘라서 비교해 보면 곡선이 직선보다 긴 것이 보여요.

※ 정리하고 끝낸다.

활동2 작은 반고리

✿ 준비

1. 작은 반고리, 큰 반고리, 제8가베의 2.5cm 막대, 제7가베의 정사각형을 준비한다.

✿ 활동 방법

교사 : 작은 반고리를 큰 반고리, 2.5cm 막대, 정사각형과 비교해 보세요.

교사 : 작은 반고리 2개의 지름은 큰 반고리
1개의 지름과 같아요.

—— 작은 반고리의 지름 2.5㎝
———— 큰 반고리의 지름 5㎝

교사 : 작은 반고리의 양쪽 끝을 잇는 직선
은 제8가베의 2.5cm 막대와 같아요.

교사 : 제7가베의 정사각형의 한 변과 작은
반고리의 지름은 같아요.

교사 : 작은 반고리 2개를 이으면 작은 고리
와 같아요.

교사 : 작은 반고리와 큰 반고리의 양쪽 끝
을 연결한 길이의 비례나 원둘레의
길이의 비례는 1:2의 비례가 된답니
다.

—— 작은 반고리의 반원둘레 3.925㎝
———— 큰 반고리의 반원둘레 7.85㎝

※ 정리하고 끝낸다.

● 흥미점
서로 다른 고리를 비교하
며 논다.

● 목적
1. 크고 작은 반고리의 지
름의 관계를 안다.
2. 정사각형의 변과 작은
반고리의 지름의 관계
를 안다.

활동3 중간 반고리

❀ 준비

1. 중간 고리, 중간 반고리, 작은 반고리, 큰 반고리를 준비한다.

❀ 활동 방법

교사 : (고리를 상 위에 놓아 가며) 중간 고리와 중간 반고리를 비교하면 중간 반고리의 양 끝을 잇는 직선은 중간 고리의 지름과 같아요.

교사 : 중간 반고리는 큰 반고리보다 작아요.

교사 : 큰 반고리와 중간 반고리의 왼쪽 끝을 붙이면, 오른쪽 끝이 벌어져요.

교사 : 지름도 크고 반원둘레도 크죠. 그래서 중간 반고리는 큰 반고리와 작은 반고리의 중간이 되는 군요.

교사 : 또 작은 반고리 3개와 중간 반고리 2개는 지름이 같아요.

작은 반고리의 지름 2.5㎝

중간 반고리의 지름 3.75㎝

교사 : 이제 작은 반고리, 중간 반고리, 큰 반고리의 지름을 재어 보면 작은 반고리와 중간 반고리의 차이는 중간 반고리와 큰 반고리의 차이와 같아요. 그래서 중간 반고리는 큰 반고리와 작은 반고리의 중간 위치에 놓여 있다는 것을 볼 수 있군요.

※ 정리하고 끝낸다.

●흥미점

크고, 작고, 그리고 중간 반고리를 비교하여 논다.

●목적

세 가지 반고리의 지름과 반원 둘레의 한계를 안다.

놀이5

실물놀이 – 고리……생활 형식
연령 : 3~7세, 개인 및 그룹 지도

활동1 독립된 실물놀이 –큰 반고리

🦋 준비

1. 큰 반고리 6개를 준비한다.
2. 큰 반고리의 개수를 늘려 가며 실물에 가까운 모양을 만들며 논다.

🦋 활동 방법

교사 : 큰 반고리 6개로 실물을 만들어 보세요.(설명하며 만든다.)
유아 : (함께해 본다.)

• 2개

닭

등불

※ 다양한 실물을 만들어 보기를 권한 후 정리하고 끝낸다.

● 흥미점
큰 고리, 작은 고리, 중간 고리를 가지고 논다.

● 목적
1. 같은 형태이나 크기에 따라 다양한 변화를 추구할 수 있다는 것을 안다.
2. 일정한 패턴의 중요성을 안다.
3. 미적 감각이 향상된다.

활동2 독립된 실물놀이 –큰 반고리와 작은 반고리

●흥미점

크기가 다른 반고리로 논다.

●목적

1. 고리의 크기에 따라 쓰임이 다름을 알게 한다.
2. 곡선 부드러움을 가져다 준다는 것을 안다.

❀ 준비

1. 큰 반고리와 작은 반고리를 준비한다.

❀ 활동 방법

교사 : (활동1과 같은 방법으로 한다.)

• 4개씩

쥐   박쥐

• 5개씩

기린

• 6개씩

코끼리

활동3 독립된 실물놀이 -큰 반고리, 중간 반고리, 작은 반고리

❀ 준비

1. 큰 반고리, 중간 반고리, 작은 반고리를 준비한다.

❀ 활동 방법

교사 : (활동1과 같은 방법으로 한다.)

•4개씩   •5개씩   •6개씩

타조   소   도라지꽃

 **놀이6**

무늬놀이 - 가로무늬······미 형식
연령 : 3~7세, 개인 및 그룹 지도

● **흥미점**
반고리로 논다.

● **목적**
1. 곡선의 무한한 가능성을 안다.
2. 이상을 향한 단계라는 것을 인식하도록 한다.

활동1 큰 반고리, 작은 반고리, 중간 반고리

🦋 준비

1. 큰 반고리, 작은 반고리, 중간 반고리를 준비한다.
2. 반고리의 크기에 따라 가로로 개수를 늘려 가며 논다.

🦋 활동 방법

교사 : 큰 반고리 8개를 가로로 놓아 보세요.

교사 : 큰 반고리 5개와 작은 반고리 14개를 가로로 놓아 보세요.

교사 : 큰 반고리 4개와 중간 반고리 2개, 작은 반고리 6개를 가로로 놓아 보세요.

※ 정리하고 마친다.

활동2 중심무늬 –큰 반고리와 중간 반고리, 작은 반고리

✿ 준비

1. 큰 반고리와 중간 반고리, 작은 반고리를 준비한다.

✿ 활동 방법

교사 : 큰 반고리 20개와 중간 반고리 12개, 작은 반고리 52개로 무늬를 만드세요.
중심에 큰 반고리 4개를 놓고 이어서 발전 시키세요.(설명하며 만든다.)

유아 : (함께해 본다.)

•4개 중심

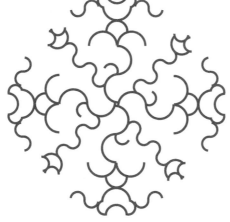

교사 : 큰 반고리 12개와 중간 반고리 24개, 작은 반고리 48개로 무늬를 만들어
보세요. 먼저 큰 반고리를 서로 엇갈리게 6개를 중심으로 놓으세요.(설명
하며 만든다.)

유아 : (함께해 본다.)

•6개 중심

●흥미점
큰 반고리와 중간 반고
리, 작은 반고리로 만들
며 논다.

●목적
1. 일정한 패턴을 안다.
2. 아름다움을 느낀다.
3. 곡선의 실용성을 안다.

 **놀이7**

실물놀이 – 고리와 반고리의 혼합······미 형식
연령 : 3~7세, 개인 및 그룹 지도

활동1 독립된 실물놀이 –고리,반고리

✤ 준 비
1. 고리 모두와 반고리 모두를 준비한다.
2. 고리와 반고리를 혼합하여 더욱 아름다운 실물의 형태를 만들며 논다.

✤ 활동 방법
교사 : 간단한 것부터 복잡한 실물을 만들어 보세요.(설명하며 만든다.)
유아 : (함께해 본다.)

●흥미점
　고리와 반고리로 논다.

●목적
1. 고리와 반고리의 조화를 안다.
2. 곡선의 아름다움을 깨닫게 한다.

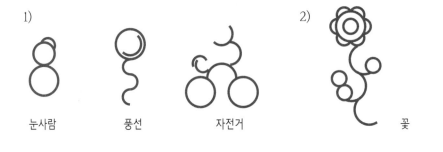

1) 눈사람　　풍선　　자전거　　　2) 꽃

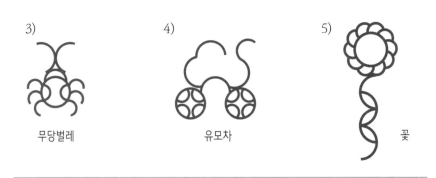

3) 무당벌레　　4) 유모차　　5) 꽃

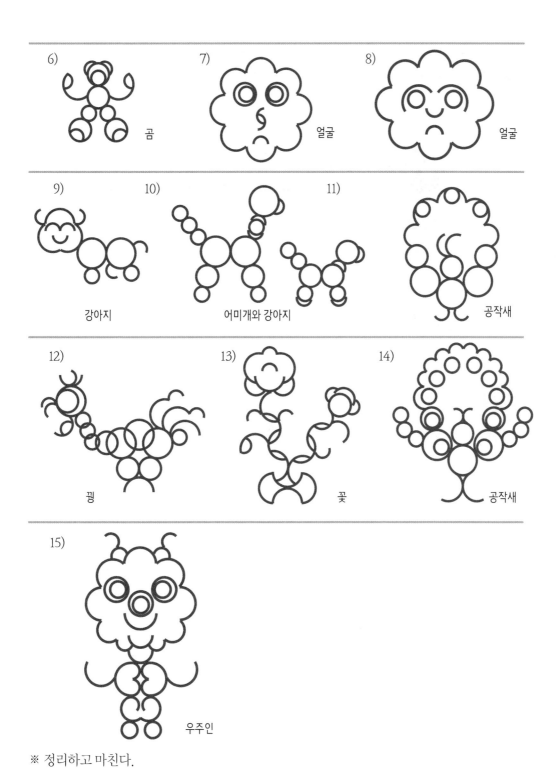

6) 곰

7) 얼굴

8) 얼굴

9) 강아지

10) 어미개와 강아지

11) 공작새

12) 꿩

13) 꽃

14) 공작새

15) 우주인

※ 정리하고 마친다.

놀이8 무늬놀이 – 고리와 반고리의 혼합……미 형식
연령 : 3~7세, 개인 및 그룹 지도

● 흥미점
　고리와 반고리로 중심을 만들며 논다.

● 목적
　곡선의 조화와 부드러움을 알도록 한다.

활동1 중심무늬

❀ 준 비

1. 고리와 반고리를 준비한다.
2. 고리와 반고리를 중심에 놓고 변화를 추구하며 논다.

❀ 활동 방법

교사 : 큰 고리 1개, 작은 고리 13개, 큰 반고리 16개, 작은 반고리 8개로 1개 중심
　　　무늬를 만드세요. 중심에 작은 고리 한 개를 놓고 만드세요.(설명하며 만든
　　　다.)

유아 : (함께해 본다.)

※ 나머지 5개도 같은 방법으로 해 본다.

• 1개 중심

큰 고리 1개, 작은 고리 13개, 큰 반고리 16개, 작은 반고리 8개	큰 고리 4개, 작은 고리 28개, 큰 반고리 20개,	큰 고리 5개, 중간 고리 5개, 작은 고리 5개, 큰 반고리 8개, 중간 반고리 4개, 작은 반고리 8개

큰 고리 13개, 중간 고리 13개,
작은 고리 7개, 큰 반고리 16개,
작은 반고리 12개

큰 반고리 6개, 중간 반고리 6개,
작은 반고리 6개, 큰 고리 1개,
작은 고리 7개

큰 고리 5개, 중간 고리 13개,
작은 고리 20개,
작은 반고리 16개

• 3개 중심

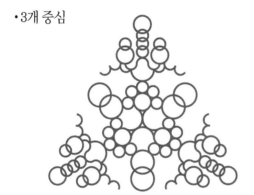

큰 고리 6개, 중간 고리 12개, 작은 고리 30개,
큰 반고리 6개, 작은 반고리 27개

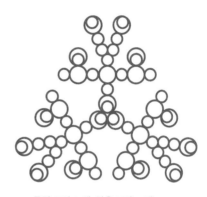

중간 고리 24개, 작은 고리 45개

• 4개 중심

큰 고리 4개, 중간 고리 4개, 작은 고리 8개,
큰 반고리 4개, 작은 반고리 12개

• 5개 중심

중간 고리 10개, 작은 고리 30개,
큰 반고리 10개, 중간 반고리 5개,
작은 반고리 10개

큰 반고리 10개, 중간 고리 10개,
작은 고리 25개

중간 고리 10개,
작은 고리 35개

10

프뢰벨의 제10가베

제 10 가 베

1) 구성 및 특징

▶ 지름 10mm, 높이 5mm인 작은 알갱이 약 500개

제10가베는 입체를 구성하는 최초의 요소이 자 그 이상으로는 분해될 수 없는 점을 나타내 는 교구이다. 수학에서는 점이란 연필 끝으로 종이에 찍은 것과 같은 것으로서 위치만 있을 뿐, 크기가 없다. 그러나 교구로서 형체가 없는 것을 다룰 수는 없기 때문에, 제10가베에서는 추상적인 점을 입자로 구체화했다.

점은 온갖 형태의 기본이다. 선은 두 점 사이 를 이음으로써 생기고 면은 세 점 이상을 이음 으로써 생기며, 물체는 네 점으로 고정된다. 점 이 하나 있다는 것은 거기에 무언가가 존재한다 는 것을 뜻하며 무와 유의 경계를 긋는 것이다. 이러한 점을 가베에서는 편의상 점을 나타내기 위해 지름 10mm의 나무를 잘라서 만든 교구를

사용하는데 계절과 장소에 따라 쌀, 팥, 조개껍 질, 옥수수 낱알, 콩, 왕모래, 조약돌 등 적당히 선택하여 사용할 수도 있다. 이와 같은 입자를 사용해서 선을 만들고 면을 만들며, 나아가서는 물체의 윤곽이나 면을 여러 가지 새로운 것을 만들며 논다.

프뢰벨이 고안한 사물의 모양을 연구해 봄으 로 크기, 전체와 부분, 위치와 수량, 길이와 크 기를 나타내기 위한 가베는 여기에서 완결을 보 았다. 제1가베인 공에서부터 제10가베까지 일 련의 가베가 사물의 본질을 알리고, 어린이의 창조성을 일으키기 때문에 형태를 분해시키는 방법으로 이끌어 왔다. 이러한 것들에 의해 형 태나 색의 인식 그리고 사고력과 창의력이 우리

가 상상하는 것 이상으로 어린이에게 발달되었
다. 그러므로 이것을 한층 발달시켜 보다 높은
차원의 표현 활동을 이끌어 내기 위해 제11작업
에서부터 제20작업까지는 제10가베까지를 분
해해서 만든 모양을 다시 역순으로 만들어 내는
작업이 시작된다.

2) 목 적

1. 점에 대해서 안다.
2. 점의 연결에 의해 직선과 곡선이 생긴다는
   것을 안다.
3. 모든 형태는 점으로부터 시작된다는 것을
   알도록 한다.
4. 점으로 여러 가지 선과 면이 만들어진다는
   것을 알도록 한다.
5. 점, 선, 면, 입체의 밀접한 관계를 알게 된다.
6. 탐구와 창작의 능력을 키우고, 손가락 근
   육을 발달시킨다.

3) 프뢰벨이 구상한 놀이

1. 소 개

2. 실물놀이
• 선으로 표현하기 – 세로선, 가로선, 대각선,
  곡선, 속을 채운 것
• 면으로 표현하기
• 연관 있는 놀이
• 독립된 실물놀이

4) 알아 둘 것

1. 적당한 양을 주어 어린이가 다루기 쉽게 한
   다.
2. 알갱이가 겹쳐지지 않도록 하며, 굴러 가
   지 않도록 주의한다.
3. 너무 큰 낱알은 재료로서 알맞지 않으므로
   피하는 것이 좋다.
4. 한 손만 사용하지 말고 가급적이면 양손으
   로 활동한다.
5. 면으로 표현하기 할 때는 알갱이를 1개씩
   움직이지 말고, 전체를 양손으로 움직이도
   록 한다.
6. 두 점을 연결하면 선이 된다는 것을 이해시
   키기 위해서, 선을 만들 때는 반드시 두 점
   을 먼저 놓게 한다.
7. 곡식을 사용할 경우에는 입에 넣지 않도록
   한다.
8. 재료는 가능하면 팥이나 콩 종류의 작은 낱
   알로 된 것을 골라 사용하는 것이 바람직하
   다.

329

놀이1 제10가베의 소개······인식 형식
연령 : 3~7세, 개인 및 그룹 지도

활동1 알갱이

🦋 준비

1. 제8가베 중 10cm 막대, 제2가베의 정육면체, 제7가베의 정사각형, 직각부등변삼각형, 정삼각형, 제3가베의 작은 정육면체, 제9가베의 큰 고리와 큰 반고리를 준비한다.
2. 알갱이를 제8가베의 10cm 막대, 제2가베의 정육면체, 제7가베의 정사각형, 정삼각형, 직각부등변삼각형, 제3가베의 정육면체와 함께 소개한다.

🦋 활동 방법

교사 : 자, 제8가베 중 10cm 막대 양쪽 끝에 알갱이를 놓고 막대를 들어내 보세요. 알갱이 사이를 다른 알갱이로 이으면 10cm의 선이 됩니다.

교사 : 막대로 삼각형을 만들고 세 각에 알갱이를 놓으세요. 그리고 막대를 들어내고 3개의 알갱이 사이를 다른 알갱이로 이으면 역시 삼각형이 된답니다.

교사 : 이번에는제2가베의 정육면체 네 모퉁이에 알갱이를 놓고 다른 알갱이로 4개의 알갱이 사이를 이은 다음 정육면체를 들어내 보세요. 그러면 알갱이로 된 정사각형이 되어요.

흥미점
작은 알갱이로 다양한 선과 면을 만든다.

목적
점이 모여 선, 면, 입체가 이루어진다는 것을 안다.

교사 : 정사각형의 네 각에 알갱이를 놓고 판을 들어내면, 정사각형의 각의 위치가 나타납니다.

교사 : 정사각형의 네 각에 알갱이를 놓고, 그중 3개만 이으세요. 판을 들어내면 두 변과 점으로 표시된 각이 나타나죠.

교사 : 네 점을 모두 이으면 정사각형이 되는군요.

교사 : 정삼각형 주위에 차례로 알갱이를 놓아 같은 모양을 만드세요.

교사 : 먼저 세 점을 놓고 그 사이를 연결하세요. 그리고 정삼각형을 들어내 보세요. 그러면 세 점만 남게 되죠.

교사 : 직각부등변삼각형의 두 변만 만들고, 나머지 한 변을 잇도록 하세요.

교사 : 정사각형 모양판을 골라 늘어놓고, 그것과 똑같은 모양을 만드세요.

교사 : 제3가베의 정육면체를 먼저 사용해서 사각형을 만들고, 그 안에 제2가베의 정육면체를 넣으면, 이 두 가베는 같은 모양이 되죠. 다음에 다시 제3가베의 작은 정육면체를 4개 넣으면 역시 들어가요.

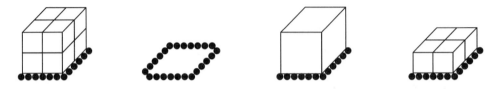

교사 : 작은 정육면체를 8개 사용해서 여러 가지 모양을 만들고, 모퉁이마다 알갱이를 놓아 보세요. 그 알갱이 사이를 다른 알갱이로 이으면, 직육면체 모양이 생긴답니다.

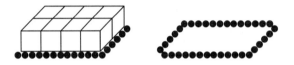

교사 : 모퉁이마다 알갱이를 놓고, 또 가운데도 1개 놓으세요. 그 사이에 알갱이를 놓으면 손쉽게 긴 선을 만들 수 있어요.

교사 : 제9가베 중 큰 고리 둘레에 알갱이 한 개씩 놓아 가면, 큰 고리와 같은 모양이 되죠. 반고리도 같은 방법으로 해 보세요.

교사 : 고리 네 군데에 알갱이를 놓고 고리를 들어낸 다음, 그 사이에 곡선으로 알갱이를 이어 보세요. 그러면 원이 되죠. 반고리도 같은 방법으로 해 보세요.

교사 : 고리 양쪽에 알갱이를 한 개씩 놓고 그것을 반만 이으면 반고리와 같은 모양이 됩니다.
고리든 반고리든 끝에서 끝을 이은 직선의 길이는 언제나 같아요.

교사 : 고리의 지름과 원둘레에 알갱이를 나란히 놓았다가 그 알갱이를 직선으로 펴 놓으세요.
지름과 원둘레 길이가 다르다는 것을 알 수 있어요. 또 지름과 원둘레의 관계도 알 수 있
답니다.

교사 : 알갱이와 알갱이 사이를 이어 선을 만들고, 그 선 안쪽을 채우면 면이 된답니다.

교사 : 원 형태의 면을 만든 다음, 두 손으로 움직여 잎사귀 모양을 만드세요. 또 다른 여러 가
지 모양도 만들어 보세요.

※ 정리하고 끝낸다.

놀이2

실물놀이……생활 형식

연령 : 3~7세, 개인 및 그룹 지도

●흥미점

점을 이으며 논다.

●목적

1. 점이 여러 개 모여 선과 면을 이룬다는 것을 안다.
2. 직선과 곡선을 만들 수 있다는 것을 깨닫게 한다.
3. 미적 감각을 기른다.
4. 논리적 사고를 키운다.

활동1 선으로 표현하기

🦋 준비

1. 알갱이를 준비한다.
2. 모눈종이와 색상지(8절지 정도)를 준비한다.
3. 점을 연결하여 선을 표현하고 또한 실물의 형태를 만들며 논다.

🦋 활동 방법

1) 세로선

교사 : 모눈종이의 선을 따라 세로선으로 알갱이를 놓아 보세요. 먼저 하나, 셋 등으로 놓으면서 물고기를 만들어 보세요.

유아 : (함께해 본다.) 물고기가 만들어졌어요.

2) 가로선

교사 : 모눈종이의 선을 따라 가로로 놓아 보세요.

유아 : (함께해 본다.) 배가 만들어졌어요.

3) 가로 및 세로선

교사 : 모눈종이의 선을 따라 가로, 세로선을 만들어 보세요.

유아 : (함께해 본다.) 그네를 만들었어요.

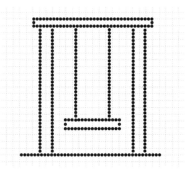

교사 : (위와 같은 방법으로 색상지 위에 유아와 함께 다음의 실물들을 만들어 본다.)

4) 대각선

풍차

5) 세로, 가로 및 대각선

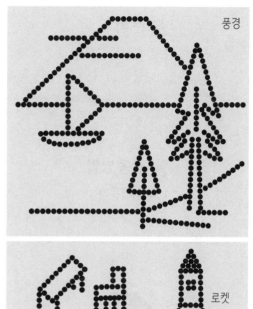

풍경

책상과 의자

로켓

6) 곡선

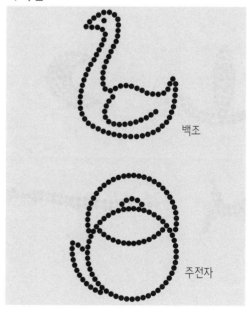

백조

주전자

7) 직선과 곡선

부엉이

335

활동2 독립된 실물놀이

❀준비

1. 알갱이를 준비한다.
2. 다양한 그림의 실루엣을 준비한다.
3. 점을 계속 연결하고 속을 채워 나가면 실물의 형태가 된다는 것을 놀이하며 체험한다.

❀활동 방법

1. 속을 채운다.

교사 : 실루엣을 놓고 그 위에 양손으로 알갱이를 채워 보세요. 달 모양이 되었지요?

유아 : (함께해 본다.)

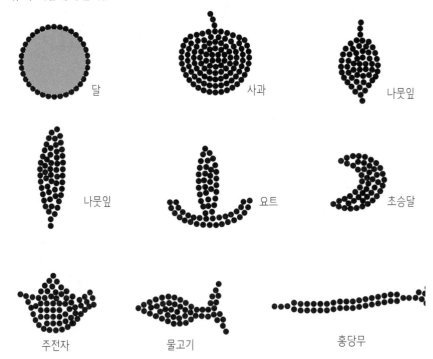

달 사과 나뭇잎

나뭇잎 요트 초승달

주전자 물고기 홍당무

※ 정리하고 마친다.

●흥미점
점을 연결하며 논다.

●목적
작은 점도 계속 이으면 하나의 형태가 만들어진다는 것을 안다.

활동3 독립된 실물

✿ 준비

1. 알갱이를 준비한다.
2. 알갱이를 서로 조화롭게 연결하면서 논다.

✿ 활동 방법

1. 속을 채운다.

교사 : 다양한 종류의 실루엣을 준비하여 만들어 보면 재미있는 놀이가 됩니다.
      많이 해 보세요.

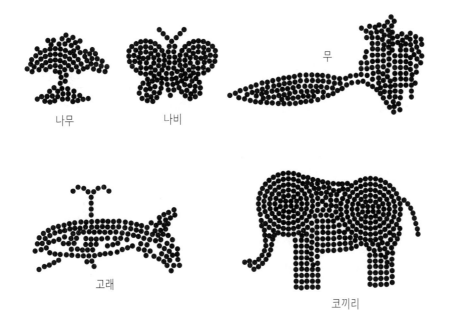

나무   나비   무

고래   코끼리

※ 정리하고 마친다.

지금까지 제1가베에서부터 제10가베까지를 돌이켜보면, 프뢰벨은 놀이라는 수단으로 사물들을 계속 나누고 쪼개어 마지막에는 작은 점인 알갱이를 만들었다.

이것을 통해 사물은 끊임없이 형태를 바꾸어 가면서 더욱 완벽한 상태를 만들어 간다는 것을 경험할 수 있었다. 또 프뢰벨이 《인간교육》에서 언급하듯이 인간은 자신을 스스로 교육하며 열어 가고, 또한 타인과도 지속적으로 만나고 영향을 미치면서 삶의 조화를 이루고, 마지막에는 구와 같은 형태인 완전한 생명을 얻고자 한다는 것을 어린이들이 깨달았으리라 믿으며 1권을 끝낸다.

이제 다시 미세한 알갱이로 부서진 것을 새로운 모습 즉 진선미를 하나로 묶는 작업에 들어갈 것이다.

참고 문헌

1. 프뢰벨의 글

- An unser deutsches Volk, 1820
- Durchgreifende, dem deutschen Charakter erschöfend genuegende Erziehung ist das Grund—und Quellbedurfnis des deutschen Volkes, 1821
- Grundsätz, Zweck und inneres Leben der allgemeinen deutschen Erziehungsanstalt in Keilhau bei Rudolstadt, 1891
- Die allgemeine deutsche Erziehungsanstalt in Keilhau betreffend, 1822
- Über deutsche Erziehung über das allgemeine Deutsche der Erziehungsanstalt in Keilhau insbesondere, 1823
- Die Menschenerziehung, die Erziehungs—, Unterricht—und Lehrkunst, angestrebt in der allgemein deutschen Erziehungsanstalt zu Keilhau. Keilhau 1826
- Die erziehen den Familien.
  Wochenblatt für Selbstbildung und die Bildung anderer, 1826
- Anzeige, die Volkerziehungsanstalt in Helba betreffend, 1829
- Grundzüge der Menschenerziehung. Sursee, 1833
- Plan der Elementarschule im Waisenhaus zu Burgdorf, 1836
- Die Bildung der Kinder vor dem schulfähigen Alter und die Ausführung einer Bildungsanstalt zu Erziehern und Pflegern in dem entsprechenden Alter, besonders die Bildung von Lehrern an Kleinkinderschulen betreffend. Sonderdruck aus dem Allgemeinen Anzeiger der Deutschen, 4. April 1839
- Texthefte für die Spielgaben, 1838
  Erste Gabe : Der Ball als erstes Spielzeug des Kindes.
  Zweite Gabe : Die Kugel und der Würfel als zweites Spielzeug des Kindes.
- Entwurf eines Planes zur Begründung und Ausführung eines Kindergartens, 1840
- Aufruf und Plan zur Begründung und Ausführung eines deutschen Kindergartens. 1840
- 100 Ball—Lieder, 1844
- Anleitung zum Gebrauche der dritten Gabe eines Spiel—und Beschäftigungsganzen, des einmal allseitig geteilten Würfels, Blankenburg, 1844
- Anleitung zum rechten Gebrauche der dritten Gabe des entwickelnd erziehenden Spiel—und Beschäftigungsganzen : des einmal allseitig geteilten Würfels, Bad Liebenstein, 1851

약어표

E   =   Die Erziehung, Leipzig

JL   =   Jahrbuch für Lehrer und Schulfreunde, Berlin

KG   =   Kindergarten, Weimar, Wien, Berlin, Leipzig, München

PR = Pädagogische Rundschau, Ratingen

RB = Rheinische Blätter für Erziehung und Unterricht, Frankfurt /M.

SB = Sonntagsblatt, Bad Blankenburg

SK = Der Schweizerische Kindergarten, Basel

SS = Sächsische Schulzeitung, Leipzig

VS = Die Volksschule, Langensalza

ZH = Zeitschrift für Heilpädagogik, Hannover

2. 연구서

- 곽노의 : 프뢰벨의 낭만주의적 교육이론에 관한 연구, 서울:학민사, 1989
- 谷川正己, 유영진 역, 프랭크 로이드 라이트, 産業圖書, 1982
- 박덕규 : 프뢰벨의 교육사상과 킨더가르텐, 서울:민성사, 1993
- 서석남 역, 프뢰벨의 어머니와 노래와 애무의 노래, 양서원, 1993
- 서석남 역, 프뢰벨의 Menschenerziehung, 인간교육, 이서원, 1995
- 日本玉成保育, 이윤자 역, Fröbel 恩物의 이론과 실제, 보육사, 1994
- 윤재근 : 東洋의 美學, 도선출판-둥지, 1993
- 오장환: A Study on Inflauenes of Lau-tzu's spatral Thought and Fröbel Gift in the space of F.L.Wright's Architecture, 한양대학교 대학원, 工學碩士學位 논문, 1996
- 이상욱 : 프뢰벨과 기독교 유아교육, 양서원, 1996
- 佐佐木正覺, 한국프뢰벨 유아교육연구소, 프뢰벨 은물, 한국프뢰벨주식회사, 1994
- 壯司雅子, 프뢰벨 연구, 東京:講談社
- 壯司雅子·小原國芳 역, 프뢰벨 전집 전 4권, 東京: 옥천대학 출판사, 1981
- 황철호 : 디자인&디테일, archiworld, 1998
- A+U, Frank Lloyd Wright : 프랑크 로이드 라이트와 현대, 집문사, 1992
- Alfons Rinke : Das Gottbekenntmis in des Menschenerziehung in Rückblick auf I. Fröbels
- B. Gumlich : Friedrich Fröbel Briefe an die Frauen in Keilhau(Weiman,1935)
- Blätter des Pestalozzi-Fröbel-Verbandes: Festschritt zum Fröbel-Gedankenjahr,1952
- Bode, Maria : Friedrich Fröbels Erziehuhgsidee und ihre Grundlage, in: ZH 15(1925), 118-182
- Bollnow Otto Friedrich : Die Pädagogik der deutschen Romantik. von Ardt bis Fröbel. klett-cotta. 1967 : Die Pädagogik der deutschen Romantik.
  Von Arndt bis Fröbel, Stuttgart 1952, 2.Aufl. 1967
- Bruno Zevi : 최종헌 外 공역, 空間으로서의 건축, 世進社, 1993
- Christine Uhl und Kanan Steoevesand : "Bauen und Legen", Luther Verlag, 1979
- Das dritte Spiel des Kindes, in:SB(1838), I, 121-124, 129-136, 137-144
- Das vierte Spiel des Kindes, in:SB(1838), I, 201-205, II, 1-4, 9-15, 20-22

- Der Ball, das erste Spiewerk der Kindheit, in:SB(1838), I, 26–29, 33–37, 41–45, 49–53/Lithographiebeilage: 30 Ballspiele:I, 32/
- Die fünfte Gabe der Spiel–und Beschäftigungskästen, oder der nach jeder Seite hingleichmäßig zweimal geteilte Würfel, mit scheifgeteilten Teiwürfeln/Lithofraphiebeilage II, 160/, in:SB(1840), 145–149, 153–158, 161–166, 169–173
- Die Kugel und der Würfel, Als zweites Spielwerk des Kindes /ab I, 89 mit dem Unterrtitel : Als Mittel zur Darstellung anderer Gegenstände; Lithhofrapfiebeilage I, 72/ in:SB(1838), I, 60=61, 65–69, 73–78, 81–86, 89–91
- Diesterweg Adolf : Die Göthestiftung, Essen 1849
  : Fichte, Pestalozzi, Fröbel, in:JL(1863), 55
  : Friedrich Fröbels in Deutschland,
  England und Frankreich, in:RB 55(1857), 18–22
- Diel Elfriede : Unverlierbare Werte der Fröbel–Pädagogik, Don Bosco Verlag München, 1981, p21
- Eduard Spranger : Aus Friedrich Gedankerwelt (Heidelberg:Quelle & Meyer,1964)
- Einführung entwickelnder Kinderpflege ins Leben, besonders durch Ausführung entsprechender Spiel– und Beschäftigungsanstalten.
  Die Spiel–und Beschäftigungsanstalt der isrälit. Bürger– und Real– schule zu Frankfurt a.M. Die Spiel–und Beschäftigungsanstalt oder der Kindergarten der Herrn Kahl Schmeider zu Frankfurt a.M., in:SB(1840), II, 89–94, 97–103, 105–108, 113–117
- Erika Hoffmann,Friedrich Fröbel Ausgewählte Schriften, Bd, I(Stuttgart:Klett–Cotta,1982)
- Fröbel–Bibliographie, in:SK 42(1952), 172
- Friedrich Fröbel : "Über deutsche Erziehung über das allgemeine Deutsche der Erziehungsanstalt in keilhau insbesondere",
  Ausgewählte Schriften, Bd. I, von Erika Hoffmann(Stuttgart:Klett–Cotta, 1982)
  : Menschenerziehung, 1826
  : Spiel und Arbeit, in:GB 3(1952), 111–112
- Geist Wilhelm : Kommt, laßt uns unsern Kindern leben–Ein Beltrag zum Fröbelgedenkjahr 1952, in:PB 3(1952), 257–259
- Goldammer Hermann : Über Ausbildung von Fröbelschen Kinderm..chen und Bonnen,
  in:KG 10(1869), 97–, 14(1873), 33–37, 52–59
  : Über Fr. Fröbels Erziehungsweist, Berlin 1866
  : Über Fr. Fröbels Weltanschaung, Berlin 1866
  : Das neue Mafl und die Fröbelschen Spielgaben, in:KG 15(1874),
  : Des Kindes fünfter Baukasten, in:KG 14(1873), 143–146
  : Die Legetäfelchen, in:KG 15(1874), 97–101, 121–126, 137–139
  : Fr. Fröbel, der Begründer der Kindergartenerziehungsmethode, Spielgaben und Beschäftigungen. Nach Fröbels Schriften und den Schriften der Frau B. von Marenholtz–Bülow bearbeitet. Mit Beiträgen von B.v.

Marenholtz–Bülow(1869), Teil 1 u. 2 Berlin 4. Aufl. 1885, 3, u. 4. Teil Berlin 1879

- H. Hagen : Friedrich Fröbel im Kanpf in der Kindergarten, Leipzig, 1886
- Halfter Fritz : Der Jung Fröbels Beitrage Zur inneren Entwicklung Friedrich Fröbels 1792–1811, Langesalza 1930

  : Der junge Fröbel. Beiträge zur inneren Entwickelung

  Fr. Fröbels 1782–1811(Diss. 1925), Langensalza 1930

  : Fr. Fröbel. Der Werdegang eines Menschheiterziehers, Halls/S. 1931

  : Fröbel im Licht Göthes, Weimar 1932

  : Fr. Fröbels Platz, inneres Werden und eigentliches Wollen, Dortmund 1940
- Heiland Helmut : Friedrich Fröbel, Vorschulerziehung und Spieltheorie, Klett–Cotta, 1982. 2. Aufl.

  : Das Symbol in der Fröbelforschung, in:PR 23(1969), 613–629

  : Runge und Fröbel–ein Kapitel romantischer Symbolik, in;Neue Sammlung, Göttingen 7(1967), 151–160
- Herman Nohl : Friedrich Fröbel und die Gegenwart reipzig, 1930
- Hermann Holstein : Friedrich Fröbel, Die Menschenerziehung, kamp, 1973
- Hoffman Erika : Spielpflege, in: Scheuerl, Hans(Hrsg.): Beiträge zur Theorie des Spiels, 2.Aufl. Weinheim 1960, 146–157

  : Spielpflege, in: Scheuerl, Hans(Hrsg.): Beiträge zur Theorie des Spiels, 2.Aufl. Weinheim 1960, 146–157

  : Friedrich Fröbel, Die Spielgabe, Klett–Cotta, 1982

  : Friedrich Fröbel, Kleine Schirten und Briefe, 1802–1851

  Düsseldorf, München, 1964. 2. Aufl.

  : Ein Brief des jungen Friedrich Fröbel.

  In : Die Sammlung 7, 317–328, 1952

  : (Hrsg.). Friedrich Fröbel. Ausgewälte Schriften. Bd.1,

  Kleine Schriften und Briefs, Düsseldorf, 1964

  : Fröbels Spielgaben, in:E 12(1936/37), 97–106?Holstein Hermann,

  Die Menschenerziehung, Kamp, 1973
- Hübener Johannes : Die christliche Kleinkinderschule, ihre Geschichte und ihr gegenwärtiger Stand, Gotha 1888
- Kuntze M.A. : Friedrich Fröbel, Sein Weg und sein Werk 2. Aufl. Heidelberg, 1952
- Marker Johann : Der unsterbliche Ball, in:Deutsche Turnzeitung, Berlin 77(1932),

  : Friedrich Fröbel und seine erste Spielgabe. Ball,

  in:Die Leibeserziehung, Schorndorf b. Stuttgart 11(1962), 129–130
- Marquart Bruno : Zur Erinnerung an Friedrich Fröbel, in:SS 49(1873), 35–36
- Mitteilungen aus dem Kinderleben. Aus dem Tagebuche einer Erziehers über die

  Wirkung der Spiel– und Beschäftigungsmittel, angewandt in einem Kinderkreise /wahrscheinlich von

  Middendorff oder Barop, mit Bemerkungen Fröbels/, in:SB(1840), II, 54–55, 62–64, 70–72, 111–112, 166–168
- Muller : Fröbel–Christ und Pädagoge, 1989

- Naveau Marianne und Thekla : Fröbel-Spiele, Lieder und Verse für Kindergarten, Elementarklasse und Familie, Hamburg 1870, 18.Aufl. 1920
- Nicolai Regman : Geistes Art und Philosophie(Leipzig,1967)
- Nohl Herman(Hrsg.) : Der Schulkindergarten, Berlin 19588
- Nuth Margaret E. : Kindergarten Gift Plazs, London 1900
- Pösche Hermann : Die sechs Spielgaben Fridrich Fröbels, in:RB(1857), 131-160, 259- ?P. J. Meehan : THE MASTER ARCHITECTURE-Conversationss With Frank Lloyd Wright, Wiley-Interscience, 1984
- Pappenheim Eugen : Spiel und Arbeit, in:KG 35(1894), 15-17, 36-38, 50-53
- Pappenheim Hans E. : Friedrich Fröbel als Geometer, in:Allgemeine Vermessungsnachrichten, Berlin 52(1940), 173-179
- Paul Laseau James Tice, Frank Lloyd Wright : Between Principle and form, 진경돈 外공역, 건축형태와 원리, 미건사, 1995
- Peterr Petersen, Friedrich Fröbel: Der größte deutsche Erzieher Gotha, 1942
- Prüfer Johannes : Die pädagogischen Bestrebungen Friedrich Fröbels in den Jahren 1836-1842, /Diss. Leipzig 1909,/ Berlin 1909
  : FriedrichFröbel Wirkungsstätten in Blankenburg, Leipzig 1908
  : Vorläufer Fröbel, Leipzig 1914, 2.Aufl. 1920, 3.Aufl. Leipzig 1927, mit Untertitel: Sein Leben und sein Schaffen; italienisch: Frichdrich Fröbel, trad. it., Venezia 1927
  : Wie die Lehrer in Arbertsgemeinschaften
    "Fröbelarbeiten" können, in:VS 23(1927), 2.Beil., 43-51
  : Friedrich Fröbel, sein Leben und Schaffen(B. G. Teuber, 1927)
- Rogozinski Else : Spiel und Arbeit- Fröbel und Montessori, in:KG 62(1921), 117-121
- Scheveling Julius : Friedrich Fröbel. Ausgewählte pädagogische Schriften, Paderborn 1965
- Spranger Eduard : Aus Friedrich Fröbels Gedankenweit, Heidelberg 1951, 2. Aufl. 1953
- Strnad Elfriede : Fröbels Theorie des Spiels, in:KG 78(1937), 50-53
- Wichard Lange : Friedrich Fröbels gesammelte pädagogische Schriften, 1.Abteilung: 2.Abteilung: 1 Band, Berlin 1862-1863, Faksimiliedruck Osnabrück1966
  : Zum Verständisse Friedrich Fröbels, Hamburg, 1849-50
- Willian Cronon : FRANK LLOYD WRIGHT ARCHITECTURE, The Museum of Modem Art-New York, 1994
- Zweite Übersicht der Spiele oder der Mittel zur Pflege des Beschäftigungstriebes der Kinder / Fragment/, in:SB(1838) II, 36-38

서석남 교수

영주여자고등학교 졸업
가톨릭대학교 음악대학 작곡과(구 성심여자대학 학사)졸업
이화여자대학교 교육대학원 음악교육 (교육학석사)졸업
이화여자대학교 일반대학원 유아교육 (문학석사)졸업
독일 트리오대학 교육학 박사과정 수료
상지대학교 유아교육학과 교수 역임
안산대학교 유아교육과 강의
한국프뢰벨주식회사 상임고문
승의여자대학 유아교육과 강의
유아교육 보육행정학회 이사
국민대학교 보육학과 강의
숙명여자대학교 교육대학원 몬테소리 강의
서일대학 유아교육과 강의
동남보건대학 강의
현 : SFM연구소 대표(서석남 프뢰벨 몬테소리 연구소)

저서 : 프뢰벨 생명교육 II, 국민서관
　　　 프뢰벨에 의한 엄마의 노래와 아기놀이, SMF연구소출판부
　　　 프뢰벨 인간교육(역), SMF연구소출판부
　　　 몬테소리 수학교육, SMF연구소출판부
　　　 몬테소리 생명교육, 동문사
　　　 엄마를 위한 교육 지침서, SMF연구소출판부
　　　 푸른꽃을 찾아서(역), SMF연구소출판부

논문 : Fuga의 기법(Bach)
　　　 어머니의 노래와 애무의 노래에 나타난 프뢰벨 교육관
　　　 슐릇스-베그리프에 의한 학년전
　　　 어린이의 음악학습 등 다수

프 뢰 벨 생 명 교 육 I

판권소유

초판 1쇄 | 2001년 5월 20일
2판 1쇄 | 2012년 12월 21일

지은이 | 서석남
펴낸이 | 문상수
펴낸곳 | 국민서관(주)
　주소 | 경기도 파주시 문발동 파주출판문화정보산업단지 514-4호
　전화 | 070) 4330-7854
　팩스 | 070) 4330-7855
홈페이지 | http://www.kmbooks.com
　카페 | http://cafe.naver.com/kmbooks

값 20,000원

ISBN 978-89-11-01955-7   93370